영적인 생활

영적인 생활

한광수 지음

SPIRITUAL LIFE

바른북스

20대에서 70대까지 읽는 삶과 죽음에 대한 성찰

서론

　이 책은 삶과 죽음에 대한 피할 수 없는 질문에서 출발한다. 인간은 누구도 죽음을 면할 수 없다. 행운이 따라 일시적으로 불행을 피할 수 있어도, 죽음만큼은 시간 저편에 잠복해 있다가 결국 모습을 드러낸다. 인간은 영원히 살기를 본능적으로 바라지만, 과거를 통틀어 어떤 이도 죽음을 넘어선 적이 없으며, 현재 살아 있는 사람들도 필멸의 한계를 벗어나지 못한다. 죽음은 한 개인의 생명이 끝남을 의미할 뿐 아니라, 남겨진 이들에게는 사랑하는 사람과의 이별이라는 상실감을 안겨준다. 자식은 늙은 부모와 조상이 떠나갔으며, 결국 자신도 언젠가는 자손의 이별 대상이 될 것임을 깨닫게 된다.

　이러한 조건 속에서 사람은 허무감에 빠지기 쉽다. 원하는 것을 얻지 못하거나, 얻었으나 그것이 무가치하게 느껴질 때 느끼는 허무보다, 죽음으로 인해 결국 모든 것을 놓아야 한다는 사실은 더욱 깊은 공허를 안긴다. 석가모니가 왕세자라는 지위와 부귀영화를 앞두고도 출가를 결심한 이유 또한, 생로병사라는 현실 앞에서 이 세속적 성취가 궁극적 의미를 주지 못한다는 깨달음에 있었다.

저자가 정신과 의사로서 자살 충동을 겪는 내담자들을 마주할 때, 알코올중독 환자들에게 '위대한 힘'에 의지하는 영적 생활을 권할 때, 굳이 종교나 특정 신앙에 갇히지 않고 유신론적 태도를 조심스럽게 제안한다. 이는 죽음과 허무라는 인간 존재의 본질적 고민에 대한 단서를 모색하기 위함이다. 중독에 빠진 사람은 도덕성이 무너져 있으며, 유신론적 태도는 도덕성의 회복과 중독에서의 탈출을 돕는다.

내게 죽음에 대한 첫 체험은 어린 시절 할머니의 죽음으로 찾아왔다. 학교에서 장례식에 가야 한다고 허락받았을 때, 나는 할머니를 잃은 슬픔보다는, 수업을 중단하고 하교할 수 있다는 특권(?)에 묘한 뿌듯함을 먼저 느꼈다. 매년 개근상을 받던 내가 중간에 하교하게 된 이례적인 상황—그것은 어른들의 세계에서 벌어진, 결코 되돌릴 수 없는 비극적 사건 때문이었다. 장지에 도착하니 할머니를 땅을 파고 그곳에 할머니의 시신을 안장했다. 그때 비로소 죽음이란 '돌아올 수 없는 곳으로 떠나는 것'임을 깨달았다. 할머니가 영영 돌아오지 않는다는 사실은 슬펐고, 그 사실을 통해 내가 포함된 모든 인간이 죽는다는 것을 깨달으며 막연한 두려움을 느꼈다.

죽음에 대한 인식은 나이에 따라 변한다. 어린 시절, 부모는 신과 같이 느껴지며 죽음에 대해 두려워하거나 하느님을 찾을 이유가 없다. 부모가 더운 날이면 큰 나무 그늘이 되어주고, 비가 오는 날이면 든든한 우산이 되어주니, 죽음이라는 문제는 아이의 삶에서 직접적으로 체감되지 않는다. 청년기인 20대에는 죽음이 두렵긴 해도 아직 멀리 있는 일로 여겨진다. 삶은 안전하게 느껴지고, 부모의 그늘은 여전히 넓게 드리워져 있다. 사랑하는 사람을 만나 가정을 이루고 자녀를 낳으면, 죽음을 생각할 여유도 없다. 가족에 대한 책임과 사랑은 삶을 지탱하는 가장 큰 희망이 되어준다. 그래서 50대까지는 바쁘게 살아가며, 죽음은 먼 훗날의 일로 머물러 있다.

그러나 시간이 흐르면서 노년기에 접어들면, 죽음은 더 이상 먼 이야기만은 아니다. 육체적·정신적 한계가 뚜렷해지면서, 죽음에 대한 두려움은 점차 고통에서 해방될 수 있다는 기대와 희망으로 바뀐다 여러 사람의 죽음을 경험하면서 죽음을 숙명으로 받아들이게 되지만, 건강하기만 하면 100세까지도 살고 싶지 않을 이유가 없다. 병들고 늙어가면서, 삶과 죽음을 더욱 초연하게 바라보게 된다.

저자는 정신과 의사로서, 삶의 고통 속에서 죽음의 유혹을 느끼는 내담자들을 접하며 단순한 의학적 처치나 상담만으로는 해결할 수 없는 근본적인 문제를 고민하게 되었다. 왜 사는지, 왜 죽음을 선택하면 안 되는지에 대한 뚜렷한 인식이 부족한 사람에게는 삶의 의미를 재발견하는 영적인 계기가 필요하다. 특히 알코올중독 치료에서 강조되는 '위대한 힘'에 대한 신뢰와 의탁은 의학, 심리, 종교와 철학을 넘어선 통합적 치유 방법이 필요함을 시사한다. 전통적 제사, 그리스도교, 불교, 철학, 12단계 프로그램, 자연과 가족 공동체와의 유대 등 다양한 전통과 관점은 모두 죽음이라는 한계를 인정한 상태에서 허무를 넘어서고, 영적인 성숙을 통해 삶의 의미를 재발견하는 길을 모색하는 내용이다.

결국 이 책은 영적인 생활을 통해 어떻게 죽음의 허무와 두려움을 딛고 삶의 궁극적 의미를 찾을 수 있는지 탐구하려는 시도이다. 종교인이든 비종교인이든, 철학이나 예술, 심리학, 의학적 관점에 관심이 있거나, 혹은 단순히 삶의 방향성과 가치에 대해 고민하고 있다면, 이 책은 다양한 접근을 통해 영적인 삶으로 나아가는 가능성을 보여줄 것이다.

'실존은 본질에 앞선다'라는 철학적 통찰처럼, 인간은 살아가는 과정에서 스스로 의미를 부여해야 한다. 불교는 모든 것이 공(空)하다고 하여 집착을 경계하고, 그리스도교는 예수 그리스도의 희생을 통한 구원을 강조한다. 철학과 다른 신앙생활 역시 각자의 방식으로 허무를 극복하고 의미를 찾는 가능성을 제시한다.

삶은 죽음을 향해 가는 돌이킬 수 없는 여정이다. '내가 언제 어떻게 죽을 것인가'를 아는 것보다, '과연 나는 죽음을 잘 맞이하기 위해 어떻게 살아야 할 것인가'를 생각하는 것이 중요하다. 이 책을 통해 독자들은 삶과 죽음의 경계를 넘나드는 질문 속에서 스스로 의미를 창조하고, 내면의 성숙과 영적 풍요를 향해 걸음을 내디딜 수 있는 데 도움이 되기를 바란다.

글을 쓰면서 정한 첫 번째 원칙은 저자가 아는 것만 쓴다는 것이었다. 하지만 정확히 아는지 모르는지를 구분하는 것도 쉬운 일은 아니었다. 두 번째 원칙은 이 글은 '영적인 생활'에서 바라본 제사, 종교, 철학, 12단계, 자연인이다. 어떤 한 분야의 전문성을 우선시하지 않고, '영적인 생활'을 중립적 시각으로 바라본 내용이다. 특기할 점은 생의 철학자인 니체의 중요성으로 내용에 비중을 더 두었다는 점이다. 모든 주제의 광범위함과 난해함으로 개인적으로 이해의 한계가 있었음을 인정한다. 종교와 철학, 정신의학, AA 회원, 중독 치료 전문가들의 의견을 나눌 수 있고, 이 책이 작은 도움이 되기를 바란다.

이 글을 접하실 분들에게 감사드리며,
예수님의 수난과 죽음이 부활의 영광으로 이어지듯,
우리의 삶의 고난과 역경 또한
영적 생활을 통해 희망으로 이어지길 바란다.

2025.01.02
참다남병원장 한광수

목차

서론

1장 영적인 존재

허무한 존재		
허무한 사람	………………………	17
코헬렛의 허무	………………………	23
불교와 허무	………………………	26
영혼의 정의와 영적인 생활	………………………	29
영적인 생활의 중요성	………………………	32

제사와 명절		
제사	………………………	36
명절	………………………	38
귀소 본능	………………………	40
죽음에 대한 두려움	………………………	42
인간 존중과 남녀불평등	………………………	44
모계사회	………………………	46
제사 의미의 변화	………………………	48
심청전: 삶과 죽음, 그리고 부활	………………………	52

2장 종교

그리스도교

십자가 사건	61
부활	65
예수님을 믿는 이유	68
예수님을 안 믿는 이유	70
미사는 반복되는 제사	72
인간에 대한 긍정	77
가족 중심 종교	80
당신은 소중한가?	82
새로운 부모와 자식 관계	85
그리스도교의 특징	87
예수님에 대한 궁금증	95

불교

석가모니	98
부처님의 성도	105
부처님의 전법	107
연기론	111
색성향미촉법(色聲香味觸法)과 오온(五蘊)	113
반야심경	115
기타 불교의 가르침	119
인생과 죽음: 불교, 그리스도교, 유교의 해석	130
불교의 가르침과 현대 사회에서의 의미	133

3장 철학

철학과 존재에 대한 탐구 …………………………………………… 152
플라톤 ……………………………………………………………… 155
쇼펜하우어 ………………………………………………………… 166
니체 ………………………………………………………………… 179
니체 사상의 기본 개념들 | 《짜라투스트라는 이렇게 말했다》와 주요 상징들 | 니체 철학에서의 '삶과 죽음' 해석 | 니체 vs 타 철학·종교·사상과의 대화 | 니체가 남긴 질문과 우리의 선택 | 니체 사상의 의의와 한계

4장 12단계와 위대한 힘

회복과 '위대한 힘' ………………………………………………… 244
영적 각성과 회복의 사례 ………………………………………… 248

5장 자유와 본능, 그리고 자연과의 조화

자유와 본능, 그리고 자연과의 조화		259
생명 순환과 가족의 의미		264
성 본능, 애착, 그리고 인간관계의 본질		268

삶과 놀이, 균형 잡힌 행복의 길
- 삶, 욕망, 그리고 웃음 ········· 273
- 일과 놀이, 조화로운 삶을 위하여 ········· 277

자연, 예술, 그리고 삶의 풍요로움
- 계절의 순환과 삶의 풍경 ········· 281
- 이중섭: 자연과 인간 정서의 표현 ········· 285
- 음악: 영혼을 울리는 언어 ········· 290

죽음: 영점(零點)으로의 귀환
- 죽음의 본질 ········· 294
  타인의 죽음, 나의 죽음 | 새로운 시각으로 본 죽음과 삶 | 무(無)에서 와서 무(無)로 돌아간다 | 죽음의 공포와 인간의 본질
- 삶과 죽음의 순환 ········· 307
  눈 감고 죽을 수 없는 사람들 | 영점에서 얻는 자유 | 무(無)가 되는 죽음
- 자연으로의 귀환과 지혜로운 삶 ········· 314
  지금 여기 이대로 좋다 | 영(零)으로 결핍이 없는 상태 | 자연에서 왔으니 자연으로 돌아간다 | 물처럼 흐르는 삶의 지혜 | 영점(零點): 삶과 죽음의 순환

환상
- 환상 I: 인간과 신(神), 초월적 체험 ········· 338
- 환상 II: 예수님과 부처님의 만남 ········· 348

[무지개]

여기 하나의 섬이 있다. 이 섬의 이름은 '생명의 섬'이라고 한다. 그리고 건너 멀리 '불멸의 섬'이 있다. 이 두 섬을 연결하여 건너는 길은 '무지개' 밖에 없다. 이 무지개 위를 지나지 못한 사람은 모두 영멸하게 된다. 산 사람이 무지개를 타고 불멸의 섬으로 건너는 것을 "영적인 생활"이라고 한다. 자손을 번성시키고 조상의 제사를 지내온 사람은, 불멸의 섬에서 조상이 보내준 특별한 초대장으로 불멸의 섬에 이르렀다. 예수님의 희생과 대속을 믿는 사람, 부처님의 가르침을 깨닫고 수행한 사람은 무지개를 타고 '불멸의 섬'으로 건넜다. 철학자 플라톤은 정의롭게 살아서, 쇼펜하우어는 의지를 포기하고 지성을 통하여, 니체는 운명을 사랑하는 초인 짜라투스트라가 되어서 불멸의 섬으로 갔다. AA 멤버들은 자기들이 이해하는 대로의 "위대한 힘"을 통해서 불멸의 섬에 겨우 도달했다. "자연에서 왔으니 자연으로 돌아간다"고 자연의 이치대로 산 자연인은 한순간 날리는 바람에 불멸의 섬에 도착했다. 영적인 생활을 해온 일부 사람은 지팡이를 짚거나, 쩔뚝거리거나, 양발을 사용할 수 없어 손으로 배를 바닥에 밀면서 불멸의 섬에 겨우 도착하였다. 마지막으로 불멸의 섬에 삽살개 한 마리가 꼬리를 살랑거리면서 들어오고 무지개는 무너지듯이 사라졌다.

삽살개는 불멸의 섬에 도착하여 죽지 않고 신이 되었으며, 살아남아 신이 된 사람과 동물이 생명의 섬에서 어떠한 영적인 생활을 하였는지 아래와 같이 전해주었다.....

1장

영적인 존재

"조상이 낳아서 태어나 살았으니, 죽으면 조상에게 돌아간다."

허무한 존재

허무한 사람

허무란 무엇인가

인생의 허무함을 깊이 느낀 사람은 스스로에게 질문할 수 있다. "인생은 어떠한 방식으로 살아도 허무한 것인가? 아니면 자신이 살고 싶은 방식대로 살지 못해서 허무한 것인가?" 이 질문은 서로 다른 허무감을 드러낸다.

전자는 더 깊고 본질적인 허무감으로 이어진다. "달리 살 수 있는 방법은 무엇인가? 진리란 무엇인가? 어떻게 살아야 허무하지 않다고 느낄 수 있는가?"와 같은 근본적인 질문이 뒤따른다.

반면, 후자의 허무감은 원하는 현실적 성취를 이루지 못했을 때 느껴지는 감정이다. 많은 사람들은 목표를 이루지 못하면 허무감을 느끼지만, 목표를 성취한다고 해서 허무가 완전히 사라지는 것은 아니다. 원하는 것을 이루고도 삶이 허무하게 느껴지는 경우가 많다.

현실적 성취와 허무감

현실적으로 얻을 가능성이 높은 목표가 있다면, 사람은 성취를 위해 노력하며, 이 과정에서 허무감을 느낄 여유는 없다. "성취하려는 의욕이 있다는 것은 허무하지 않음을 의미한다." 그러나 목표를 이루지 못할 때, 특히 남들이 이룬 성취를 자신이 이루지 못했다고 생각할 때, 사람은 실망과 자기 패배감에 빠진다.

타인의 부유함은 시기로, 재능은 열등감으로, 명예는 질투로 다가와 자신의 불운을 탓하며 하늘을 원망하게 만든다. 이러한 한탄과 원망은 결국 허무감으로 이어진다. 반대로, 목표를 성취한 사람도 "이제 무엇을 해야 하지?"라는 새로운 허무감에 빠질 수 있다. 목표를 이루는 순간, 목표의 공허함이 드러나기 때문이다.

허무에 빠진 사람의 삶

모든 것을 허무하게 느끼는 사람은 삶에서 의미를 발견하지 못하며, 죽지 않을 이유조차 찾지 못한다. 그는 단지 생존 본능에 의해 살아갈 뿐이다. 이러한 사람은 혼자 지내는 시간이 많아지고, 사람을 만나는 것도, 외출하는 것도 귀찮아진다.

젊은 시절, 많은 사람이 사랑의 실패를 통해 깊은 허무감을 경험한다. 첫사랑이 결혼까지 이어지는 경우는 드물며, 연인이었던 두 사람이 이별을 겪으면 삶과 세상에 대한 회의, 자기 가치감의 상실, 우울과 무의욕에 빠지기도 한다. 사랑은 인간의 삶에서 가장 큰 기쁨을 주기도 하지만, 동시에 가장 깊은 슬픔과 상처를 남기기도 한다.

인간은 본능적으로 사랑을 갈망하고, 이를 통해 관계를 맺으며, 더 나아가 가정을 이루고 자손을 남긴다. 이러한 과정에서 사랑의 성취는 삶의 의미와 만족감을 주지만, 반대로 사랑의 실패는 깊은 상실감과 허무를 초래한다. 특히 젊은 시절 실연의 고통은 단순한 감정적 아픔을 넘어, 삶의 방향을 잃은 듯한 깊은 공허감을 동반하기도 한다. 이는 인간이 관계를 통해 존재 의미를 찾고자 하는 본능과 밀접하게 연결되어 있기 때문이다.

그러나 시간이 지나면서 실연의 아픔도 점차 희미해지고, 새로운 관계와 경험 속에서 삶의 의미를 다시 찾아가게 된다. 허무는 고통을 동반하지만, 결국 인간은 그 허무를 이겨내고 삶을 지속해 나간다. 사랑의 실패조차도 더 깊은 성숙과 이해로 나아가는 과정이 될 수 있음을 우리는 기억해야 한다.

우울감이 깊어지면 모든 노력이 공허하게 느껴지고, 희망이 사라진다. 그는 스스로를 "보이는 것 없고, 들리는 것 없는 동굴 안 거미줄에 옭힌 벌레" 같은 존재로 여긴다. 세상은 분주하지만, 그는 제자리에서 맴돌 뿐이다. 그는 깊은 산속이나 외딴섬에 홀로 사는 것 같은 고립감을 느낀다.

허무에 빠진 사람의 눈에 세상은 어둡고 희망이 없다. 다른 사람들의 노력도 무의미하게 보이며, 냉소적인 태도로 세상을 바라본다. 돈, 권력, 명예 같은 목표를 추구하면 허무를 잠시 잊을 수 있지만, 이러한 성취는 지속적인 만족을 주지 못한다.

허무감의 악순환과 절망

허무감이 깊어지면 모든 가치가 사라진다. 식욕, 수면욕, 성욕 같은 본능적 욕구조차 최소한으로 충족하며, 삶에 대한 의욕이 급격히 줄어든다. 허무에 빠진 사람은 신체적으로 쇠약해지고, 위생 관리를 소홀히 하며, 옷차림에도 무신경해진다.

그는 인간관계를 단절하고, 가까운 사람조차 멀리하며, 허무감이 커질수록 더욱 깊은 절망으로 빠져든다. 자신에 대한 기대가 사라지고, 세상에 대한 관심이 희미해지며, 신앙이 있는 사람은 신과의 관계에서 의미를 잃어버릴 수 있다.

허무한 사고는 허무한 감정을 낳고, 허무한 감정은 다시 허무한 사고를 강화하여, 허무감은 더욱 깊어지는 악순환에 빠진다. 이는 마치 수렁에 빠진 사람이 허우적거릴수록 더 깊이 빠지는 늪과 같다. 이 상태가 지속되면 결국 절망으로 이어지며, 삶은 숨 쉬는 것조차 버겁게 만든다. 그리고 죽음은 유일한 탈출구로 보이기 시작한다.

허무와 죽음

허무감은 단지 삶의 한순간에서 비롯되는 것이 아니라, 인간이 필멸의 존재라는 사실에서 근본적으로 기인한다. 결국 죽음이라는 종결 앞에서 허무는 삶의 필연적 동반자가 된다. 사랑하는 사람의 죽음은 우리의 마음에 깊은 틈을 남기며, 그 틈으로 허무가 스며든다. 허무는 소중한 것을 잃거나, 간절히 바라는 것을 이루지 못했을 때 느껴지는 감정이다.

성취를 통해 허무를 잊을 수는 있지만, 성취 직후 허무감이 다시 찾아온다. 이는 성취한 것이 노력할 만큼 가치 없다고 느껴질 때 발생한다. 허무감은 궁극적으로 죽음이라는 운명 앞에서 더욱 깊어진다. 우리는 행복을 원하지만, 죽음이 모든 것을 마감하는 순간, 행복은 허무로 변한다. 인생은 본질적으로 불행할 수밖에 없다. 죽음은 누구에게나 피할 수 없는 그림자처럼 다가와 삶의 허무를 드러낸다.

허무에서 벗어나는 길

허무를 극복하기 위해서는 지금 하는 일에 집중하는 것이 필요하다. 허무는 끊임없이 인간 존재의 의미를 묻고, 삶의 본질적인 질문을 던지게 한다. 하지만 허무의 늪에서 벗어나기 위해서는 현재의 순간을 있는 그대로 받아들이는 태도가 필요하다.

신앙을 통해 허무를 극복하는 사람도 있고, 창조적 활동이나 예술을 통해 의미를 찾는 사람도 있다. 누군가는 인간관계에서 희망을 발견하고, 누군가는 자연 속에서 마음의 평온을 얻는다. 또한, 허무감이 깊어질수록 "사랑"이라는 감정이 중요한 역할을 한다. 자신을 진정으로 사랑해 주는 사람을 찾거나, 반대로 자신이 사랑할 수 있는 사람을 찾는 것만으로도 삶의 의미는 달라질 수 있다. 한 사람에게라도 사랑받는다는 믿음은 강력한 희망이 될 수 있으며, 죽음보다 더 강한 삶의 이유가 될 수도 있다.

결국, 허무감은 인간이라면 누구나 경험하는 감정이다. 그러나 그 허무를 어떻게 받아들이고, 어떤 방식으로 극복하는지는 각자의 노력과 선택에 달려 있다. 허무를 완전히 없앨 수는 없지만, 허무 속에서도 살아갈 이유를 찾는 것이 인간 존재의 숙명이다.

코헬렛의 허무

아래는 구약성경(전도서)에 나오는 코헬렛의 허무에 대한 이야기이다.

"태양 아래에서 애쓰는 모든 노고가 사람에게 무슨 보람이 있으랴?
한 세대가 가고 또한 세대가 오지만 땅은 영원히 그대로다.
태양은 지지만 떠올랐던 그곳으로 서둘러 간다.
있던 것은 다시 있을 것이고 이루어진 것은 다시 이루어질
것이니 태양 아래 새로운 것이란 없다."

코헬 1, 3–5.9

"나는 태양 아래에서 이루어지는 모든 일을 살펴보았는데
보라, 이 모든 것이 허무요 바람을 잡는 일이다."

코헬 1, 14

"정녕 지혜로운 이도 어리석은 자와 함께 죽어 가지 않는가!
그래서 나는 삶을 싫어하게 되었다. 이 모든 것이 허무요

바람을 잡는 일이기 때문이다."

코헬 2, 16-17

"젊은이야, 네 젊은 시절에 즐기고 젊음의 날에 네 마음이 너를 기쁘게 하도록 하여라. 그리고 네 마음이 원하는 길을 걷고 네 눈이 이끄는 대로 가거라. 다만 이 모든 것에 대하여 하느님께서 너를 심판으로 부르심을 알아라."
"네 마음에서 근심을 떨쳐 버리고 네 몸에서 고통을 흘려버려라. 젊음도 청춘도 허무일 뿐이다."

코헬 11, 9-10

"마지막으로 결론을 들어 보자. 하느님을 경외하고 그분의 계명들을 지켜라. 이야말로 모든 인간에게 지당한 것이다."
"하느님께서는 좋든 나쁘든 감추어진 온갖 것에 대하여 모든 행동을 심판하신다."

코헬 12, 13-14

하느님은 인간을 창조하셨기에, 인간의 본성을 가장 깊이 이해한다. 그분의 말씀은 인간 정신의 가장 깊은 곳까지 영향을 미치며, 인간이 스스로를 구원할 수 없음을 일깨운다. 그리스도교에 따르면, 예수 그리스도께서 십자가의 죽음을 통해 인간의 죄를 대속하셨고, 이를 통해 죄의 용서와 구원이 가능해졌다.

이러한 구원은 단지 믿음을 통해 가능하다. 신을 믿고 계율을 실천하는 사람은 구원을 얻을 수 있으며, 이는 인간이 스스로 구원에 이를 수 없음을 명확히 한다. 따라서 하느님을 경외하고 그분의 계명을 따르는 것은 허무를 넘어 영원한 구원에 이르는 길이다.

불교와 허무[1]

오온과 공

불교에서는 인간의 존재를 다섯 가지 요소로 설명하며, 이를 오온(五蘊)이라고 부른다. 오온은 물질(색), 감각(수), 지각(상), 의도(행), 의식(식)을 포함하며, 인간의 경험과 존재를 구성하는 기본 요소이다. 불교는 이 다섯 가지 요소 모두가 고정된 실체가 아니라 공(空), 즉 비어 있음을 가르친다. 공은 단순히 '없음'이 아니라, 고정된 자아와 실체가 없다는 것을 의미한다.

"색즉시공 공즉시색(色卽是空 空卽是色)"이라는 표현은 물질(색)과 비어 있음(공)이 다르지 않음을 말한다. 물질은 본질적으로 비어 있고, 비어 있음은 곧 물질이라는 뜻이다. 이는 색과 공이 서로 분리되지 않으며, 물질적 존재와 비어 있음이 사실상 같은 본질을 가지고 있음을 설명한다.

---

[1] 불교 용어에 대한 자세한 설명은 뒷부분 불교에 대한 소개에서 자세히 나옴.

무상과 무아

불교는 세상이 끊임없이 변화하며, 변하지 않고 항상 존재하는 것은 없다고 가르친다. 이를 무상(無常)이라고 한다. 무상은 모든 것이 영원하지 않음을 뜻하며, 변하는 것에 집착하면 고통이 따를 수밖에 없다는 가르침이다. 또한 불교는 고정된 자아가 없음을 무아(無我)라고 설명한다. 나라고 믿는 것이 사실은 여러 조건의 결합으로 이루어진 환상에 불과하다는 것이다. 이러한 깨달음은 자신과 세상에 대한 집착을 내려놓는 데 도움을 준다. 집착은 고통의 원인이 되기 때문에 이를 내려놓는 것이 마음의 평화로 가는 길이다.

집착과 허무

집착을 내려놓는 과정은 고통스러울 수 있다. 많은 사람들은 자신이 믿고 의지하던 것을 내려놓는 과정에서 허무함을 느낀다. 원하는 것을 얻지 못했을 때나, 얻은 것을 가치 없다고 느낄 때 허무감이 찾아온다. 불교는 이 허무를 극복할 방법을 제시한다. 세상과 자신에 대한 집착을 버리고, 모든 것이 공임을 깨달으면 허무에서 벗어날 수 있다.

불교는 허무의 종교인가?

불교는 허무를 느끼게 하는 종교가 아니다. 오히려 불교는 세상이 공임을 깨닫도록 돕는 종교이다. 세상이 허무한 것은 본질적으로 허무해서가 아니라, 사람들이 변하는 세상에 집착하기 때문이다. 불교는 진여실상(眞如實相), 즉 모든 현상의 본질을 깨닫도록 인도한다. 이를 통해 사람들은 허무에서 벗어나고, 진정한 자유와 평화를 얻을 수 있다.

불교와 그리스도교

불교와 그리스도교는 모두 인간의 욕심을 버리고 평화를 찾으라고 가르친다. 그러나 그 접근 방식은 다르다. 그리스도교는 죽음 이후 하느님이 주는 보상을 약속하며, 계명을 따르고 하느님을 경외하라고 가르친다. 반면 불교는 죽음 이후를 논하기보다는 현재 이 순간부터 집착을 내려놓고 공을 깨닫는 것을 강조한다. 두 종교 모두 고통에서 벗어나 평화를 찾는 목표를 공유하지만, 허무를 극복하는 방법과 강조하는 것에서 차이를 보인다.

불교는 삶의 본질을 공(空)으로 이해하며, 이를 통해 집착을 내려놓아 허무와 고통에서 벗어나도록 가르친다. 무상과 무아를 깨닫는 것은 어렵지만, 이를 통해 삶의 본질적인 문제를 극복할 수 있다. 그리스도교와 불교는 접근 방식은 다르지만, 모두 인간이 고통에서 벗어나 참된 평화를 얻도록 돕는 가르침을 제시한다. 이러한 가르침은 삶에서 의미를 찾고 허무를 극복하는 데 중요한 지침이 될 수 있다.

영혼의 정의와
영적인 생활

 영(靈), 영성(靈性), 영적인 생활은 영혼이 존재한다는 가정하에 이루어지는 이야기이다. 영혼은 종교인, 비종교인 혹은 종교에 따라 다양한 의미로 사용되고 있다. 이제 영혼이라는 것이 무엇인지에 대해 논의해 보자. 사람들이 영혼이라는 단어를 사용할 때의 관용적인 의미를 중심으로 정의해 본다.

 영혼은 자기보다 능력 있고 위대하다고 생각하는 존재와 관련된다고 믿는 인간의 정신적 부분이다. 영혼은 하느님, 부처님, 혹은 여타 종교의 숭배 대상과 자기를 연관 짓는다. 이러한 관점에서 영혼은 인간이 초월적 존재와 교류하는 매개체로 작용하며, 신성함과 연결된 내적 본질로 여겨진다.

 영혼은 삶과 죽음을 연관 짓는 정신적 부분으로 이해된다. 죽음, 사후세계, 혹은 전생 등과 관련된다. 장례식, 제사, 죽은 사람에 대한 애도와 같은 의식은 모두 영혼의 존재를 전제하고 있다. 또한, 자신의 영혼이 탄생 이전부터 존재하였을 것이라고 믿는 경우도 있다. 이는 인간이 삶과 죽음의 연속성을 이해하려는 시도라고 볼 수 있다.

영혼은 살아 있는 사람 정신의 일부로 간주 된다. 의식과 무의식의 구별 없이 인간 정신에 영향을 미친다고 생각한다. 영혼은 정신세계의 핵심적 부분으로, 개인의 생각, 행동, 그리고 삶에 지대한 영향을 미친다. 예를 들어, 그리스도교에서 성령과 악령이라는 개념은 이러한 의미를 포함하며, 인간의 내면적 선택과 행위에 영향을 미친다고 믿어진다.

육체가 죽어도 영혼은 사라지지 않고 계속 존재한다고 믿는다. 영혼이 사방세계를 떠돌거나 천당과 지옥으로 이동한다고 보는 종교적 관점이 있다. 또한, 죽은 후에도 사랑하는 이들의 영혼과 다시 만날 것이라는 믿음은 인간에게 위로와 희망을 제공한다.

영혼은 자기 외의 사람이나 세계와 연결되는 정신적 부분으로 이해되기도 한다. 봉사활동처럼 남을 위해 일하는 행위는 영혼의 확장을 보여준다. 이때 개인은 자신과 타인의 구분을 초월하며, 더 넓은 공동체적 자아의 일부로 살아간다. 이는 개인의 영혼이 사회적 맥락에서 실현되는 방식이다. 영혼이 인간 존재의 중요한 부분이라면, 우리는 영적인 생활을 통해 이를 어떻게 풍요롭게 만들 수 있을까? 다음에서는 영적인 생활이 우리의 삶에서 가지는 중요성을 살펴보자.

기도(그리스도교)와 명상(불교)은 대표적인 적극적 영적 활동이다. 예수님이 십자가에 못 박히기 전, 다락방에서 기도를 통해 하느님과 교감했던 모습은 영적인 생활의 전형적인 사례다. 부처님은 수행자들에게 홀로 시간을 보내며 명상하라고 권했다. 이처럼, 기도와 명상은 내면의 평화를 찾고 초월적 존재와 연결되기 위한 실천이다.

일상 속의 영적인 활동이나 종교 생활이 아니더라도 영적인 공허감을 채우는 다양한 활동이 있다. 독서, 음악 감상, 미술관 관람, 등산, 여행 등은 혼자서도 할 수 있는 영적 활동이다. 또한, 종교인과 종교에 대하여 이야기하거나, 성당이나 절을 방문하며 행사에 참여하는 것은 함께 할 수 있는 영적인 활동이다. 이런 활동들은 사람들에게 내면의 충만함과 정신적 위안을 제공한다. 영혼은 우리의 삶과 내면의 본질을 형성하는 중요한 요소다. 그렇다면, 영적인 생활은 우리 삶에서 어떤 의미를 가지며, 왜 그것이 중요한가?

영적인 생활의 중요성

 진리는 삶에서 지혜를 얻는 길을 열어주고, 죽음이라는 피할 수 없는 문제에 대한 최선의 해답을 찾게 한다. 죽음은 산 사람과 죽은 사람을 이별하게 만들지만, 많은 이들은 영혼이 살아 있어 산 자와 죽은 자를 연결한다고 믿는다. 혹은 위대한 신이 이 둘을 중재한다고 여긴다. 반대로, 영혼이나 신을 믿지 않는 사람들은 죽음을 단순히 자연으로의 회귀로 본다. 이 모든 관점이 진리인지 확신할 수는 없지만, 우리는 죽음과 죽은 이로부터 평온함을 얻으려 한다. 산 자는 죽은 자, 죽음, 그리고 '위대한 힘'과 관련된 생활을 하지 않을 수 없으며, 이를 우리는 '영적인 생활'이라고 부른다.

 영적인 생활은 인간이 인생을 만족스럽게 살기 위해, 반드시 필요한 삶의 한 부분이다. 물질적인 풍요와 자기 존중감만으로는 삶의 진정한 행복을 보장할 수 없다. 영적인 생활은 삶에 깊이를 더하며, 죽음을 맞이할 때에도 정신적인 충만함과 평온을 가져다 준다. 이는 우리가 단지 생존을 위해 살아가는 것이 아니라, 삶의 궁극적인 의미를 추구해야 하는 이유를 설명한다.

영혼은 영적인 생활에서 인간의 내면과 삶의 의미를 연결하는 핵심 요소로, 종교적 맥락뿐 아니라 철학, 예술, 문학 속에서도 그 중요성이 드러난다. 영혼은 우리의 내적 본질을 상징하며, 영적인 생활은 그 본질과 가까워지려는 노력을 의미한다. 영성이 강한 사람은 자신의 삶을 단순한 육체적 경험이 아닌, 영혼의 성장과 충만함을 중요한 과정으로 본다.

종교를 통해 제사를 지내며 조상의 영혼을 기리고, 철학적 사유를 통해 삶의 의미를 탐구하며, 예술을 통해 내면의 아름다움을 표현하는 것은 모두 영적인 생활의 한 형태다. 예를 들어, 매년 조상을 위한 제사를 지내며 가족의 연결을 강화하는 일이나, 철학적 저서를 읽고 삶의 근본적 질문에 답하려는 사람들은 영적인 삶을 실천하는 사례라고 할 수 있다.

영적인 생활은 단순히 종교적 행위에 국한되지 않는다. 이는 삶과 죽음을 분리된 상태로 받아들이는 것이 아니라, 삶의 순간 속에서 죽음을 이해하고 극복하려는 태도를 의미한다. 죽음을 삶의 연속으로 받아들이며, 그 과정에서 명상과 기도를 통해 내면의 평화와 만족을 찾으려는 것이다. 이러한 태도는 인간이 삶의 고통과 두려움을 초월하도록 돕는다.

영적인 생활은 개인의 행복과 삶의 질을 높이는 데 기여한다. 물질적 성공이나 사회적 지위만으로는 채울 수 없는 내면의 공허함을, 영혼과의 연결을 통해 극복할 수 있다. 예를 들어, 하루의 시작을 명상으로 열고 자신의 내면에 귀를 기울이는 사람들은 더 큰 평온함을 경험한다고 한다. 종교 의식에 참여하거나, 예술을 통해 감정을 표현하거나, 문학 속에서 깊은 진리를 발견하는 경험은 모두 영적인 생활의 일환이다.

 영적인 생활은 삶의 만족과 행복, 그리고 죽음의 문제를 극복하기 위한 본질적인 방법이다. 그것은 인간이 단순히 살아가는 것을 넘어 삶의 본질을 탐구하고, 내면의 충만함과 평온함을 추구하도록 돕는다. 종교적 신앙을 갖든, 철학적 사유를 하든, 혹은 예술과 문학을 통해 내면을 성찰하든, 영적인 생활은 우리 삶에 없어서는 안 될 중요한 요소임이 분명하다. 삶의 순간마다 영적인 태도를 지니는 것은 우리의 삶을 더욱 풍요롭고 의미 있게 만드는 핵심적인 열쇠이다.

제사와 명절

제사

제사는 고인을 추모하고 그 공덕을 기리기 위해 행한다. 이는 자손, 친척, 친구, 이웃이 함께할 수 있는 중요한 의식으로, 많은 이가 모일수록 고인의 생전 공덕이 크다고 볼 수 있다.

제사의 절차는 고인의 영정을 모시고, 제사상을 차린 후 절을 올리는 방식으로 이루어진다. 이는 고인에 대한 예의와 존중을 표하는 의식이다. 음력으로 고인의 기일 전날 저녁에 제사를 지내며, 이는 슬픔을 되새기고 극복하는 시간을 제공한다. 커다란 슬픔은 반복적으로 재현하고 나누는 과정을 통해 점차 극복될 수 있다.

제사를 통해 가족들은 동일한 상처를 공유하며, 자신들이 같은 뿌리에서 나왔음을 확인한다. 이는 가족 간의 유대를 공고히 하고, 우애와 화목을 다지는 계기가 된다. 개인은 혼자가 아니라 가족이라는 공동체의 일부로 살아가고 있음을 느끼며, 나의 죽음 또한 가족과 연결되어 있음을 깨닫는다. 이러한 깨달음은 죽음을 보다 가볍게 받아들이게 하며, 개인이 더 큰 뿌리, 즉 거대한 나무의 일부로 존재하고 있다는 안정감을 준다.

또한, 제사 전 몸과 주변을 정결히 하는 것은 죄를 용서받고자 하는 상징적 행위로 볼 수 있다. 제사 후에는 조상신이 제물을 먹었다고 믿으며, 자손들이 이를 함께 나누어 먹음으로써 조상과의 영적 연결을 경험한다. 이러한 과정은 조상과 일체감을 느끼게 하며, 세대 간의 유대감을 강화한다.

명절

명절마다 지내는 차례는 제사와 비슷한 의미를 가진다. 제사가 고인의 기일에 맞춘 개인 추모라면, 차례는 조상 전체를 추모하며 공동체와의 연결을 강조한다.

설날

가족과 친지가 모여 어른들에게 세배하고 덕담을 나누는 날이다. 세배는 어른들에게 공경을 표하며, 맞절을 통해 서로를 존중하는 문화가 드러난다. 어른들은 덕담과 세뱃돈으로 자손들에게 사랑을 전하고, 이는 세대 간의 존중과 화합을 강화한다.

추석

고향을 찾는 귀소 본능이 극대화되는 명절이다. 조상 묘를 방문해 성묘하고 음식을 나누며, 조상과 영적으로 연결됨을 확인한다. 추석은 풍성한 수확의 계절에 열리는 명절로, 조상과 자연에 대한 감사의 마음을 표현하는 전통이 담겨 있다.

오늘날 명절의 의미는 점차 희미해지고 있다. 풍요로운 일상 속에서 제사와 명절 풍습은 과거만큼 중요한 역할을 하지 못하며, 가족과 조상과의 연결도 약화되고 있다. 그러나 귀소 본능은 여전히 현대인들의 마음속에 남아 있다. 우리는 조상과 고향, 그리고 공동체와의 연결을 되새기며, 이 전통을 통해 자신이 어디에 속해 있는지를 확인할 필요가 있다.

가족과의 연결은 단순한 의무를 넘어 우리의 뿌리를 확인하고, 영적 안정과 정체성을 찾는 중요한 방법이 될 것이다.

귀소 본능

사람에게는 귀소 본능이 있다. 성장하면 부모를 떠나서 독립하고, 생계를 위해 고향을 떠난다. 부모와 고향을 떠나 살아가면서도 늘 그리움의 끈을 놓지 못한다. 젊은 시절 떠난 고향을 나이가 들면 다시 찾고자 하며, 만약 귀향이 불가능하다면 마지막 순간이라도 고향 근처에서 생을 마감하기를 바란다. 어려운 일이 닥칠 때는 부모의 사랑이 떠오르고, 죽은 부모의 산소를 찾아가 위안을 얻기도 한다.

개인적으로 백두산을 관광했을 때는 마치 나의 시작이자 뿌리를 찾은 것 같은 느낌을 받았다. 백두산은 평소 상상했던 것보다 훨씬 더 웅장하고 높았다. 정상에 있는 천지는 작은 호수가 아니고, 수많은 산봉우리가 둘러싸고 있어 마치 바다처럼 넓었다. 백두산에서 산맥이 이어지는 모습을 보며 내가 태어난 곳에 먼저 와서 살았던 조상들이 떠올랐다. 벅찬 감동이 이미 받은 교육의 영향인지, 개인적인 감동인지 구분이 되지 않았다. 멋진 자연을 구경할 때, 우리는 그 풍경과 합일하려는 마음이 생기곤 한다. 마치 폭포 아래로 뛰어내리고 싶은 충동처럼 말이다. 백두산에서는 자연과 나 자신이 구분되지 않는 일체감을 느꼈다. 백두산의 정기를 느끼면서 조상과 나의 시원(始原)의 혼이 시작되고 숨어서 한반도에 숨결로 흐르고 있다고 느꼈다. 이곳은 단순히 한 지역이 아니라, 나의 시작과 끝을 품고 있는 신성한 땅이라는 생각이 들었다.

추석 풍습은 우리 민족이 영적인 삶을 어떻게 살아왔는지를 잘 보여준다. 성묘를 하고 가족 친척과 만나며, 개인의 존재는 작아지나 자연과 가족 공동체와의 일치를 통해 더 큰 존재로서의 자아를 느끼게 된다. 이러한 전통 속에서 우리는 조상과 연결된 뿌리를 확인하며, 귀소 본능을 충족시킨다.

연어의 생애를 떠올리면 귀소 본능을 이해하기 쉽다. 연어는 먼 바다에서 생활하다가 산란기가 되면 자신이 태어났던 강으로 돌아가 생을 마감한다. 한국인의 조상 묘에 대한 정성스러운 마음도 이와 유사하다. 사람들은 고향으로 돌아가 조상과 재회하며 삶과 죽음을 연결하는 안식을 찾는다.

죽음에 대한 두려움

사랑하는 사람과의 이별은 누구에게나 큰 상실감을 남긴다. 이런 슬픔은 누구나 겪는 일이지만, 그 고통은 결코 쉽게 잊히지 않는다. 사별로 인한 애도 반응은 종종 오랫동안 지속되며, 사랑하는 이의 죽음을 평생 가슴에 안고 사는 사람도 많다. 특히 자식의 죽음은 몇 년이 지나도 평생 부모의 마음을 아프게 한다. "부모가 죽으면 산에 묻고, 자식이 죽으면 가슴에 묻는다."는 말 그대로이다.

제사와 명절은 이러한 죽음의 슬픔을 극복하는 전통적인 방식 중 하나이다. 제사를 통해 우리는 죽은 사람에게 받은 은혜에 감사하며, 그리움과 죄책감을 극복하려고 노력한다. 이는 단순히 관습에 그치지 않고, 죽은 자와 산 자를 이어주는 중요한 의식적 행위로 자리 잡아왔다.

제사는 죽은 사람의 육신은 사라졌지만, 영혼은 여전히 살아 있다는 믿음을 바탕으로 한다. 이러한 믿음은 제사의 반복을 통해 더 깊이 자리 잡으며, 죽음에 대한 두려움을 완화시키는 역할을 한다. 지금 제사를 지내는 산 자도 자신이 죽으면 조상의 영혼과 함께할 것이라는 막연한 확신을 갖게 되는 것이다. 이러한 믿음은 죽음을 단순한 끝이 아니라, 조상과 재회하는 과정으로 받아들이게 한다.

사람들은 자신이 태어나고 조상들이 살았던 고향으로 돌아가 죽음을 맞이하기를 원한다. 이는 조상들과 함께 묻히고, 자식들 덕분에 자신이 미래에도 생존할 것이라는 믿음을 간직하고 죽음의 공포를 극복한다. 죽음은 개인의 끝이 아니라, 조상과 후손을 잇는 연속성으로 인식된다.

인간 존중과 남녀불평등

유교는 조선시대의 국교로 자리 잡았으며, 공자는 어질 인(仁)을 군자의 가장 큰 덕목으로 삼았다. 공자는 인(仁)이 효(孝)에서 비롯된다고 보았고, 효라는 마음을 예절이라는 그릇에 담아 실천하도록 했다. 부모가 돌아가신 후에는 여막(廬幕)을 짓고 삼 년간 묘소를 지키며 부모를 섬기는 모습을 유지하도록 권장했다. 유교에서 효는 인간의 기본적인 도리로 간주되었으며, 부모의 뜻을 미리 살펴 실천하는 양지(養志)가 효의 최상으로 여겨졌다.

불교는 모든 인간에게 불성(佛性), 즉 본래부터 깨달음의 성품이 있다고 가르쳤다. 이는 모든 인간이 본질적으로 소중하고 평등하다는 의미를 담고 있다. 다만 수행하는 보살과 수행하지 않는 중생의 차이만 있을 뿐이다. 불교가 성행하던 고려시대 이후 조선시대에는 유교가 국교로 자리 잡았지만, 유교는 인간 불평등을 직접적으로 주장하지 않았다.

유교 전통의 핵심 이념은 군사부일체(君師父一體), 장유유서(長幼有序),

남존여비(男尊女卑)로 요약된다. 군사부일체는 임금, 스승, 아버지를 동일한 권위로 존중하는 사상이며, 장유유서는 연장자를 우선시하는 질서를 강조한다. 남존여비는 남성이 여성보다 더 우위에 있어야 한다는 사상으로, 농업과 어업을 중심으로 한 생계 구조 및 전쟁으로 인한 남성 희생자의 증가 속에서 강화되었다.

이 세 가지 이념은 당시 사회와 국가가 유지되는 데 중요한 틀로 작용했지만, 가장 큰 피해자는 여성, 특히 결혼한 젊은 여성들이었다. 결혼한 여성은 남편에게 순종하고, 시부모를 공경하며, 시댁의 조상 제사를 책임져야 했다. 여기에 가사 노동과 자녀 양육까지 더해졌고, 이혼이 거의 불가능한 상황에서 여성은 극도로 고립될 수밖에 없었다.

남편의 음주, 폭력, 외도 등으로 고통받는 여성들은 문제를 해결하려고 했지만, 당시의 사회적 통념은 여성의 인내와 순종을 강요했다. 남성들은 "부모는 바꿀 수 없지만, 아내와 자식은 새로 얻을 수 있다."고 말하고 부모를 우선시했으며, 시어머니는 며느리가 이혼을 시도하면 아들을 편들며 손주를 직접 기르겠다고 나섰다. 이에 며느리는 저항할수록 더 고립되었다.

남존여비와 장유유서의 사회적 영향은 현대에 이르러서도 완전히 사라지지 않았다. 그러나 점차 변화하는 사회 속에서 남녀평등과 인간 존중의 가치가 강조되며, 이러한 전통적 이념은 재해석되고 있다.

모계사회

지난 30년 동안 남녀 관계는 크게 변화하며, 전통적인 가부장적 사회에서 점점 모계사회에 가까워지고 있다. 여전히 외도나 알코올중독 문제로 상담을 요청하는 아내들이 있지만, 최근에는 부인과의 갈등으로 상담을 받는 남편들이 늘어나고 있다. 더불어 시어머니가 며느리와 같이 살기 어렵다며 상담을 요청하는 사례도 많아졌다.

이러한 변화는 방송과 미디어의 영향이 컸다. 드라마에서 며느리가 시집살이를 견디는 이야기가 자주 다루어지면서, 며느리의 억울한 사연이 사회의 주목을 받았다. 반면, 시어머니가 부당하게 대우받는 이야기는 드라마에서 거의 다뤄지지 않는다. 오늘날에는 오히려 나이 든 시어머니가 위로받지 못하는 경우도 많지만, 여전히 대중적으로 익숙한 이야기는 며느리가 구박받는 내용이다.

부모와 조상 제사를 둘러싼 전통 역시 변화하고 있다. 과거에는 장남이 조상 제사를 책임지고, 부모의 재산 상속에서도 우위를 점하는 일이 당연시되었다. 그러나 현대의 젊은 부부는 부부와 자녀 관계에만 집중하려 하며, 가족과 친척을 위해 희생하려 하지 않는다. 이는 공동체 중심의 전통적 가치관이 점차 개인 중심으로 바뀌고 있음을 보여준다.

특히 산후조리를 친정에서 하는 경우가 늘어나면서, 친정어머니가 육아를 도맡게 되는 사례도 많아졌다. 이러한 현상은 부부 관계에서 남편보다 아내의 의견이 자연스럽게 더 존중받는 결과를 낳고 있으며, 사회는 점점 모계사회적인 방향으로 변화하고 있다.

하지만 아이를 낳은 젊은 여성들은 여전히 자신보다 자식을 더 소중히 여긴다. 자식을 위해 자기 삶의 많은 부분을 포기해야 한다는 사실을 받아들이며, 자식의 발달 단계에 맞추어 부모로서 자식에 대한 사랑을 지속하게 된다. 부모는 자식에게 헌신하며 자연스레 훌륭한 부모로 변모하지만, 자식이 부모의 사랑을 온전히 이해하기까지는 오랜 시간이 걸린다.

현대에는 자녀 수가 줄어들면서 부모의 관심과 투자가 더욱 집중되었다. 온전한 가정에서 자란 아이들은 신체적, 정신적으로 건강하게 성장하지만, 과거와 비교했을 때 자식 교육에 드는 비용과 노력이 커지면서 부모의 부담도 함께 증가했다.

제사 의미의 변화

시간이 흐르고 사회가 발전하면서 사람들의 가치관도 계속 변하고 있다. 가족 중 누구도 일방적으로 희생되어서는 안 된다는 생각이 점차 자리를 잡았다. 과거에는 조상을 모시는 제사가 매우 중요했고, 이를 책임지는 장남과 큰집 며느리가 중시되었다. 그러나 현대 사회에서는 이러한 전통이 점차 약화되고 있다.

오늘날에는 조부모가 모든 특권을 내려놓고 손자 중심으로 가족 관계가 재편되고 있다. 이는 제사가 미신이나 구시대의 유물로 여겨지며 홀대받는 이유 중 하나이다. 제사를 통해 조상과 맺었던 보이지 않는 유대가 현대인들에게는 크게 의미를 주지 못하게 된 것이다. 인구 감소와 공동체 문화의 퇴조는 이러한 변화의 자연스러운 결과로 보인다.

아파트 문화의 확산도 이러한 변화에 기여했다. 아파트는 마당이나 자연을 대신하며, 프라이버시와 안전을 강조하는 동시에 이웃과의 단절을 불러왔다. 이러한 환경에서 조부모가 손자들을 교육하거나 함께 생활할 여건은 여유가 있지는 않다.

현대의 젊은 세대는 유아 양육을 위해 더 많은 경제적, 사회적, 시간적 희생을 감내해야 한다. 하지만 선진 사회에서는 개인의 일방적인 희생을 요구하지 않는 경향이 강하다. 이러한 흐름 속에서 결혼을 포기하거나 자녀를 적게 낳는 선택이 늘어나고 있다. 자식은 이제 더 이상 보답을 기대할 수 없는 경제적 부담으로 여겨지며, 부모가 노후에 자식에게 의지하지 않는 것이 사회적 통념이 되었다.

유교 전통에서 강조되었던 장유유서의 가치는 역전되었다. 이제는 아이가 모든 면에서 우선시되는 사회로 변화하고 있다. 부모는 자녀를 경쟁 사회에서 뒤처지지 않게 하기 위해 더욱 많은 자원을 투자하지만, 동시에 자식을 낳는 것 자체가 무거운 부담으로 여겨지고 있다.

조상 제사에 대한 관심은 줄어들고, 대신 자식의 교육과 성장에 대한 투자가 우선시되고 있다. 이제는 전통적인 제사와 효도에 기반한 가치관이 사라지고, 자식에게 집중하는 문화가 정착된 변곡점의 시기라고 할 수 있다.

전통적으로 제사와 효도는 한민족의 집단 무의식 속에 깊이 자리 잡은 관습이었다. 하지만 현대 사회에서는 제사가 점점 사라지며, 그 의미는 과거만큼 중요하지 않게 되었다. 칼 구스타프 융(Carl Gustav Jung)이 말한 집단 무의식의 결과물인 제사와 전통, 신화는 여전히 우리 문화 속에서 그 흔적을 남기고 있지만, 그 실천 방식은 더 이상 과거와 같지 않다.

오늘날의 가족은 단순히 혈연으로 묶인 관계를 넘어, 영적 공동체로서 서로 헤어지고 다시 모이는 과정을 반복한다. 전통의 형태는 변화하고 있지만, 그 안에 담긴 의미는 여전히 우리 무의식 속에서 흐르고 있다. 새로운 방식으로 조상에 대한 기억과 유대를 이어가며, 현대인의 가치관과 생활 방식에 맞는 가족 문화가 형성될 것으로 예상된다.

변형된 형태로 제사를 지내는 어느 가족 친지들의 제사를 소개한다. 조부모는 이미 죽었고, 자식인 5형제도 모두 죽었다. 딸인 고모 한 분만 생존해 계신다. 큰아버지가 독실한 기독교인이었으며, 장손인 형이 기독교 장로이다. 다른 자손들은 천주교, 불교를 종교로 가지고 있다. 무신론자이면서 전통 제사를 선호하는 자손도 있다. 하지만 종교에 관계없이 산소에서 만난다.

매년 조부모가 돌아가신 기일 전 주 토요일에 추도식을 한다. 기일은 봄가을 두 번 하게 된다. 장손이 예배를 주도하며 모든 가족이 이에 합류한다. 예배가 끝나면 원하는 사람은 각자 돌아가신 조상을 위하여 절을 하게 된다. 절을 하는 사람은 제사 음식과 술을 바치게 된다. 각자 중요한 가족의 소식을 전해 듣고 담소를 나눈다. 그리고 마지막으로 정해진 식당에 가서 식사를 하면서 가족 간의 정을 나눈다. 음식을 나누며 함께 시간을 보내며, 돌아가신 조상에 대한 추억을 이야기하고, 서로의 안부를 듣는다.

종교와 관계없이 함께 모여 조상을 기리고, 가족의 의미를 되새기는 자리다. 각자의 신념을 존중하면서도, 공통된 전통을 유지하는 모습이 인상적이다. 이러한 형태의 추도식은 점차 현대 사회에서 많은 가정에서 적용할 수 있는 방식이 될 수도 있다. 형식보다 중요한 것은 가족이 함께 모여 조상을 기억하고, 서로를 아끼며 유대를 지속하는 것이다. 그렇게 한 해 두 번, 가족들은 변함없이 모여 조상의 뜻을 기리고, 서로를 챙기며 전통을 이어간다.

심청전[2]: 삶과 죽음, 그리고 부활

《심청전》은 한국 고전문학 중 죽음과 부활이라는 주제를 가장 상징적으로 담아낸 작품이다. 심청이는 자신의 희생을 통해 부활의 영광을 얻고, 효와 사랑이라는 인간적 가치를 전달한다. 이는 예수님이 인류 구원을 위해 스스로를 희생하고 부활을 통해 영원한 생명을 약속한 이야기와 상통한다.

제물과 희생의 보편적 의미

《심청전》은 인간이 자신의 소원을 이루기 위해 신비한 존재에게 제물을 바치는 전통적 믿음을 기반으로 한다. 인간은 자신에게 소중한 것을 제물로 바친다. 이는 단순히 신을 기쁘게 하기 위한 것이지만, 인간 자신의 속성을 드러내는 행위이다. 인간은 신의 호불호를 정확히 알 수 없기 때문에, 자신에게 소중한 것을 제물로 바친다.

---

[2] 작가 미상. 《심청전 · 춘향전》. 훈민출판사. 2020. '심청이'는 신화, 전설, 전통, 작품 등을 통틀어서 죽음과 부활을 한 유일한 주인공이다. 예수님의 희생적 죽음과 부활, 그리고 영광과 주제가 같은 내용이다.

죽음과 허무를 넘어선 새로운 생명과 구원의 메시지는, 단지 철학적 담론에 머물지 않고 인간의 삶과 공동체에서 반복적으로 나타난다. 이는 《심청전》에서 심청이의 희생과 부활이 가지는 상징적 의미를 통해 잘 드러난다. 공양미 300석은 당시 사람들에게 이루 말할 수 없이 큰 가치였으며, 심청이는 효심 많은 소녀로 인간적인 가치를 지닌 제물이다. 이는 인간이 생존을 위해 가장 소중히 여기는 것을 신에게 바치는 행위를 보여준다. 심청이가 용왕에게 바쳐진 이유는 그녀가 인간 공동체에서 가장 귀하고 이상적인 존재로 여겨졌기 때문이다.

심청이의 희생과 부활

심청이는 부모를 위해 자신의 삶을 희생하는 효녀로 등장한다. 심봉사가 불구의 몸으로도 딸을 기르며 헌신한 것처럼, 심청이 역시 아버지를 위해 자신을 제물로 내놓는다. 심청의 희생은 그리스도교에서 "벗을 위하여 자기 목숨을 내놓는 사랑"보다 큰 사랑은 없다는 요한복음의 가르침과 공통점이 있다.

심청이는 인당수에 몸을 던짐으로써 용왕의 세계로 들어가고, 그 희생을 통해 자신의 소원을 이룬다. 이 과정은 단순한 죽음이 아니라 새로운 생명과 영광을 위한 전환점으로 묘사된다. 심청이는 용왕의 도움으로 되살아나 왕비가 되고, 심봉사는 눈을 뜨는 기적을 경험하며 행복한 결말을 맞는다. 이는 죽음과 부활을 통해 구원을 이룬다는 메시지를 강하게 전달한다.

제물과 종교적 메시지

심청이의 이야기는 효를 강조하는 유교 사상에 깊이 뿌리를 두고 있지만, 그 내용은 종교적 보편성을 가진다. 인간은 신(자연, 우주, 초월적 존재)과 화해하고 소통하기 위해 제물을 바치고, 그를 통해 자신의 소원을 이루고자 한다. 심청의 희생은 이러한 제물의 성격을 극명히 드러내며, 인간에게 가장 소중한 것이 무엇인지를 다시금 생각하게 한다.

현대에는 종교의 제물도 화폐로 변형되었다. 종교적 의식에서 제물은 단순히 신에게 필요해서가 아니라, 인간의 진심과 정성을 드러내기 위한 상징이다. 성경에서도 "주님께서 말씀하신다. '너희의 그 많은 제물이 나에게 무슨 소용이 있느냐?'(이사야서 1, 11)"라는 구절처럼, 제물의 가치는 신의 관점이 아닌 인간의 정성과 소망의 표현에 있다.

《심청전》과 그리스도교

《심청전》은 그리스도교의 죽음, 부활, 구원의 구조와 유사하다. 심청이는 희생적 죽음을 통해 부활과 영광을 얻는다. 이는 예수님의 수난과 부활의 구조와 상응한다. 심청이는 자신을 희생함으로써 공동체에 행복을 가져다주었으며, 그 결과 아버지와 재회하고 왕비로서 새로운 삶을 시작한다.

심청이의 죽음과 부활은 단순히 한 개인의 이야기가 아니라, 공동체와 인간의 보편적인 소망을 담고 있다. 죽음은 끝이 아니라 새로운 시작이며, 희생은 궁극적으로 더 큰 구원과 행복을 가져오는 도구가 된다.

종교와 공동체의 역할

심청이 이야기는 원시적인 제사 관념에서 출발하여, 점차 체계화된 종교로 이어지는 과정을 보여준다. 종교는 신과 인간 사이의 관계를 규정하고, 이를 통해 공동체의 번영과 생존을 돕는다. 이 과정에서 신이 인간에게 기대하는 행동은 계율과 계명으로 나타나며, 이는 공동체와 개인의 생존과 번영을 돕는 지침이 된다.

유교는 조선시대에 종교와 같은 역할을 하며, 민족의 생존과 문화 발전에 큰 영향을 끼쳤다. 효와 제물, 그리고 공동체적 가치는 《심청전》과 같은 고전문학을 통해 그 의미를 확장하며 후대에 전해졌다. 이 작품은 단순한 효의 미덕을 넘어, 희생과 부활을 통한 구원이라는 보편적 주제를 제시하며, 한국 문학의 중요한 유산으로 남아 있다.

결론

《심청전》은 인간이 신에게 자신의 소원을 이루기 위해 무엇을 희생할 준비가 되어 있는지 묻는 작품이다. 심청이의 희생과 부활은 단순히 유교적 효를 강조하는 데 그치지 않고, 인간 본성에 깊이 자리한 희생과 구원의 메시지를 전달한다. 심청이는 전통적 유교 가치와 종교적 상징성을 동시에 담고 있는 주인공으로, 고전문학과 종교적 주제의 교차점을 보여준다.

이 이야기는 단순히 과거의 전설로 남는 것이 아니라, 오늘날에도 희생과 사랑, 그리고 구원의 메시지를 통해 우리에게 깊은 교훈을 준다.

2장

종교

그리스도교
"나를 믿는 사람은 죽어서도 살 것이며, 살아서도 영원히 죽지 않을 것이다."

불교
"색즉시공色卽是空 공즉시색空卽是色"

그리스도교

"나를 믿는 사람은 죽어서도 살 것이며,
살아서도 영원히 죽지 않을 것이다."

십자가 사건

역사상 큰 사건이 많았지만, 인류의 역사상 가장 큰 사건은 예수님이 십자가 위에서 죽은 십자가 사건이다. 가장 크다는 이유는 가장 많은 사람에게 영향을 미쳤다는 점을 생각할 때 그렇다는 의미이다. 십자군 전쟁과 삼십 년 전쟁은 모두 십자가 사건 이후의 종교 전쟁이었다. 종교로 다툼이 있어서는 안 된다는 큰 교훈을 인류는 얻었지만, 현재에도 종교로 인한 전쟁은 멈추지 않고 있다. 전쟁은 예수님이 바라는 바는 아니다. 십자가에서 일어난 일은 인류의 죄와 죄의 용서, 그리고 구원에 대한 약속을 제시한다. 모든 사람에게 삶의 의미와 죽음에 대한 위로를 전해주었다. 가족, 사회, 공동체에서 "이웃을 사랑하라."는 예수님의 가르침은 신앙을 가진 사람들의 일상생활 전반에 커다란 영향을 주었다.

예수님은 십자가 사건 이전에도 많은 기적을 행하였다. 죽은 사람을 살리고, 병든 자들을 고치고, 부족한 음식을 모자라지 않게 했으며, 물 위를 걸었다. 그러나 예수님은 십자가 위에서는 어떠한 기적도 행하지 않으셨다. 예수님은 성부인 하느님이 정해놓은 길에 따라 철저히 순명(順命)의 길을 걸었다. "예수님은 우리를 위하여 피땀 흘리고, 우리를 위하여 매 맞고, 우리를 위하여 가시관을 쓰고, 우리를 위하여 십자가를 지고, 우리를 위하여 십자가에 못 박혀 죽으신다(묵주기도 고통의 신비 참조)."

"이 잔을 피할 수만 있으면 피하게 해주소서. 그러나 제 뜻대로 하지 마시고, 아버지 뜻대로 하소서." 그리고는 "이제 다 이루었다 하시고 숨을 거두시었다." 그리 말씀하고는 생을 마감하였다. 육체적으로 삶의 끝인 죽음을 맞이하지만, 부활을 통하여 죽음을 극복한 영광스러운 영적인 존재로 완성된다.

예수님은 일생에서 극단적인 행불행을 겪고 죽게 된다. 하느님의 아들이지만, 인간적으로는 가장 비참하게 십자가에서 죽음을 맞이하게 된다. 육체적 고통(육성흔: 못으로 인해 손과 발에 난 상처, 가시관에 의해 이마에 생긴 상처, 창에 찔린 옆구리의 상처), 피로, 조롱과 비웃음, 제자들의 배신, 아들을 잃는 성모마리아의 고통 등을 바라보면서 죽게 된다.

십자가에서 죽음을 맞이하는 예수님은 죽음과 삶(부활), 순간과 영원, 현재와 미래, 비참과 영광, 인간적인 것과 신적인 것, 죄와 구원, 예수님을 파괴하는 인간들의 모습과 예수님의 인간에 대한 사랑을 상징하고 있다.

여러 가지 기적을 행하고, 구름 관중을 몰고 다닌 예수님이 십자가 위에서는 무기력하게 죽음을 맞이한다. 예수님이 정말 하느님의 아들이라면, 십자가에서 스스로 내려오는 기적을 보여주어야 했다. 그랬으면 대중들은 공포에 질려서라도 예수님이 하느님의 아들이라는 것을 쉽게 믿었을 것이다. 예수님을 십자가에 못 박은 사람들을 도리어 단죄하고, 제자들에게 하느님의 아들임을 그 자리에서 증명해 보여야 했다. 그러나 하느님의 아들이라고 줄곧 말해온 예수님은 죽을 때까지 연약한 인간의 모습으로 죽음을 받아들인다.

하느님의 아들인 예수님마저도 죽음을 피하지 못하고 겪었다는 사실은 하찮은 인간이 죽음을 어떻게 맞이해야 하나를 보여준다. 죽음은 하느님에 대한 순명으로 받아들여야 한다. 더 이상 죽음은 고통과 슬픔을 의미하지만은 않는다. 그리스도인은 예수님의 삶을 닮아야 한다. 예수님이 십자가 위에서 죽는 날까지 하느님과 이웃을 사랑하고 희생하는 모습을 묵상하고 마음에 새겨야 한다.

성모마리아는 아들이 고통스럽게 죽어가는 것을 곁에서 지켜보아야 했다. 자기 자식의 죽음은 인간이 겪는 가장 고통스러운 일이다. 그런데 예수님이 연약한 모습으로 죽음을 맞이한 것은 하느님의 인간에 대한 사랑이다. 자기의 독생자를 인간을 위해서 내어주고, 사랑하는 아들의 고통스러운 죽음을 지켜보며, 인간이 죄를 용서받는 길을 열어놓는다. 사람이 하느님에게 가는 길은 없었는데, 예수님의 죽음을 통한 희생으로 인하여 사람이 하느님에게 건너갈 수 있는 다리를 놓아주었다.

예수님이 십자가 위에서 무기력하게 죽음을 맞이하는 것을 보면,

하느님은 인간의 구원은 하느님의 분노나 인간의 두려움을 통해서가 아닌, 오직 사랑만을 통해서 가능하다는 것을 깨닫게 한다. 예수님이 고통을 참는 모습을 지켜보는 하느님은, 끝내 예수님을 십자가 위에서 사형시킨 자들에게 복수하거나 심판하지는 않는다.

타인을 사랑하는 데는 여러 가지 방법이 있다. 첫째는 자기 입장만 생각하기 쉬우므로, 남의 입장에서 생각해 보는 역지사지(易地思之)이다. 둘째는 나와 상대를 똑같이 소중하게 생각하는 것이다. 셋째는 나보다 남을 더 위하는 것이다. 사랑하는 사람을 위해서 대신 죽을 수도 있는 경우이다. 부모는 자식을 위하여 죽을 수도 있다. 넷째는 자기가 직접 상대가 되어보는 것이다. 예를 들면 자식들 방에 자주 가서 있어 보라. 자식에 대하여 모르던 것이 이해될 수 있다. 하느님, 즉 예수님이 사람으로 태어남은 곧 인간에 대한 지극한 사랑이다. 사람의 모든 고통을 예수님은 사람이 되어 이해한다. 예수님은 십자가에서 죽음으로 인하여, 인간의 고통을 직접 겪고 이해한다.

사람이 된 예수님은 인간의 가장 괴로운 죽음을 고통스럽게 겪게 된다. 남을 공감하는 여러 가지 말과 행동이 있지만, 상대와 똑같은 경험을 했다는 것보다 더 좋은 공감은 없다. 예수님이 죽음으로 인간의 고통을 공감해 준다는 것이 그리스도교의 가장 큰 특징이다. 사람이 되어 사람과 똑같은 경험을 해서 공감으로 예수님은 인간을 위로한다. 공감을 통해 위로를 느낀 인간이 하느님을 믿고 사랑하는 것이 그리스도교 신앙이다.

부활

　예수님이 역사상 존재했다는 것은 명확하다. 존재하지 않았던 사람의 이야기를 이렇게 꾸며낼 수는 없다. 그래서 누구든 예수님이 지구상에 존재했다는 것을 부정하려고 하지 않는다. 하지만 예수님이 부활한 사실 여부는 의견이 일치하지 않는다. 예수님의 부활을 믿는 사람과 믿지 않는 사람이 있다. 부활을 믿는 사람은 그리스도교를 믿고, 부활을 믿지 않는 사람은 그리스도교를 믿지 않는다. 예수님의 부활에 대한 사실 여부에 무심한 사람들도 많다.

　마치 손오공처럼 많은 군중이 보는 바로 앞에서 죽었다가 살아남을 예수님이 보여주었다면, 부활을 믿는 사람은 더 많았을지도 모른다. 죽기 전 예수님은 이미 죽은 라자로를 사흘 만에 부활시킨 기적이 있다(요한 11). 왜 예수님은 대중들 눈앞에서 바로 죽고 되살아나는 기적을 보여주지 않았을까? 사람들은 직접 눈으로 본 것은 쉽게 믿는데 말이다. 예수님은 애초에 모든 사람이 부활을 믿게 할 수는 없다고 판단하고 있었는지도 모른다. 예수님은 목자의 목소리를 알아듣는 양들만 구원될 수밖에 없다고 여긴 것도 같다. 예수님은 부활 후 사도들에게 부활한 모습을 보여준다. 토마스 사도는 창에 찔린 예수님의 상처를 직접 보고 만져보기까지 했다. 부활한 예수님을 직접 본 사도들은 다른 사람에게 다시 구두로 전달한다. 하지만 예수님은 일반 대중 앞에서 부활의 모습을 나타내지는 않는다.

예수님은 어떻게 부활이 가능했을까? 전지전능한 하느님의 아들일 뿐만 아니라, 예수님은 반신반인(半神半人)으로 그리스도교는 해석한다. 하느님의 아들로 태어났으나, 반절은 사람이고 반절은 신(神)으로 본다. 예수님의 탄생 과정, 대중에게 가르침을 주는 것, 십자가 죽음 전에 행한 여러 가지 기적 등은 신(神)이 아니면 행할 수가 없는 것들이다. 그러나 십자가 위에서 고통을 겪고 나약한 모습으로 죽임을 당하는 것은 너무나도 인간적인 모습이다.

예수님의 부활은 삶과 죽음을 초월하였다는 것을 의미한다. 과거에 죽은 예수님이 현재 살아났으니, 현재가 과거의 순간처럼 된 것이다. 즉 예수님은 시간과 공간을 초월하여 존재하는 것이다. 한 사람의 부활로 모든 사람에게 죽음을 초월하여 부활할 가능성이 열렸다. 예수님의 죽음은 부활을 통하여 더 큰 긍정으로 가는 길인 것이다. 예수님의 부활은 단순히 과거의 사건이 아니라, 오늘날에도 고난과 절망 속에서 새로운 희망과 삶의 가능성을 발견하도록 우리를 이끄는 메시지다.

예수님이 십자가에서 죽은 후 부활하지 않았다면 지금의 그리스도교는 가능했을까? 부활이 없는 그리스도교는 상상할 수가 없다. 예수님의 부활은 예수님이 인간의 삶을 모든 면에서 긍정한다는 것을 보여준다. 죽음이 부활을 위한 희망이듯이, 그리스도인이 겪는 모든 고난은 더 긍정적인 삶을 위한 준비 과정이다. 이것이 그리스도교가 긍정의 종교이고, 기쁨의 종교인 이유이다. "매사에 기뻐하고 매사에 감사하라. 쉬지 말고 기도하여라."

예수님을 믿는 이유

성경에 나오는 말씀은 사실 인간의 목소리로 들리지 않는다. 인간은 이런 말을 할 수가 없다. 성경을 전체적으로 읽으면 더욱 그렇게 느낄 수 있다. 한 가지 예를 들면, 빌라도가 예수님에게 "진리란 무엇인가?"라고 묻는다. 세상은 어떠어떠한 사실로 이루어지며, 인간은 어떻게 살아야 하는가를 묻는다. 이는 인간의 가장 근원적인 질문이다. 빌라도가 질문할 때 대답하지는 않지만, 이 질문에 대한 예수님의 답이 성경의 요한복음에 나온다.

"예수님께서 그에게 말씀하셨다. "나는 길이요 진리요 생명이다. 나를 통하지 않고서는 아무도 아버지께 갈 수 없다. 너희가 나를 알게 되었으니 내 아버지도 알게 될 것이다. 이제부터 너희는 그분을 아는 것이고, 또 그분을 이미 뵌 것이다.""

요한 14, 6-7

예수님은 소크라테스처럼 제자들과 문답식 토론을 하면서 진리를 설득하려 하지 않는다. 부처님처럼 깨달음에 이르게 도와서 한 단계

씩 해탈에 접근하지도 않는다. "잠 못 이루는 이에게 밤은 길고, 지쳐 있는 자에겐 지척도 천 리 길이다. 바른 진리를 깨닫지 못하는 어리석은 자에게 윤회의 길은 멀고도 멀다." 불교는 진리의 상대성에 대하여 강조한다. 그러나 예수님은 직설적이고 명령하며 선언하는 식으로, 절대적인 진리를 이야기한다. 무엇이 진리인가에 대하여 누구하고도 토론하지 않는다. 예수님이 이야기하는 진리는 절대적이다. 하느님 외에 다른 우상을 두지 말라며 질투하는 하느님임을 인정한다. 하느님 입장에서 우상을 숭배하지 말라는 것을 보면, 헛된 진리에 빠져서 고생하지 말라는 지극한 인간 사랑의 표현이다.

예수님을 안 믿는 이유

예수님이 거짓이라고 가정할 수 있다. 그러면 그는 인류 역사상 최대의 사기꾼이고 거짓말쟁이이다. 과대망상증 환자로 볼 수도 있다. 그런데 사기꾼이고 거짓말쟁이이면 대개 목적이 있다. 돈을 벌거나, 권력을 잡거나, 명예를 얻거나, 복수하는 것 등이 목적일 수 있다. 그런데 거짓을 증언하는 객관적 목적을 찾을 수 없다. 십자가에 못 박혀 죽을 때에는 자신을 변호하지도 않는다. 도리어 자기를 죽이는 사람들을 용서해 달라고 하느님께 청한다. 그들은 자기 죄를 모른다고 기도한다. 과대망상증 환자로 보기에는 현실을 너무나도 잘 알고 있다. 심지어 예언도 한다. 십자가에서 죽을 것이고 삼 일 후에 되살아난다는 것, 제자가 자기를 배반한다는 것도 예견한다. 예수님을 믿지 못할 수도 있지만, 믿지 못할 합리적인 이유도 찾기는 힘들다.

그리스도교를 믿는 입장에서는 예수님을 믿지 못할 이유를 찾기는 힘들다. 예수님이 돌아가시기 전날 포도주와 빵을 들고, "이것은 너희를 위하여 주는 내 피와 몸"이라고 했기 때문이다. 예수님은 모든 사람에게 이 말을 했기 때문에, 믿지 않는 모든 사람에게도 전해져야 하는 말이다.

"그러나 성령이 너희에게 내려오시면 너희는 힘을 받아 예루살렘과 온 유대와 사마리아, 그리고 땅끝까지 이르러 나의 증인이 될 것이다."

사도행전 1, 8

하지만 다른 종교를 이미 믿는 사람도 있다. 그리고 어려서부터 성장하면서 우리에게 미치는 다양한 전통 종교의 영향이 있었으며, 사람마다 공감하고 인정하는 부분이 다를 수 있다. 우리는 누구든 종교의 자유가 있다. 이는 종교를 믿거나 믿지 않을 권리이며, 어떠한 종교를 믿을 것인가를 선택할 수 있는 권리이다. 특히 우리 민족에게는 오랜 기간 동안 민족의 정신적 뿌리가 되었던 불교라는 종교가 있다. 무슨 종교이든 종교 생활을 하는 것은 개인을 한 단계 더 선하고 아름다우며 지혜롭게 이끌어 준다고 믿는다.

미사는 반복되는 제사

죽은 사람의 영혼이 있다는 믿음에 기초하여 제사를 지내지만, 죽은 사람 영혼의 실제 존재 여부는 알 수가 없다. 제사는 단지 산 사람과 죽은 사람과의 관계를 유지하고 싶은 소망을 담고 있다. 사별의 아픔을 잊어가는 과정이기도 하다. 그리고 현실적으로는 같은 조상의 뿌리를 가진 가족과 친척들의 화해와 단결에 더 의미가 있다. 대상이 구체적인 경우도 있겠지만, 막연히 죽은 사람(조상)의 영혼, 귀신, 초자연적인 힘, 땅과 하늘에 있을 신(神) 등에 기도한다.

제사를 지낼 시는 제사장, 제물, 제사를 지내는 사람이 있다. 제사를 통해 기도하는 것을 들어줄 대상이 필요하다. 천주교의 미사는 제사에 비하면 모든 것이 명확하다. 천주교에서 미사를 봉헌할 시 제사장은 신부(神父)가 된다. 제물은 예수님의 몸과 피가 되고, 신도들은 제사에 동참하는 사람들이다.

가톨릭 미사에는 항상 영성체가 포함된다. 이는 신자들이 예수 그리스도를 상징하는 빵과 포도주를 받아먹는 순간이며, 이를 통해 예수님과 깊이 연결되어 사랑과 구원의 은혜를 경험한다. 이때 가톨릭에서는 빵과 포도주가 예수님의 몸과 피를 상징한다. 이를 먹고 마실 때 그리스도와 한 몸이 되는 은총을 받게 된다. 그리스도와 한 몸이 되었다는 것을 믿는 이에게는 그리스도(혹은 성령)가 머물게 된다. 그리스도의 몸이 믿는 이들 안에 머물게 되면서 예수님의 말씀이 이루어진다. "그날, 너희는 내가 아버지 안에 있고 또 너희가 내 안에 있으며 내가 너희 안에 있음을 깨닫게 될 것이다(요한 14. 20)." 미사에 봉헌된 것은 예수님이며, 예수님의 몸과 피를 상징하는 성체(제병)를 먹고 성혈(포도주)을 먹는다는 것은 제사에서 제물을 먹는 것과 비교된다. 제사에서는 제물로 사용된 음식과 술을 조상이 먹는다고 생각하며, 제사에 참석한 사람들은 조상이 먹고 남은 음식과 술을 나누어 먹음으로써 조상과 일치를 이룬다.

미사는 제사와 명확히 다른 점이 있다. 첫째는 미사를 봉헌하는 대상이 전지전능하신 하느님이라는 것이다. 둘째는 그리스도의 몸과 피가 제물이 된다는 것이다. 셋째는 미사를 봉헌하는 목적이 명백하다. 죄를 용서받고, 구원[3]받기 위한 것이다. 구원에는 자신과 가족, 아는 사람이 모두 포함된다. 구약에서는 양, 염소, 소, 새 등이 하느님께 바치는 제물이었으나, 신약에서는 예수님이 단 한 번 희생되어 봉헌됨으로써 인간이 완벽한 구원을 얻게 된다.

---

3) 가톨릭에서 구원은 하느님의 은혜로, 예수 그리스도의 희생을 통해 인류의 죄를 용서받고 영원한 생명을 얻는 것을 의미한다.

제사는 제사를 모시는 대상이 조상신이다. 제물은 여러 가지 음식과 술이다. 제사를 지내는 명확한 목적은 조상을 추모하고, 조상의 은혜로 자손의 안녕과 번성을 기원한다. 하지만 제사에는 조상과 자손을 연결하는 중재자가 없다. 그리스도교에서는 예수님이 사람과 하느님을 연결하는 중재자가 된다. 제사는 제사의 대상이 되는 조상신(?)이 불분명하며, 죽은 조상과 자손들을 연결하는 중재자가 달리 없다. 조상과 자손을 중재하는 자는 없지만, 조상의 영혼 불멸을 믿는 마음이 조상과 자손을 연결하여 준다.

예수님은 자신이 하느님의 성전을 부수고, 사흘 안에 다시 지을 수 있다고 말씀하였다. 여기서 '성전'은 예수님 자신의 몸을 의미하며, 그분의 죽음과 죽은 후 사흗날 부활을 예고한다. 영성체를 봉헌한 신자는 자기 몸에 예수님(=성령[4])이 머물게 된다. 그러므로 예수님처럼 자기 몸을 성전으로 생각한다. 자기 몸이 성전이기 때문에 가톨릭 신자는 죄를 짓지 말아야 한다. 죄를 짓게 되는 경우에는 고해성사를 통해서 죄의 용서를 받아야 한다. 죄를 회개하지 않으면 자기 몸은 성전이 될 수가 없으며, 더 이상 주님의 말씀과 성령이 자기 몸에 머물지 않게 된다. 그래서 신자들은 자기의 몸을 정결히 하고, 마음을 죄로부터 깨끗이 해야 한다. 죄를 짓고도 회개하지 않은 사람은, 거룩한 성체를 모실 수 없으므로 성체성사를 할 수가 없게 된다.

---

4) 성령(聖靈, Holy Spirit)은 하느님의 영이며, 가톨릭에서 성부(하느님), 성자(예수 그리스도)와 함께 삼위일체를 이루는 제3위격이다. 성령은 하느님의 숨결이며 힘으로, 신자들에게 지혜와 사랑을 주고 교회를 이끄시는 존재이다.

하느님은 인간이 제물로 바치는 재물이나 동물을 귀하게 여기지 않는다. 진정으로 귀중한 것은 인간의 제물이 아니다. 그러나 하느님 아들의 몸과 피가 제물(미사에 사용되는 빵과 포도주)로 봉헌되면 이야기는 달라진다. 높으신 하느님이지만, 하느님의 독생자가 봉헌되는 미사에서 인간의 죄를 용서하지 않을 수 없고, 기도를 받아들이지 않을 수 없는 것이다. 그런데 예수님의 몸과 피는 하느님이 먼저 인간에게 제물로 봉헌하라고 선물한 것이다. 이는 하느님의 인간에 대한 지극한 사랑에서 나온 것이다. 인간으로서는 꿈에서도 상상해 낼 수 없는 구원의 방법이다.

이치는 아주 간단하다. 부자인 아버지가 가난한 이웃에게 돈을 빌려주었다. 상환일이 다가오고 돈을 빌려 간 집에서 돈을 받아야 하는데, 그 집이 형편이 어렵다고 한다. 아버지는 재촉하는데, 이웃은 미안하다고 사과하면서 빚의 상환을 반복해서 늦춘다. 시간이 지나도 이웃이 빚을 갚지 못하자 아버지는 소송을 하려고 한다. 채무자 가족이 착한 사람이지만, 지금은 도저히 빚을 갚을 상황이 못 된다고 소송을 연기해 달라고 부탁한다. 하지만 아버지는 그럴 생각이 없다. 그때 멀리에 살던 외아들이 소식을 듣고 아버지를 찾아온다. 아들은 이웃의 사정을 자세히 파악하게 된다. 알고 보니 부자 아들과 가난한 집 아들은 문경지교(刎頸之交)[5]와 같은 우정을 맺고 있었다. 친구와의 우

---

5) "친구들을 위하여 목숨을 내놓는 것보다 더 큰 사랑은 없다." 요한 15, 13. 예수님은 이 말씀을 통해 자신이 십자가에서 희생하실 것을 암시하고, 제자들에게 서로 사랑할 것을 명령하십니다. 여기에서 문경지교(刎頸之交)를 선택한 이유는 사생을 같이하겠다(함께 죽고 함께 산다)."라는 각오로, 서로를 위해서라면 기꺼이 죽음도 불사할 수 있는 강한 의리와 믿음을 의미하기 때문입니다.

정을 위해서라도 빚을 탕감해 주자고 아버지에게 청한다. 자기의 의견을 굽히지 않던 아버지는 외아들의 간곡한 부탁에 마지못해서 빚을 탕감해 주고 없었던 일로 해준다. 아들인 예수님이 희생제물이기에 하느님은 인간을 용서해 주지 않을 수 없는 것도 이와 같은 이치이다.

미사에서는 하느님의 가장 소중한 독생자, 예수 그리스도가 제물로 봉헌된다. 그러므로 하느님은 죄를 지은 인간을 용서한다. 하느님과 인간 사이를 연결하기 위해 하느님이 인간에게 먼저 손을 내민 것이다. 너무 기묘하고 신비한 방법으로 하느님은 인간의 죄를 용서하여 구원한다.

인간에 대한 긍정

우리는 살면서 인생은 무슨 의미가 있는지 묻는다. 나는 살 가치가 있는가? 나는 존재할 가치가 있는가? 어떻게 살아야 잘 사는 거지? 모든 인간은 소중한 존재로 살면서 의미 있는 인생을 살고 싶어 한다. 그리스도교는 이러한 질문에 간단하고 뜻깊게 설명한다.

1. 하느님은 천지를 창조하였다.
2. 하느님은 인간을 하느님의 모습으로 창조하였다.
3. 하느님은 인간을 사랑하신다.
4. 하느님은 인간에게 천지를 다스리는 권한을 주었다.
5. 사람이 혼자 있는 것이 좋지 않으니, 그에게 알맞은 협력자를 만들어 주었다.
6. 하느님은 독생자 예수님을 보내 인간을 죄에서 구원하였다.

요약하면, 하느님은 인간을 창조하였고 사랑한다. 그래서 그리스도인들은 자기를 소중하게 느끼고, 인생을 살아가야 하는 의미가 있다. 말로 간단하게 인간이 살아가는 이유가 설명된다. 간단히 말로 설명되는 하느님의 인간 사랑은 신앙인이 삶에서 몸소 체험하고 느껴야 하는 부분이다. 이론적인 이해만으로는 참 의미가 없다.

독실한 신자도 삶의 위기가 오면, 교회나 성당에 나가지도 못하고 신앙생활이 좌초된다. 더 이상 기도도 안 되고, 신앙 안에서도 자기가 하느님에게 사랑받는 존재라는 사실을 느낄 수 없다. 인생을 살면서 다양한 일로 실패하고 좌절하거나, 정신적으로 우울증에 빠지면 그렇게 된다. 지식으로 알고 있는 성경 구절들은 현실에서 의미를 잃게 된다. 시간이 지나 정신적 어려움에서 벗어나고, 신앙의 의미를 감정적으로 다시 체험하게 될 수 있어야 하느님의 사랑을 다시 경험할 수 있다. 신앙을 갖게 되는 다양한 계기가 있지만, 신앙생활을 중단할 수밖에 없는 많은 사정도 생기는 것이다.

"내가 인생을 사는 의미는 무엇인가?"라고 사람들은 자기 자신에게 자주 묻는다. 세상을 살아야 할 이유는 무수히 많다. 하지만 사람은 자기가 이해할 수 있는 말로 의미를 전달받기를 원한다. 전달되는 의미는 간단해야 하고 듣는 사람이 쉽게 이해할 수 있을수록 좋다. "내가 왜 사는지 모르겠어요. 그냥 죽고 싶어요."라고 자살 시도를 한 사람이 말한다. 대개는 사랑하는 부모와 자식이 있다는 가족의 소중함에 대하여 이야기하게 된다. 하지만 가족이 싫어서 죽고 싶다는 사람에게 살아야 하는 적당한 이유는 무엇일까? 가족과 사랑하는 관계를 유지하는 사람이 자살 시도를 할만한 이유는 현실적으로 별로 없다. 하지만 모든 사람에게 삶의 의미나, 자살하지 않아야 할 이유를 가장 쉽게 간단하게 이야기해 줄 수 있는 말은 "하느님이 당신을 사랑한다."라고 말하는 것이다. 그가 그리스도교인이라면 더욱 그렇다.

가족 중심 종교

하느님(성부)과 예수님(성자)은 아버지와 아들 관계이다. 예수님은 마리아에게 성령으로 잉태되어 태어나고, 요셉과 가정을 이룬다. 예수님은 가정의 틀 안에서 성장한다. 천주교는 예수님, 마리아, 요셉이 이룬 가정을 성가정이라고 부른다. 성가정은 모든 가정의 모범이 된다.

현대 사회에서 가족의 형태가 다양해지고 있지만, 그리스도교적 가족 중심 사상은 여전히 모든 인간관계에서 사랑과 헌신의 본질을 강조하는 지침으로 유효하다. 부모에게 효도하라는 것은 십계명 중의 하나이다. 자식은 부모의 소유가 아니고, 하느님이 부모에게 준 선물이다. 부모는 성경의 가르침에 따라 자식을 길러야 한다. 하느님이 사람을 사랑하듯이 부모는 자식을 사랑해야 한다.

"아내는 주님께 순종하듯이 남편에게 순종해야 합니다. 남편은 아내의 머리입니다. 이는 그리스도께서 교회의 머리이시고 그 몸의 구원자이신 것과 같습니다. 교회가 그리스도께 순종하듯이, 아내도 모든 일에서 남편에게 순종해야 합니다."

"남편 여러분, 그리스도께서 교회를 사랑하시고 교회를 위하여 당신 자신을 바치신 것처럼, 아내를 사랑하십시오."

에페소서 5, 22-26

"자녀 여러분, 주님 안에서 부모에게 순종하십시오. 그것이 옳은 일입니다. "아버지와 어머니를 공경하여라" 이는 약속이 딸린 첫 계명입니다. "네가 잘되고 땅에서 오래 살 것이다." 하신 약속입니다."

"그리고 아버지 여러분, 자녀들을 성나게 하지 말고 주님의 훈련과 훈계로 기르십시오."

에페소서 6, 1-4

당신은 소중한가?

누군가 "왜 당신은 소중한가?"라고 자기에게 묻는다면, 당신은 뭐라고 대답할 수 있나? 자기가 별로 소중한 존재라고 생각하지 않는 사람은 대답을 어물거리거나 침묵을 지킬 수도 있고, 자기는 자신을 별로 소중한 존재라고 생각하지 않는다고 대답할 것이다. 당신은 자기가 소중한 존재라고 생각할 이유를 찾지 못했으며, 인생을 사는 의미가 없다고 생각할 수 있다.

태어난 모든 사람은 출생부터 소중한 존재이다. 그래서 너는 소중하다고 아이에게 말해줄 수도 있을 것이다. 아이는 이러한 설명을 들으면 고개를 끄덕이며 그럴 수도 있겠다고 생각할 수도 있다. 하지만 이러한 설명에 아이가 깨달음을 느끼고, 자신이 소중한 이유에 대해 실감하기에는 적당한 설명으로 부족하다.

아이에게는 뭐라고 설명을 하면 자기가 소중한 존재라는 것을 논리적으로 수긍하고 실감을 할 것인가? 아이들은 어떠한 순간에 자기 자신이 소중하다고 여기게 될 것인가? 아이들이 자신을 소중하게 느끼는 것은 자신을 대하는 다른 사람들의 태도에서 순간순간 경험하게 된다. 그중에서도 부모의 자기에 대한 태도에서 부모가 자기를 사랑한다는 것을 경험하면서, 자신이 소중하다는 것을 제일 많이 느끼게 된다. 부모 중에서도 어머니가 주는 영향이 아버지보다는 훨씬 크다. 그리고 형제와의 관계, 친척, 이웃 사람들과의 선한 관계에서 사랑을 느끼고 자신의 소중함을 내면화해서 간직해 나가게 된다. 여기서 내면화한다는 말은 타인이 자기를 소중하게 여긴 만큼 자기가 스스로 자기를 소중하게 느끼게 된다는 것이다. 즉 개인에게 성숙한 자존심의 중요한 부분이 형성되는 것이다.

아이가 자신을 소중한 존재로 인식하기 위한 전제 조건이 주위 사람들과의 관계에서 형성되며, 그중에서도 부모의 사랑이 가장 중요하다. 그렇다면 성인이 자신을 소중한 존재로 체험하는 것은 어떻게 가능할까? 아이의 자존감 형성을 먼저 살펴본 이유는, 성인의 자존감 역시 주위 사람들과의 관계가 중요하기 때문이다. 하지만 성인의 자존감은 아주 어린 시절에 주로 형성되었으며, 여하한 환경이나 대인관계가 성인의 이미 성숙한 자존심에 큰 영향을 주지는 않는다는 것이다. 단지 환경과 대인관계가 변화할 때마다 일시적 자존심의 만족이나 불만족을 수시로 체험하면서 산다는 것은 누구나 겪어야 할 일이다.

어린 시절 부모의 사랑으로 형성된 자존감은 성인이 되어 삶의 도전과 실패 속에서도 자신을 소중히 여길 수 있는 근간이 된다. 성인이 경험하는 자기 소중함의 순간은 결국 어린 시절의 사랑에서 비롯된다. 어려서 부모의 사랑에서 형성된 건강한 자존심은 평생의 재산이다. 그러나 성인은 부모가 준 과거의 정신적, 물질적 자산으로만 살 수는 없다. 성인이 된 이후에는, 자기가 이룬 성취에 따라서 자존감은 팽창과 위축을 반복할 수밖에 없다.

결론적으로 "왜 당신은 소중한가?"라고 성인이 질문을 받는다 하면, 부모가 자기를 사랑하였었고, 지금은 자기가 자기를 사랑하고, 자기를 사랑하는 가족이 있기 때문이라고 말하는 것이 현실 체험에서 나오는 가장 적절한 대답이다.

자신을 소중하게 여긴다는 것은 사고로 얻어낼 수 있는 것은 아니다. 합리적이거나 논리적인 결론으로 도달할 수 있는 것도 아니다. 자기의 체험으로 느낄 수밖에 없다. 단지 체험의 이면에 부모의 사랑이 가장 큰 역할을 한다는 것이다. 자기를 소중하게 체험하여도, 살아가는 동안에 겪는 일에 따라서 자기에 대한 소중함을 체험하지 못하는 순간은 얼마든지 찾아올 수 있다. 자기 소중함이 아니고 자기 패배감을 체험할 수도 있다. 자기가 소중함을 느끼고 살며, 자기 패배감에 빠질 수 있는 순간에도 자기 소중함을 잃지 않기 위하여 노력하면서 살아야 한다.

새로운 부모와 자식 관계

예수님을 믿는 사람들에게 "당신은 왜 소중한가?"라고 물으면 대답은 간단하다. 하느님이 자기를 창조하였고, 자기를 사랑하기 때문이라고 대답할 것이다. "당신은 왜 사는가?" "당신의 삶은 어떤 의미가 있는가?"와 같은 질문에도 동일하게 대답할 것이다. 진리는 반드시 심오한 것도 아니고, 단순하다고 진리가 아닐 수도 없다. 단순한 진리는 지적인 사람이 아니어도 이해할 수가 있다. 단순한 사람이 도리어 유리할 수도 있다. 믿음이 필요한 것이기 때문이다. 그리스도교처럼 단순하고 쉽게 인간이 소중한 이유를 언어, 이론, 감성, 영성으로 말하는 철학이나 종교는 없다.

성인(成人)이 되기 전에는 부모에게 의존하고, 부모가 주는 사랑의 울림을 마음속에서 느끼면서 자신의 소중함을 느낀다. 그러면 성인이 된 다음에는 어떨까? 성인도 여전히 의존하고 싶은 사람을 필요로 하고, 다른 사람의 사랑을 필요로 한다. 성인도 슬프고 외롭고 낙담하고 좌절한다. 심한 실패를 경험하고 삶에 절망하기도 한다. 성인은 이제 부모가 주는 사랑만을 통해서 자신의 소중함을 느낄 수는 없다. 성인이 되고 중년이 되고 노년이 될 때까지 꾸준히 자신의 소중함을 느끼게 할 존재가 필요하다.

예수님은 십자가에서 죽음을 맞으며 모든 인간을 향한 하느님의 사랑을 증명하셨다. 이는 모든 인간이 하느님께 소중한 존재임을 상징하며, 각자의 삶이 그분의 구원 계획 안에 있음을 보여준다. 유아기부터 청소년을 거쳐 성인이 되면 독립적인 사람이 된다. 독립적인 사람이 되지만 성인도 자기 스스로 자신을 구원하지는 못한다. 성인이 되면 부모를 포함한 타인에게 정신적 자유를 구속당할 수는 없다. 그러나 여전히 정신적 안내자가 필요하며, 때로는 자기가 선하게 살기 위하여 절대로 복종할 대상도 필요하다. 자기가 의지할 대상도 필요하고, 자기가 절망에 빠질 때 정신적 위로를 받고 싶어 한다. 사회는 사람들의 기본적인 양심과 죄책감으로 선한 방향을 선택하여 유지가 되고 있다. 그러나 성인이지만 많은 사람이 양심과 죄책감에 따라 살기보다는 이익과 권익을 추구하면서 살아간다.

오늘날 많은 사람이 경쟁과 고립 속에서 자신이 소중하다는 감각을 잃어가고 있다. 그리스도교 신앙은 각 개인이 하느님께 소중하며, 모든 인간이 서로를 존중하고 사랑해야 할 존재임을 일깨운다. 그리고 자기가 정신적으로 필요로 하는 모든 것을 얻을 수 있다. 하지만 하느님을 믿는 것은 쉽지 않다. 믿음으로 행해야 하는 계율의 실천도 쉽지 않다. 모든 의심을 스스로 포기하고 조건 없이 믿기로 결심할 때, 믿음의 문은 쉽게 열릴 수도 있다.

그리스도교의 특징

첫째, 그리스도교는 단순하고 이해하기가 쉽다. 성경에 나오는 이야기 중에 이해하기 어려운 내용은 별로 없다. 가장 난해하다고 하면 예언서라고 할 수 있는 요한묵시록이다. 요한묵시록은 은유와 상징을 많이 사용할 뿐 아니라, 예언적인 성격을 가져서 누구도 요한묵시록을 이해했다고 이야기할 수는 없다. 신약성서는 가장 쉬우며 구약성서도 어렵지는 않다. 더 많은 사람이 이해할 수 있도록 일부러 쉽게 쓰인 면도 있어 보인다.

둘째, 이해하기가 쉬운 또 다른 이유는 읽는 사람이 가진 지적인 능력을 떠나서, 인간의 보편적인 마음, 공통된 본능, 핵심적인 인간 정신에 대한 내용을 이야기하기 때문이다. 사람은 살면서 누구나 죽고 싶거나, 죽는 것이 사는 것보다 더 낫다고 느끼는 순간을 겪는다. 죽기로 결심하는 사람도 있다. 하지만 살기로 결심한 사람은 큰 의문을 가진다. "진리란 무엇인가?" 즉 어떻게 살아야 잘 살 수 있는 것인지를 묻게 된다. 여기에 예수님은 가장 간단하게 대답한다. "나는 길이요, 진리요, 생명이다."라고. 그 어디에도 이처럼 간단한 진리에 대한 해답은 없다. 다른 종교나 철학자들도 진리가 무엇이라고 설명하기는 하지만, 이처럼 단순할 수는 없다. 그렇다면, 진리는 과연 복잡하고 어려운 것인지 사람들은 스스로 되물어 볼 수도 있다.

예수님은 진리를 말하지만, 진리에 대하여 설명하지 않으며, 진리를 제자와 사람들에게 선포하는 방법으로 전한다. 하늘에서 사람의 마음 깊은 곳으로 내려치는 천둥이나 벼락과 같은 것이다. 예측할 수 없고 피할 수 없으며 주어지는 말이 마음에 미치는 영향대로 이해해야 한다. 예수님은 신약성경에서 누구에게도 왜 진리인지 설명하지 않으며, 진리에 대한 토론이나 논쟁은 전혀 하지 않는다. 어부이던 베드로와 안드레아에게 사도로 부를 때에도, 성경에 기록된 대로 보면 예수님은 아무런 설명을 하지 않고 따라오라고만 한다. 베드로는 성령에 홀린 사람처럼 아무런 질문을 하지 않고 본업을 포기하고 즉시 예수님을 따른다. 본업을 포기하는 베드로가 따르는 이유는 없으며, 어디로 가는지 예수님에게 전혀 묻지도 않는다.

"예수님께서 그들에게 이르셨다. "나를 따라오너라. 내가 너희를 사람 낚는 어부로 만들겠다." 그러자 그들은 곧바로 그물을 버리고 예수님을 따랐다."

마태 3, 19-20

셋째, 그리스도교나 이슬람교의 신이 아니어도 인간은 자기에게 없는 특징을 지닌 동물, 나무, 산, 바다, 자연, 별과 태양, 우주 등을 신이라 여기고 살아왔다. 인간은 이미 조상으로부터 집단 무의식과 유전자의 전래를 통해 마음속에 신을 만들고 있었다. 우리의 제사는 가톨릭의 미사와 닮았다. 제사는 제물을 받치고 조상에게 혹은 귀신에게 죄의 용서를 빌고 소원하는 바를 성취해 주기를 바란다. 가톨릭의 주일미사는 매주(혹은 매일) 행해지는 제사이다. 하느님의 외아들인 예수님을 제물로 바치고, 신에게 죄의 용서와 구원을 반복하여 청한다. 인간의 무의식은 신을 필요로 하며, 그리스도교의 하느님이 인간의 모습으로 인격을 갖추고 처음으로 자기 앞에 전해지기 전에도, 인간은 신을 믿을 수 있는 충분한 준비가 이미 되어 있는 셈이다.

신의 존재 여부를 인간의 능력으로는 확인할 길이 없다. 인간은 진리를 찾을 수 없는 것처럼 신을 찾을 수가 없다. 그런데 하느님은 자기 모습을 닮은 인간을 만들었다고 하니, 인간은 신의 모습을 닮은 것이고 신도 인간과 닮은 모습인 셈이다. 그런 이유인지는 몰라도 성서에 나오는 신의 목소리(성경 내용)는, 신을 믿기 충분한 존재로 여길 수 있게 한다. 즉 인간이 신을 믿기 이전에, 신을 믿을 수 있게 인간은 본능적으로 이미 준비되어 있는 것이다. 그리스도교의 신은 인간이 쉬이 믿을 수 있게 믿음직스러움(believability)을 주고 있는 것은 확실하다. 지구상의 많은 사람이 그리스도교를 믿는 이유는 이 믿음직스러움이 크기 때문이다. "말씀이 사람이 되시어 우리 가운데 사셨다(요한 1, 14)."라는 구절은 그리스도교에서 신이 인간의 모습으로 세상에 나타난 사건을 표현하며, 인간이 신을 이해하고 믿을 수 있도록 만든 결정적인 순간으로 여겨진다. 이를 통해 신의 믿음직스러움이 인간에게 자연스럽게 전달되었음을 보여준다.

넷째, 그리스도교는 가족 중심적이다. 이 점이 불교와 다른 점이다. 석가모니의 출가(出家)로 시작되는 불교의 완성과 전래는 이 점에서 다르다. 하느님과 예수님은 아버지와 독생자 관계이다. 아버지와 아들이 한 가족을 이룬다. 예수가 이 땅에 와서 성모마리아와 아버지 요셉, 그리고 아들인 예수와 함께 세 사람이 성스러운 가정인 성가정(聖家庭)을 이룬다.

성서에서 하느님이 아브라함과 이스라엘 민족에게 약속하는 축복은 항상 땅과 자손의 번성이다. 하느님은 인간이 죄를 짓지 않는 한은 약속을 지킨다. 이스라엘 민족은 자기들에게 고난이 닥칠 때마다 더욱 철저한 율법 준수와 한층 더 확고한 하느님에 대한 믿음의 행동으로 구원받는다. 이웃을 사랑하라는 가르침은 가족의 사랑을 중시하며 또한 공동체를 이루는 중심이 되는 말이다.

신약에 나오는 예수님은 인간을 하느님의 자녀로 생각하며, 인간에게 하느님을 아버지라고 부를 수 있게 허락한다. 하느님과 인간의 관계는 부모 자식의 관계가 되면서 인간의 위치는 격상된다.

> "아버지께서 내 안에 계시고 내가 아버지 안에 있다는 것을 너희가 깨달아 알게 될 것이다."
>
> 요한 10, 38

> "너희는 내가 아버지 안에 있고 또 너희가 내 안에 있으며 내가 너희 안에 있음을 깨닫게 될 것이다."
>
> 요한 14, 20

부모에 대한 감정은 하느님에 대한 관계에 결정적인 영향을 미친다. 신자들은 부모에 대한 표상을 통해서 신에 대한 표상(representation)을 가지기 쉽다. 그래서 하느님은 한 분이지만, 인간마다 주관에 따라서 하느님에 대한 표상은 다를 수밖에 없다. 심판하는 하느님, 냉정한 하느님, 자비로운 하느님, 무관심한 하느님 등이다. 그러나 인간인 친부모는 불완전한 존재이지만. 신은 완벽한 존재이며 모든 잘못된 것은 인간이 자신에게서 원인을 찾아야 한다. 부모의 사랑을 통해서 하느님의 사랑을 알게 되고, 하느님의 사랑을 통해서 부모의 사랑을 알게 된다. 소아는 최소한 6~7세까지는 부모가 적절한 양육을 하여야 믿음을 통한 사랑을 할 수 있는 준비가 된다. 어린 시절 부모의 이혼이나 사별로 인한 부모의 부재, 불화, 학대를 겪은 사람은 기본적인 믿음이 형성되지 않아 성인이 되어도 종교적 믿음을 갖기가 어렵다.

성서에는 부모의 자식에 대한 사랑을 강조하며, 자식의 부모에 대한 공경과 효도를 강조한다. 자식이 성장하면 독립하여 가정을 이룰 것을 당연한 세상 이치로 설명을 한다. 그리고 부부가 서로 사랑할 것을 권고한다. 가톨릭에는 신친(神親) 관계를 맺은 피후견인과 후견인인 대자(代子)와 대부(代父, 남자의 경우), 여자는 대녀(代女)와 대모(代母, 여자의 경우)의 제도가 있으며, 영세받을 때 상대를 지정해 준다. 이는 친부모와 친자식과는 다르게, 새로운 부모 자식 사이의 관계를 재경험하도록 한다. 주목적은 대부와 대모가 대자와 대녀에게 신앙생활을 지지하고 도움을 주는 것이지만, 물심양면으로 서로 도우며 새로운 부모와 자식 관계를 경험하게 해준다.

다섯째, 그리스도교는 공감의 종교이다. 사람은 아무것도 안 하고 있으면, 하루도 넘기지 못하고 갈증과 배고픔에 시달린다. 그런데 예수님은 "내가 주는 물은 영원히 갈증을 느끼지 않는다."고 한다. "하늘을 나는 새들도 먹을 것이 있는데 하물며 너희들이 먹을 것이 없겠느냐."며 고통에 공감하고 해결책을 제시한다.

인간이 느끼는 많은 고통이 있지만, 이 중에서도 죽음에 대한 두려움은 가장 클 수밖에 없다. 예수는 여기에 확실한 해결책을 제시한다. *"나를 믿는 자는 살아서도 영원히 죽지 않을 것이며, 죽어서도 영원히 살리라."*고 말한다(요한 11, 25-26).

예수님께서는 기적, 치유, 그리고 구마(驅魔)[6]의 기적들을 통해 고통받는 사람들에게 직접적으로 공감하고 그들의 고통을 치유하셨다. 이러한 기적은 단순히 초과학적인 현상이 아니라, 예수님이 인간의 고통을 깊이 이해하고 이를 해결하려는 공감의 표현이기도 하다.

공감이란 웃는 사람에게는 같이 웃고, 우는 사람에게는 같이 울 수 있는 것이다. 사람들이 겪는 웃음과 울음에 공감하는 것은 가장 좋은 치유가 된다. 하지만 같이 울고 웃는 것보다 더 큰 공감을 주는 방법도 있다. "남의 염병이 내 고뿔만 못하다."라는 속담이 있지만, 반대로 "동병상련(同病相憐)"이라는 고사성어도 있다. 이는 같은 병을 앓는

---

6) 예수님이 마귀를 내쫓은 기적은 신약성서에 여러 차례 기록되어 있으며, 이를 구마(exorcism)라고 한다.

사람들이 서로에게 연민의 정을 느끼는 것이다. 아픈 사람을 위로해 주는 것이 아니라, 같은 병에 걸려 있는 것이다. 그러면 어떤 언어적 위로로도 할 수 없는 위로를 해주는 것이다. 동병상련보다 아픈 사람의 마음을 알아서 공감하고 위로해 주는 방법은 없다. 동병상련을 이해한다면, 하느님의 아들이라는 예수님은 반신반인으로 살다 죽지만, 사람이 되어 사람의 일생을 산 것은 사람에게는 가장 확실하게 동병상련으로 아픔을 공감해 준다.

부모 자식은 서로 닮는다. 부부도 오래 살면 서로 닮는다고 한다. 그런데 사랑하는 사람과 헤어지면(이별이나 사별), 사람은 자기가 사랑했던 사람을 닮는다. 이것을 동일시(identification)라고 한다. 사랑했던 사람의 행동과 비슷하게 행동해서, 사랑하는 사람과 이별해서 겪는 빈자리 슬픔을 조금씩 잊어가기 위한 정상적 애도 반응에서 나타난다. 정말 사랑이 깊으면, 이별한 사람과 정말 동일시되는 것일까? 정말 깊은 사랑은 상대와 똑같이 되는 것이다. 하느님인 예수님이 사람이 되었다는 것은 인간에 대한 가장 큰 사랑의 표현이다.[7]

예수님은 십자가에서 나약한 모습으로 수난하고 죽음을 맞이한다. 삶에서 가장 큰 불행은 죽음인데, 예수님은 회피하지 못하고 인간적인 죽임을 당한다. 신의 아들이라는 예수님은 인간의 모습으로 이 땅

---

[7] 그리스도교에서 말하는 삼위일체란 "하느님은 한 분이시지만 동시에 성부, 성자, 성령의 세 위격(位格)으로 존재한다."라는 교리이다. 세 위격은 서로 구분되지만, 본질(신성)은 하나이며, 영원토록 완전한 일치를 이룬다. 즉, 성부·성자·성령은 각각 참 하느님이면서도 한 분 하느님이다.

에 왔으나, 마치 사람처럼 모든 인간이 겪게 되는 죽음을 자신이 직접 현시(顯示)함으로써 죽음이라는 인간의 두려움과 고통에 대하여 동병상련하는 마음으로 공감해 준다. 예수님을 믿고 의지하는 사람에게 이는 당연히 큰 위안이 된다. 동병상련이라는 말처럼 함께 죽음을 맞이하는 것보다, 어떤 말이나 행동이 자기의 죽음에 더 깊은 위로를 줄 수 있을까?

예수님에 대한 궁금증

예수님은 실존하였나? 그렇다고 생각한다. 실존하지 않았으면 그에 대한 무수한 이야기들이 전해지지 않았을 것이다.

예수님은 기적을 행하였나? 그랬을 가능성이 높다고 본다. 그가 행한 기적들은 기적, 치유, 구마의 기적(驅魔)으로 나눌 수 있다. 기적에는 과학적으로 불가능한 것이 많다. 물 위를 걷는 기적, 오병이어의 기적 등이 있다. 치유의 기적은 죽은 사람을 살리는 것, 아픈 사람을 고치는 것, 말을 통한 치유의 기적 등이다. 기적과 치유는 모두 비과학적이거나 비현실적인 것을 실현시키는 것들이었다. 구마의 기적은 몸에 들어간 사탄을 쫓아내는 기적 등이다. 여러 가지 기적들이 전해지는 것을 보면 기적을 행하였다고 믿을만하다.

예수님은 부활하였는가? 이 질문에는 십자가 위에서 예수님의 죽음에 대하여 전해 들은 사람들은 모두 답해야 한다. '예' 아니면 '아니오' 둘 중 하나로 믿는지 안 믿는지를 결정해야 한다. 만약 부활하였다고 믿으면, 그 사람은 그리스도인이 되는 것이다. 예수님의 부활을 믿으면서 예수님이 구원자라는 것을 믿지 않을 수는 없다.

만약 믿지 않는다면 믿지 못하는 이유는 무엇일까? 예수님이 성경에 나오는 그 많은 일을 하고 다닌 이유는 무엇인가? 인간을 구원하기 위하여 하느님의 아들이라고 사칭하고 다녔던 것일까? 그는 인간을 너무 너무 사랑하는 사람이라서? 신의 아들이 아니고 인간이라면 어떻게 예수님은 부활하여 제자들 앞에 나타났을까? 아니 부활하지 않았다면 예수님은 제자들이 어떻게 자기가 부활하였다고 소문을 낼 수 있도록 하였을까? 최후의 만찬에서 예수님은 빵을 들고 감사를 드리신 다음 빵을 쪼개어 주시며 "너희를 위한 내 몸이다."라고 한다. 또 만찬을 드신 뒤에 같은 모양으로 잔을 들어 "이 잔은 내 피로 맺는 새 계약이다. 너희는 이 잔을 마실 때마다 나를 기억하여 이를 행하여라."라고 이야기한다.

이는 모든 인류에게 예수님이 주는 메시지이다. 이 메시지를 접한 모든 사람은 예수님이 자기의 죄를 대속하여 죽었음을 믿을지 안 믿을지를 결정해야 한다. 믿지 않는 사람은 종교적으로 죄가 없다. 왜냐하면 율법이 없기 때문이다. 그러나 그리스도교인은 자기가 죄인이라고 생각한다. 십계명에 비추어 자기의 잘못을 성찰하고, 벗어날 수 없는 아담과 이브의 원죄가 있어서다. 예수님이 십자가에서 수난하고 죽은 것은 인간의 죄를 대속하기 위한 것이다. 자기의 죄를 회개하고 예수님이 자기의 죄를 대속했다는 사실을 믿는다. 모든 사람은 그리스도인이거나 반(反)그리스도인이 될 수밖에 없다. 그리스도인도 반그리스도인도 아니라면 자기가 비그리스도인인 이유를 생각해 볼 수 있다. 예수님이 전한 메시지에 응답해야 할 필요성을 느끼지 않는가?

불교[8]

"색즉시공色卽是空 공즉시색空卽是色"

---

[8] 불교 개념에 대한 설명은 최소한 필요한 부분만 하였다. 처음 불교 용어에 접하는 분은 어려움이 많을 것으로 예상된다. 관심 있는 분들은 더 자세히 설명한 불교 서적을 읽거나, 스님의 법문 듣기를 권한다. 여기 나오는 불교에 대한 내용은 《釋迦의 生涯와 思想》(무샤노코지 사네아쓰 저, 박경훈 역, 현암사, 1978)과 법륜스님의 교육 자료나 저서, 두 책에서 인용하였음을 밝힌다.

석가모니

탄생 설화와 출가

석가모니는 지금부터 약 2,600년 전 히말라야의 산기슭에 있는 가비라성에서 태어났다(BC 624~544). 불기(佛紀)는 현재의 서기 연도에 544년을 더하면 된다. 불기는 부처님이 열반에 드신 해를 기원으로 한다. 참고로 서기는 예수님이 탄생한 해를 기원으로 한다. 아버지는 정반왕이고, 어머니는 마야부인이었다. 석가가 태어나고 7일 만에 석가를 낳은 생모인 마야부인은 죽었다. 갑작스러운 생모의 죽음으로 석가의 양육은 마야부인의 여동생인 마하바쟈바디가 맡았다.

아기는 태어나자마자 사방으로 일곱 걸음씩을 걸었으며, 오른손으로는 하늘을 가리키고 왼손은 땅을 가리키면서 천상천하(天上天下) 유아독존(唯我獨尊) 삼계개고(三界皆苦) 아당안지(我當安地)라고 했다. "하늘 위 하늘 아래 나 홀로 가장 높네. 삼계가 다 고통에 빠져 있구나. 내 이를 마땅히 편안케 하리라." 천상은 신들의 세계, 천하는 인간세계를 상징한다. 신들의 세계와 인간들의 세계를 통틀어서 가장 존귀한 자, 인간과 신의 스승이라는 의미이다. 삼계개고에서 삼계는 욕계, 색계, 무색계를 의미한다. 욕계는 욕망 위에서 움직이는 세계, 색계는 형상은 있지만 욕망이 없이 움직이는 세계, 무색계는 형상마저도 순수한 세계를 말한다. 삼계개고는 모두가 괴로움에 빠져 있으니 아당인지, 즉 내가 이를 마땅히 편안케 하리라는 뜻이다.

생로병사

석가모니가 하루는 마차를 타고 동쪽 문으로 나갔다. 그곳에서 비참한 늙은이를 보았다. 가슴 아파하며 "나도 저렇게 늙는가." 하고 물었더니 "그렇다. 누구나 다 태어나면 늙을 수밖에 없다."는 답을 듣고는 모든 즐거움이 사라져 버렸다. '왜 사람은 저렇게 비참하게 늙어야 하는가? 나도 결국 저렇게 될 수밖에 없는가?' 하며 돌아왔다.

하루는 석가모니가 남쪽 문으로 나가 길에서 고통스럽게 신음하는 병자를 만났다. 병자의 몸은 야위어서 피골이 상접 하였으며, 배만 유독 불렀고 안색은 누렇다 못해 푸르렀다. "사람은 다 병이 드는가." 하는 질문에 역시 그렇다는 답을 듣고는 즐거움이 사라져 버렸다.

그리고 서쪽 문을 나갔다. 이번에는 죽어서 버려진 시체를 봤다. "저것은 무엇인가?" "죽은 시체입니다." 사람은 누구나 다 죽게 된다. "나도 죽게 되는가?" 그렇다는 이야기를 듣고 그는 또 즐거움이 사라져 돌아왔다.

현실 고통의 근본 원인

석가모니는 노예제와 계급 차별의 불평등을 넘어 모든 인간이 평등하게 고통에서 벗어날 수 있는 길을 찾고자 했다. 이는 불교의 보편적 평등 사상의 기반이 되었다. 자기가 왕자로서 누리는 지위도 결국은 노예들의 고통 위에 있는 것이다. 진정으로 모든 인간을 행복하게 하기 위해서는 남을 지배하고 남위에 선다는 생각, 남의 고통을 딛고 유지되는 행복의 길을 벗어나야 한다고 여겼다. 진정으로 남의 아픔을 내 아픔으로 느끼고 타인을 행복하게 하는 길이야말로 행복을 찾는 길로 믿었다.

생로병사의 고통도 중요하나, 인간은 평등하며 계급 차이에 의한 행복은 옳지 않다고 생각했다. 그는 남의 문제가 곧 자기의 문제라고 생각했다. 문제 해결을 위해서는 출가해야 한다는 본질을 꿰뚫어 보았다.

석가의 출가

석가는 생로병사의 고통에서 벗어나지 못하는 생활에 비해 영적인 생활이 얼마나 중요한가를 나타낸다. 석가는 쾌락을 싫어하지는 않았다. 그러나 그에게 시집올 아내는 결코 행복하지 않을 것이라고 생각하였다. 자식이 태어난다면 그 애들도 불행할 것이라고 여겼다. 인생은 허무하고 인간은 누구든 죽음을 피할 수 없기 때문이었다.

정반왕은 19세가 된 태자인 석가를 위해 태자비를 간택하였다. 석가는 처음에는 반대하였으나, 아버지의 권유를 굳이 반대할 이유도 찾지 못하였다. 그러나 그 무렵에도 출가할 뜻은 무르익고 있었다. 결국 석가는 집장대신(執杖大臣)의 딸 야수다라를 규수로 맞이하였다.

결혼한 석가가 일반인에 비해 불행한 것은 아니었다. 아내와 지내는 시간도 기쁘고 행복했으며, 태자 부부를 바라보는 사람들 눈에 그리 비추었다. 그러나 태자는 늘 마음 한구석에 사색하는 부분이 있었다. 표정은 이따금 어두워질 때가 많고, 겉으로는 즐겁게 보여도 고독해질 때가 많았다.

그는 태자이지만 주위 사람들을 바라보고 생로병사의 고통을 체험하며, 사람은 누구나 태어나면 죽어야 하는 고통에 괴로워했다. 자기 자신뿐 아니라 다른 사람을 그 고통에서 구해낼 방법이 없나 괴로워했다.

석가는 아버지인 정반왕에게 출가(出家)의 뜻을 알렸다. 정반왕은 자기는 이미 늙었으며 왕위에서 물러나야 한다고 말하다. 그리고 부인인 야수다라와 아들인 라후라도 생각해 보라고 한다. 출가 이외의 모든 소원은 들어주겠다고 하였다. 석가는 말하였다.

"첫째는 늙지 않는 일입니다. 그리고 둘째는 병들지 않고 셋째는 죽지 않으며 넷째는 서로 이별하지 않는 일입니다. 이 네 가지 소원을 이루어 준다면 출가하지 않겠습니다." 정반왕은 태자의 말을 듣고 분노하였으나, 태자의 너무도 진지하고 슬픈 얼굴을 보고 성을 낼 수가 없었다. "오, 싯타르타. 그런 무리한 요구가 어디 있는가. 나를 더 이상 괴롭히지 말아다오."

석가모니의 출가는 단순히 가족과 의무를 버린 행위가 아니라, 당시 사회와 관습을 넘어 인간 존재의 보편적 고통을 해결하려는 혁신적 행위였다. 그는 자신의 출가를 통해 가족뿐 아니라 모든 인간에게 영적 해방의 가능성을 제시했다. 다른 각도에서 바라보면 부모에 대한 효도의 의무를 저버린 것이고, 아내와 자식에 대한 가장의 책임을 외면한 결정이었다. 일반인의 기준으로 보면 무모하고 비현실적이며 비도덕적인 결정이었다. 인간과 인간 사이의 의무와 책임을 생각하면 결코 인간적인 결정은 아니었다. 두고두고 비난받을 수 있는 이기적인 결정이었다. 그는 결혼하지 않았어야 했으며, 결혼하였어도 자식을 낳지 않았어야 했다. 결국 그는 부모와 아내, 그리고 아들에 대한 의무를 등지고 출가를 결심한다.

석가는 29세에 출가하여 36세에 보리수 아래서 팔정도(八正道)를 깨닫고 그 근저(根底)에 사무쳐 성도함으로써 일체지(一切智)를 얻는다. 아버지인 정반왕의 소망과 달리 왕위를 이어받지는 않았다. 그러나 해탈을 한 이후 석가는 정반왕을 만나서 해탈한 자기의 모습을 보여준다. 그리고 정반왕이 죽자 장례식 때 정반왕의 상여를 매게 되면서 부자 사이의 관계는 현실적으로 가능한 최선의 화해 모습을 갖춘다.

부인인 야수다라와 아들인 라후라도 석가모니 부처님의 권유로 출가하게 된다. 부인과 아들을 떠나 출가할 때는 사랑을 저버린 가장의 모습이었다. 그러나 결국은 두 사람을 출가시킴으로써, 단순히 존재하는 인간적인 존재 가치를 떠나서, 두 사람을 영적으로 가치 있는 존재가 되게 한다. 영적인 삶은 생사의 고통에서 벗어난 삶이다. 석가가 출가하지 않았다면 부인과 자식은 생로병사의 고통에 어김없이 괴로워했을 것이다. 그러나 석가는 출가함으로써 해탈하여 그들에게 일반 집안의 가장으로서 주는 사랑과는 비교할 수 없는 큰 선물을 하게 된다.

라후라의 깨달음과 부처님의 열반

라후라는 부처님의 가르침을 통해 무상의 진리를 깨닫고 집착에서 벗어나는 법을 배웠다. 부처님은 라후라에게 고통의 원인과 그것을 극복하는 길을 사성제와 팔정도로 설명하며, 삶과 죽음의 순환에서 자유로워지는 방법을 가르쳤다. 결국 라후라는 깨달음을 얻었다. 그리고 붓다는 기뻤다. 자기의 무거운 짐이 덜어진 것을 느꼈다. 붓다는 이제 안심할 수가 있었다. 이승에 태어난 인연을 자신이 지어주었기에 라후라가 깨달은 것을 무척 기뻐하였다.

라후라는 붓다가 열반에 드는 것을 보기가 괴로워 피해 있었다. 그러나 피해 있을 수만도 없어 마지막으로 아버지를 만나고자 밤길을 뛰어왔다. 아버지 붓다 앞에 무릎을 꿇었다. 그것을 본 사람들은 또다시 울기 시작하였다. 라후라는 슬픔으로 말도 할 수 없었다. 붓다는 라후라를 보고 상냥하게 말하였다.

"라후라, 슬퍼하는 것이 아니다. 너는 아버지에게 아들로서 해야 할 일을 다 하였다. 나도 아버지로서 너에게 가르쳐야 할 것을 가르쳤다. 일체 제법은 무상한 것이다. 이 무상을 따라 해탈을 구하는 것이 나의 가르침이다."

우리나라에도 결혼 후 출가한 스님들이 많이 있다. 그들이 어떤 식으로 자식과 부인을 대하였는지는 알 수 없으나, 부처님처럼 출가한 본가의 가족들과 극적인 화해를 할 수는 없었을 것이다. 단지 출가한 스님도 부모와 자식의 연(緣)을 끊고 출가하니 괴로울 수밖에 없다. 가족이 괴로운 만큼 출가한 스님도 괴롭지 않았겠는가?

부처님의 성도

고타마(석가모니의 수행기간 동안의 이름)는 36세에 보리수 아래서 성도하였다. 고타마는 늙고 병들어 비참히 죽어가는 원인을 찾으니 노·병·사는 생으로 인하여 있으며, 열두 가지 연관 고리로써 무명(無明)으로 인하여 비롯된 것임을 알았다.

그는 인간 삶의 십이인연(十二因緣)을 처음부터 끝까지 순서대로 관하고, 끝에서부터 처음으로 거꾸로 관하였다. 이른바 저것이 생김으로 이것이 생기고, 저것이 있음으로 이것이 있으며, 저것이 멸함으로 이것 또한 멸하고, 저것이 없으면 이것 또한 없느니라. 곧 무명으로 인하여 제행을 연하고 내재한 인간의 모든 고통이 생겨나며, 무명이 없으면 인간의 모든 고통이 소멸되는 것이다.

석가모니의 성도는 단순히 개인적 깨달음이 아니라, 현대인들에게도 마음의 평화와 자유를 얻는 방법을 제시한다. 집착과 번뇌를 내려놓고, 지금 이 순간에 충실함으로써 삶의 고통에서 벗어날 수 있다는 가르침은 오늘날에도 유효하다.

그때에 고타마는 동쪽에서 솟아오르는 밝은 샛별을 보는 순간 무상
정등정각(無上正等正覺)을 이루어 큰 소리로 사자후하였다.

"이제 어둠의 세계는 타파되었다.
내 이제 다시는 고통의 수레에 말려 들어가지 않으리.
이것을 고뇌의 최후라 선언하며
이제 여래의 세계를 선포하노라."

방광대장엄경

부처님의 전법[9]

부처님은 해탈한 후 전에 같이 수행한 적이 있었던 다섯 수행자를 만난다. 그 수행자들에게 처음 전한 법은 중도(中道)이다. 부처님은 당시 수행을 위해서 필수적 과정이라고 생각하였던 고행을 하지 말라고 한다. 고행하면 할수록 육신에 더 집착하기 때문이다. 고행을 좇지 않으면, 쾌락을 좇아도 좋은가? 부처님은 고행과 쾌락을 좇지 말고 중도를 지키라고 한다. 중도는 양극단을 피하는 것을 의미한다. 쾌락을 좇으면 쾌락주의자가 된다. 금욕만을 택하면 금욕주의자가 된다. 중도는 양극단을 피하는 것이다. 마음속에 욕망이 일어날 수 있지만 좇지 말고 그저 바라만 보는 것이다. 시간이 지나면 욕망이 사라지는 것을 알게 된다. 이때 마음을 편안하게 갖는 것과 뚜렷한 알아차림을 유지해야 한다.

다섯 수행자에게 부처는 자신을 더 이상 고타마(수행기간 동안의 이름)

---

9) 부처님의 전법 내용과 불법에 관련된 내용은, 이 책의 전체적인 흐름에 따라 극히 필요한 부분만 설명해 두었다. 좀 더 자세한 내용은 전문 불교 서적을 참고하는 것을 권한다.

라 부르지 말라 하였다. "그대들은 나를 여래(如來)라고 부를 것이다. 나는 이미 감로(甘露)의 도를 발견하였고, 감로의 법을 증득하였기 때문이다. 나는 곧 부처로서 일체지(一切智)를 완전히 갖추었으며 고요하고 번뇌가 없어서 마음에 자재로움을 얻었느니라."

"수행자들이여 중도(中道)란 무엇인가? 고행을 통하여 몸을 괴롭히면 더욱 육체에 집착하게 된다. 그렇다고 몸에 일어나는 욕망을 만족시키면서 살면 쾌락주의로 빠진다. 마음속에 욕망이 일어나면 일방적으로 억압하거나 만족시키는 것이 아니고, 마음속에 욕망이 일어나는 것을 관찰하면서 시간이 지남에 따라 욕망이 사라지는 것을 알게 되는 것이다. 중도를 이루기 위해서는 팔정도를 실천해야 한다."

무아 무상(無我 無常)

무아는 일체의 만물에는 '아(我)'라고 할만한 것이 없다. 단독적인 존재, 변형되지 않으며 오직 그것만으로 존재할 수 있는 그런 실체는 없다는 의미이다. 무상은 변하지 않는 것은 없으며, 존재하는 모든 것들은 변화한다는 의미이다.

육체는 의식이 있으므로 존재가 확실해지는 것이다. 의식이 없으면 돌과 같은 것이어서 번민도 있을 리가 없다. 이 의식이 있으므로 여러 가지 생각이 일고 여러 가지 욕망이 생기는 것이다. 그리고 우리들의 육체와 마음과 욕망도 생하였다가는 멸하고 멸하였다가는 생하여 한곳에 머물러 있지 않는다. 그러므로 우리의 몸이 무상한 것을 알 수 있다.

우리의 몸이 무상하고 의지할 데 없으며 모두 공(空)한 것을 알고, 육체도 본래 공한 것을 참으로 알면, 자기라든가 자기 것이라는 생각에서 떠날 수가 있다. 본래 나(我)는 공(空)하고, 무상하고 무(無)와 같은 것임을 깨달으면 고(苦)가 생길 리가 없다. 이것을 다함 없는 진제(眞諦)라고 한다.

존재론적 연기법, 삼법인(三法印)

- **제법무아(諸法無我)**

이것이 있어서 저것이 있고, 저것이 있어서 이것이 있다. 이것이 없으면 저것도 없고, 저것이 없으면 이것도 없다. 그러므로 내가 존재하여 타인이 존재하고, 타인이 존재하여야 내가 존재한다. 자기(我)라는 것이 각기 따로 존재하는 것이 아니다. 그러므로 내가 행복하기 위해서는 타인도 행복하여야 한다는 것이 불교의 세계관이다.

예를 들면 인간이 잘살기 위해서 자연을 개발하였지만, 이제 제일 중요한 공기와 물이 오염되었다. 맑은 공기를 호흡할 수 없고, 맑은 물을 마실 수 없어지고 있다. 도시에서는 하늘의 태양과 달, 별들을 볼 수 있는 날들이 별로 없다. 흙과 풀을 밟을 수 없다. 훼손된 자연이 인간의 삶을 점점 피폐해지게 하고 있다. 사람과 자연은 각기 다르게 존재하는 것이 아니며, 서로가 서로에게 인연으로 연결되어 있는 것이다.

- **제행무상(諸行無常)**

성주괴공(成住壞空) 영원한 시간을 기준으로 보면 모든 것은 생겼다가 머물고, 머물렀다가 무너지고 텅 빈 자리로 돌아간다.

생로병사(生老病死) 누구든 태어나서 늙으며 병들고 죽는다. 태어나고 머물다가 죽게 되면 육체는 흩어진다.

생주이멸(生住異滅) 모든 생명체 중에 인간의 정신세계가 가장 우월하다고 할 수 있다. 그런데 물질적 존재, 생명의 존재, 정신적 존재 모두가 변화한다.

- **일체개고(一切皆苦)**

나에게는 나라고 할만한 것이 없고(無我), 내가 사는 물질세계는 변하지 않는 것이 없어(無常), 내가 집착할 만한 것이 없다. 그런데 마음은 좋아하는 것에 집착하고, 변하지 않기를 바라니 모든 것이 괴로울 수밖에 없다. 변하기 때문에 괴로운 것이 아니고, 변하지 않기를 바라기 때문에 괴로운 것이다.

애별리고(愛別離苦) 사랑하는 사람과 헤어져야 하는 괴로움.
원증회고(怨憎會苦) 증오하는 자와 함께 살아야 하는 괴로움.
구부득고(求不得苦) 바라는 바를 얻을 수 없는 데서 오는 괴로움.
오온성고(五蘊盛苦) 영락(榮樂)을 잃는 괴로움.
이 네 가지 사고(四苦)를 합쳐서 팔고(八苦)라고 한다.

- **열반적정(涅槃寂靜)**

제법이 무아이고 제행이 무상인 줄을 깨달으면 모든 고가 사라지고 고요함에 이른다. 이를 열반적정이라고 한다. 제법무아, 제법무상, 열반적정을 삼법인이라고 하며, 일체개고를 포함하면 사법인이라고 한다.

연기론

우리가 사용하는 일회용 플라스틱은 편리하지만 환경에 해를 끼쳐 결국 인간에게도 영향을 미친다. 이는 '연기론'이 말하는 상호 의존성의 예로, 우리의 행동이 다른 존재와 연결되어 있음을 보여준다. "이것이 있으므로 저것이 있다. 이것이 없으면 저것도 없다." "이것이 생(生)하면 저것이 생(生)하고, 이것이 멸(滅)하면 저것도 멸(滅)한다." 그러므로, 내가 존재하려면 상대가 존재해야 하고, 내가 행복하려면 상대가 행복해야 한다.

과거와 과거로 인해서 현재에 일어나는 일은 어쩔 수 없다. 자기가 그것은 감내해야 하다. 그런데 현재로 인해서 미래에 일어날 일에 대해서는 미리 대처할 수가 있다. 그래야 윤회의 고리는 끊어진다. 모든 괴로움은 어리석음에서 오는 것이고, 어리석음은 지혜를 얻어야 벗어날 수 있다.

12 연기

12 연기의 단계는 열두 가지이다.
무명(無明), 행(行), 식(識), 명색(名色), 육입(六入), 촉(觸), **수(受)**, **애(愛)**, **취(取)**, 유(有), 생(生), 노사(老死).

12 연기에서 무명 · 행은 과거이다.
식 · 명색 · 육입 · 촉 · 수 · 애 · 취 · 유는 현재이다.
생 · 노사는 미래이다.

12 연기 중 **수(受)**, **애(愛)**, **취(取)** 과정이 제일 중요하다. '수'는 괴로움이나 즐거움을 느끼는 감수 과정이다. '애'는 갈애(渴愛), 즉 맹목적인 사랑을 말한다. '취'는 집착을 말한다.

색성향미촉법(色聲香味觸法)과 오온(五蘊)

나라는 존재는 무엇인가? 나는 육체와 정신으로 이루어진다. 우리의 육체는 자기 외부에 있는 사람과 세상을 파악하여 자기에게 전달한다. 정신은 이것을 받아들인다. 육체에는 오각이 있다. 눈(眼), 귀(耳), 코(鼻), 설(舌), 신(身)이다. 오각을 통해서 전달되는 자극을 받아들여 의식하는 것을 의(意)라고 한다. 안이비설신의를 합하여 육근(六根/六入處)이라고 한다.

육근을 통하여 우리가 인식하게 되는데 인식의 대상이 되는 것이 있다. 시각을 통해 아는 것은 색(色), 청각을 통해서 알게 되는 것은 성(聲), 후각을 통해서 아는 것은 향(香), 미각을 통해서 알게 되는 것은 미(味), 촉각을 통해서 아는 것은 촉(觸)이라 한다. 오각을 통해서 전달되는 정보를 아는 것은 정신(의식)이며, 이는 법(法)이라 한다. 색성향미촉법 여섯 가지를 합쳐서 육경(六境)이라고 한다. 인식의 주체가 되는 육근과 인식의 대상이 되는 육경을 합하여 십이처(十二處)라고 한다.

육입처(안이비설신의)를 통해서 파악한 대상에는 애착을 가지게 되며, 자기가 의식한 것에 대하여 집착이 생기게 된다. 육입처는 대상에 대한 애착과 자기 마음속에 생기는 집착을 의식하고 깨어있기 위함이다.

십이처에 각자에게 형성된 업식으로 안식(眼識), 이식(耳識), 비식(鼻識), 설식(舌識), 신식(身識), 의식(意識)이 있다. 이 여섯 가지를 육식이라 한다. 십이처에 육식을 합하면 십팔계(十八界)가 된다.

색성향미촉법을 통하여 인식된 대상과 인식기관(육체, 몸)을 포함한 것을 오온(五蘊)에서는 색(色)이라고 한다. 오온에서의 색은 모든 인식의 대상(물질)이면서 동시에 인식기관(육체, 몸)까지도 포함하는 개념이다. 색(色)은 현상계, 수(受)는 고(苦)와 락(樂)을 받아들이는 마음의 작용, 상(想)은 외계로부터 투영된 사물에 관한 마음의 작용, 행(行)은 어떤 행위를 유발하는 의지, 식(識)은 구분 짓고 인식하는 것이다. 색수상행식을 오온이라고 한다. 반야심경에서 오온(五蘊)은 개공(皆空)이라 한다. 사실은 나라고 할 어떤 것이 없고, 그때 보는 작용이 있고 느끼는 작용이 있고, 생각하는 작용이 있고, 의지의 작용이 있고, 분별의 작용이 있을 뿐이다.

반야심경

반야심경은 단순히 읽고 이해하는 것에 머물지 않는다. 수행자는 명상을 통해 자신과 세계의 본질적 공함을 체험하고, 집착과 고통에서 벗어나는 방법을 체득해야 한다. 이는 감각적 자극과 집착을 관찰하고 흘려보내는 과정을 통해 가능하다. 이 경은 깊은 철학적 통찰을 제공하며, 공(空)의 개념, 즉 모든 현상이 본질적으로 비어 있고 영구적인 본질이 없다는 사상을 중심으로 한다. 반야심경은 사물의 본질적인 공함을 통해 진정한 지혜를 얻을 수 있다고 가르치며, 이는 고통의 근원인 집착과 무지를 해소하는 데 도움이 된다. 이 경은 불교 수행자들에게 진리의 본성을 깨달아 보는 것을 목표로 하며, 이를 통해 궁극적인 해탈과 깨달음을 얻을 수 있다고 설명한다.

행심반야바라밀(行深般若波羅蜜) **조견오온개공**(照見五蘊皆空) **도일체고액**(度一切苦厄)
깊이 반야바라밀다를 수행할 때에, 오온이 본래 실체가 없음을 여실히 아시고 모든 고통과 액난에서 벗어났느니라.

색불이공 공중이색(色不異空 空不異色) **색즉시공 공즉시색**(色卽是空 空卽是色)

물질적 현상은(본래 그 자체로서 독립, 상주하는 실체가 없는 고로) 본질적인 공(무상, 무아)과 다르지 않고, 공 또한 물질적 현상과 다르지 않다. 물질적 현상이 곧 공이며, 공이 곧 물질적 현상(색)이니라.

수상행식 역부여시(受想行識 亦復如是)

감각작용(受), 지각작용(想), 의지작용(行), 요별작용(識)도 또한 공이니라.

시제법공상(是諸法空相) **불생불멸**(不生不滅) **불구부정**(不垢不淨) **부증불감**(不增不減)

이 모든 존재의 본질적 세계(차원)에서는 생겨나는 일도 없고 소멸하는 일도 없으며, 더러운 것도 없고 깨끗한 것도 없으며, 늘어나는 것도 없고 줄어드는 일도 없느니라.

시고(是故) **공중무색**(空中無色) **무수상행식**(無受想行識)

(이러한 까닭으로) 존재의 본질적 세계에서는(이 공의 차원에서는 실체가 없다는 입장에서 볼 때), 물질적 현상의 고정된 실체도, 감각작용, 표상작용, 의지작용, 요별작용이라는 고정된 실체도 없느니라.

무안이비설신의(無眼耳鼻舌身意) **무색성향미촉법無色聲香味觸法 무안계無眼界 내지乃至 무의식계無意識界)**

인식기관인 안이비설신의도 고정된 실체가 없으며 인식대상인 색성향미촉법도 고정된 실체가 없으며 인식작용인 시각의 영역에서 의식의 영역에 이르기까지도 고정된 실체가 없느니라.

무무명(無無明) 역무무명진(亦無無明盡) 내지(乃至) 무노사(無老死) 역무노사진(亦無老死盡)

무명이란 실체도 없고 무명의 없어짐이란 것도 없으며 노사(쇠퇴나 죽음)도 없고 노사의 소멸이란 것도 없느니라.(즉, 인식 방법의 법칙에도 고정된 실체는 없느니라)

무고집멸도(無苦集滅道) 무지(無智) 역무득(亦無得)

고통의 실체도 없고 그 원인도 목표도 방법도 고정적인 것이 아니다. 이것이 깨달음이라고 말할 수 있는 그런 깨달음의 실체도 없고, 그 깨달음의 얻음도 없느니라. 깨달음을 얻는다는 어떤 깨달음의 실체가 없기 때문이다.

이무소득고(以無所得故) 보리살타(菩提薩埵) 의반야바라밀다고(依般若波羅蜜多故) 심무과애(心無罣礙) 무과애고(無罣礙故) 무유공포(無有恐怖) 원리전도몽상(遠離顚倒夢想) 구경열반(究竟涅槃)

아무것도 얻는 것이 없기 때문에, 보살은 반야바라밀다에 의지함으로써 마음에 장애나 집착이 없으며, 그러한 집착이 없기 때문에 공포가 없으며, 뒤집힌 꿈같은 생각을 멀리 떠나 마침내는 열반(영원한 평안)에 머무느니라.

삼세제불(三世諸佛) 의반야바라밀다고(依般若波羅蜜多故) 득아뇩다라삼

막삼보리(得阿耨多羅三藐三菩提)

과거 현재 미래의 모든 부처님도 이 지혜의 완성을 통하여 아뇩다라 삼막삼보리(위 없는 바른 깨달음)를 얻으셨느니라.

고지(故知) 반야바라밀다(般若波羅蜜多) 시대신주(是大神呪) 시대명주(是大明呪) 시무상주(是無上呪) 시무등등주(是無等等呪) 능제일체고(能除一切苦) 진실불허(眞實不虛)

그러므로 알지어다. 반야바라밀다는(믿음에 있어서) 가장 신비한 진언이며, (깨달음에 있어서) 가장 밝은 진언이며, (실천함에 있어서) 가장 높은 진언이며, (증득함에 있어서) 비교할 수 없는 진언으로, 능히 일체의 고액을 소멸시키며 진실하여 거짓이 없느니라.

고설반야바라밀다주(故說般若波羅蜜多呪) 즉설주왈(卽說呪曰)

그러므로 반야바라밀다의 진언을 말씀하시되.

아제(揭諦) 아제(揭諦) 바라아제(波羅揭諦) 바라승아제(波羅僧揭諦) 모제(菩提) 사바하(薩婆訶)

가자 가자 피안으로 가자. 우리 함께 피안으로 가자. 피안에 도달하였네. 아! 깨달음이여 영원하여라.

기타 불교의 가르침

중도/팔정도

부처님이 정각에 이르고 맨 처음 행한 설법은 중도에 대한 것이다. 육체가 괴로우면 마음은 번뇌와 괴로움으로 산란해진다. 그러므로 고행하지 말라고 했다. 고행하는 것은 육체에 더 집착하게 하는 원인이 된다. 그러나 몸이 안락해지면 혼탁한 마음에 애착을 갖게 된다. 고와 낙이 모두 도를 이루는 근본은 아니다. 고락을 버리고 중도(中道)를 취해야 한다고 했다. 정신적 육체적 욕망에 집착하거나, 일방적으로 욕망을 억압하는 것이 아니다. 자기 마음속에 일어나는 욕망이 있으면 그저 그런 욕망이 있다는 것을 정확하고 편안하게 바라보는 것이다. 하지만 욕망을 따르지 않는 것이 중도이다.

중도에 이르기 위해서는 팔정도를 따라야 한다.

첫째 바르게 보는 정견(定見),
둘째 바르게 생각하는 정사(正思),

셋째 바르게 이야기하는 정어(正語),

넷째 바르게 행동하는 정업(正業),

다섯째 바르게 사는 정명(正命),

여섯째 바르게 정진하는 정근(正勤) 혹은 정정진(正精進),

일곱째 바르게 알아차리고 정신이 깨어 있는 정념(正念),

여덟째 깨어 있는 상태의 바른 고요함. 정정(正定) 등을 말한다. 고요함 가운데 뚜렷이 깨어 있는 것을 선정(禪定)이라고 한다.

사고팔고

인간이 사는 사바세계는 사고팔고(四苦八苦)의 세계이다. 생의 고통, 늙는 괴로움, 병과 죽음의 고통 등의 사고(四苦)가 있다. 여기에 사랑하는 사람과 헤어져야 하는 괴로움인 애별리고(愛別離苦), 증오하는 자와 함께 살아야 하는 괴로움인 원증회고(怨憎會苦), 바라는 바를 얻을 수 없는 데서 오는 괴로움인 구부득고(求不得苦), 영락(榮樂)을 잃는 괴로움인 오온성고(五蘊盛苦)의 사고(四苦)를 합쳐서 팔고(八苦)라고 한다.

이러한 고(苦)는 나(我)가 근원이다. 자기 자신이 근원이다. 중생이 나라는 생각을 일으키고 집착하면 고(苦)를 받을 것이다. 특히 탐욕과 진심(분노감), 어리석음을 삼독(三毒)이라고 한다. 살아 있는 자에게는 삼독이 여러 가지 고의 원인이 된다. 보시(布施)는 탐욕을 없애고, 인욕(忍辱)은 분노를 잠재우며, 지계(持戒)는 어리석음에서 멀어지고 현명하게 한다. 이 셋은 열반에 들게 하는 문이다.

삼독이 있어 괴로움이 끊이지 않는다. 이것을 집(集)이라 한다. 이것을 제거해야 한다. 만약 아상(我想)이나 탐(貪)·진(瞋)·치(癡)를 없앨 수 있다면 모든 괴로움은 사라진다. 이를 멸(滅)이라 한다. 멸(滅)을 행하기 위해서는 팔정도가 최선의 길이다. 이를 행하는 것을 도(道)라 한다.

고집멸도(苦集滅道)를 사성제(四聖諦)라고 일컫는다. 부처님은 이렇게 말한다. "나는 이미 고(苦)를 알고, 집(集)을 끊고, 멸(滅)을 증득하여, 도(道)를 닦아 무상도(無上道)를 이루었다." 이 고집멸도(苦集滅道)를 각기 고성제(苦聖諦), 집성제(集聖諦), 멸성제(滅聖諦), 도성제(道聖諦)라 하며 영원히 변하지 않는 진리인 사성제(四聖諦)라고 한다.

자기는 의식, 무의식, 의식과 무의식에 영향을 미치는 육체로 구성되어 있다. 스스로 느끼는 감정과 생각하는 사고를 파악하는 주체를 자기 혹은 자아(自我)라고 할 수 있다. 이 자기(我)를 버리는 것이 집착에서 벗어나 해탈하는 길이라고 한다.

육바라밀(六波羅密)

보시(布施): 베푼다는 생각 없이 베푸는 행.
지계(持戒): 하고 싶고 하기 싫다는 모든 욕망을 끊어버림으로써 계율을 지킨다는 생각 없이 계율을 지키는 것.
인욕(忍辱): 참음. 내가 잘못했다고 생각. 화를 내지 않음.
정진(精進): 노력한다고 할 것 없는 행.
선정(禪定): 고요하려는 생각이 없는 행.

반야(般若): 깨달음을 얻겠다는 생각이 없는 행.

바라밀은 '애씀이 없이 다함'을 말한다.

무주상보시(無住相布施)

"만일 보살의 마음이 법에 머물러 보시를 행하면 마치 사람이 어두운 데에 들어가 아무것도 볼 수 없는 것과 같고, 보살의 마음이 법에 머무르지 않고 보시를 행하면 사람이 눈이 있어 광명이 비추어 여러 가지 모양을 보는 것과 같으니라."

보살은 어떤 상(相)도 짓지 않고 중생의 요구에 수순(隨順)10)한다. 자기 생각과 요구대로 중생을 이끄는 게 아니라, 중생의 처지와 요구에 따라 그에게 필요한 이로움으로써 제도한다. 그래서 중생은 보살에게 빚졌다는 생각이 없다. 이것이 보시바라밀이다.

내가 남을 도와주었다. 나는 그에게 착한 일을 했다. 나는 착한 사람이다. 그 사람은 나에게 감사해야 한다. 그가 감사하지 않으면 그는 착한 사람이 아니다. 이런 식으로 생각한다면 아상(我相)에 머무는 것이다. 그리고 다른 사람으로 인하여 자기가 인상에 빠지는 것이다. 그러므로 도움이 필요한 사람에게 도움을 주지만, 마음이 법에 머물고 자기가 어떤 사람이라는 상(相)에 머무르면 안 된다.

---

10) 억지로 거스르지 않는 태도.

무주상보시는 *"너는 구제할 때에 오른손이 하는 것을 왼손이 모르게 하여(마태 6. 3).*"라고 말한 성경 내용과 특징이 같다고 할 수 있겠다.

그런데 남을 도와주고 감사하는 말을 듣지 못해서 섭섭하고 화가 난다면, 내가 남을 돕고도 자기가 화를 입을 수 있다. 성경에는 오른손이 하는 일을 왼손이 모르게 하라고 한다. 오 리를 가자고 하면 십 리를 가고, 겉옷을 달라고 하면 속옷까지 주라고 한다. 왼뺨을 때리면 오른쪽 뺨을 대주라고 한다. 인간 대 인간의 관계가 아니고, 인간이 믿는 신을 통해서 다른 인간과 관계하고 있다. 신앙인은 이미 다른 사람이 자기에게 미안하다고 하고, 고맙다고 하는 말을 듣는 것이 목적은 아니다. 이미 다른 사람을 돕는 것은 신이 주신 명령이고, 그 명령에 온전히 순종하는 관계이다. 자기가 다른 사람에게 잘 보이려고 하는 행동도 아니며(남의 자기에 대한 표상), 자기가 자기에게 잘 보이려고 하는 행동도 아니다(자기의 자기에 대한 표상). 신의 뜻에 맞게 하기 위한다고 할 수는 있겠다. 핵심적인 것은 나 자신을 위한 것은 이미 아니며, 모든 것을 알고 있는 신의 뜻에 알맞은 행동일 뿐이다.

이상적멸(離相寂滅)

무주상보시는 금강경 14 이상적멸 분에 나오는 내용이다. 이상적멸(離相寂滅)은 상(相)을 떠나서 해탈에 이른다는 말이다.

"사람은 아상(我相) 인상(人相) 중생상(衆生相) 수자상(壽者相)이 없기 때문이다. 왜냐하면 아상이 곧 상이 아니며, 인상 중생상 수자상이 곧 상

이 아니기 때문이다. 왜냐하면 일체 상을 여의면 곧 그 이름이 부처이기 때문이다."

아상은 자기상이다. 인상은 사람에 대한 상이다. 우주 만물 가운데 사람이 가장 중요하며, 만물은 모두 사람을 위해 존재한다는 생각에 집착된 것을 말한다. 중생상은 수행하지 않는 일반인에 대한 상, 수자상은 목숨에 대한 상을 의미한다.

불교는 상(相)에 집착하지 않아서 상(相)을 짓지 않으려 한다. 불교에서는 변하지 않는 것이 없으니 모든 것이 무상(無常)하고, 자기라고 할만한 것이 없기 때문에 무아(無我)라고 한다. '나'라 할 것이 없다는 무아, '내 것'이라 할 것도 없다는 무소유, '내가 옳다'고 할 것이 없다는 집착 세 가지를 통틀어 무아라고 한다. 자기라는 것을 특정하게 정의할 수가 없게 된다. 그래서 나와 나의 표상, 그리고 대상과 대상의 표상에 집착하지 말라고 한다. 모든 것이 변해가는데, 변하는 것에 집착하기 때문에 고통이 따른다. 물론 중생상, 수자상에도 집착하지 말라고 한다. 중생상, 수자상이라는 것이 없기 때문이다. 부처님이라는 상도 없다고 할 수 있다. 그래서 결국 모든 상을 여의면 해탈에 이를 수 있다고 한다. 이것을 이상적멸(離相寂滅)이라고 하며, 상을 여의고 해탈에 이른다는 의미이다.

부처가 전생에 인욕선인(忍辱仙人)[11]이었을 때 이야기이다. 어느 날

---

11) 석존(釋尊)이 전 세상에서 수도(修道)할 때의 이름이다. 인욕(忍辱)은 욕됨을 참고, 안주(安住)하는 뜻으로, 온갖 모욕과 번뇌를 참고 원한(怨恨)을 일으키지 않는 것이다.

숲속에 머물러 고요히 수행하고 있는데, 그 나라 가리왕이 사냥을 나왔다. 왕은 점심을 먹고 잠이 들었는데, 왕이 오랫동안 잠이 들자 궁녀들은 꽃을 구경하며 이리저리 돌아다니게 된다. 그러다가 우연히 인욕선인을 만나고 그를 둘러싸고 앉아서 마음의 괴로움을 털어놓게 된다. 이때 잠에서 깬 왕이 궁녀들이 사라진 것을 알고 숲속을 뒤져서 궁녀들을 찾게 된다. 인욕선인을 빙 둘러앉은 궁녀들을 보고 왕은 화가 났다.

왕은 "감히 왕의 여자들을 빼앗아 가다니 살아남지 못하리라!"라고 말하고는 선인의 양팔과 양발, 양 귀와 코를 베었다.

> "수보리여! 인욕바라밀이 여래가 인욕바라밀을 말함이 아니라 그 이름이 인욕바라밀이니라. 왜냐하면 수보리여! 내가 옛적에 가리왕에게 신체를 베이고 끊김을 당할 때 내가 그때 아상이 없으며 인상이 없으며 중생상이 없으며 수자상이 없었느니라. 왜냐하면 내가 지나간 옛적에 마디마디 사지를 베이고 끊길 때에 만일 아상과 인상과 수자상이 있었다면 응당 성내고 원망하는 마음이 생겼을 것이기 때문이다. 수보리여! 또 과거 500세에 인욕선인이었을 때에도 아상이 없으며 인상이 없으며 중생상이 없으며 수자상이 없었느니라."

용서는 힘들다

누구든 크게 화날 일이 있다. 이유는 다양하다. 남에게 무시당하는 경우, 사랑하는 사람에게 거절당하는 경우, 다른 사람에게 누명을 쓴 경우, 여러 사람 앞에서 비난받는 경우, 금전적으로 큰 손해를 본 경우 등. 크거나 작은 화를 참을 수 있는 인내심을 가진 사람은 자신을 보호하기 위한 큰 방패를 가지고 있는 사람과 같다. 대부분의 일은 일시적 분노를 억압하면 시간이 지나면서 자연스럽게 해소된다. 사람들 사이의 갈등이 있을 때에도 잘 참는 사람이 결국 이길 수밖에 없다. "인내는 쓰다. 그러나 그 열매는 달다." "'참을 인(忍)' 자 세 개면 살인도 면한다."라는 말이 있듯이 화를 참는 것은 중요하다.

무시받거나 거절당한다는 생각은 어린 시절 버림받은 경험으로 연결될 수도 있다. 이러한 경우 자존심에 상처를 받을 수 있다. 자존심이 심하게 상처받으면, 상처를 준 사람에게 분노하고 복수를 하고 싶을 수도 있다. 자존심이 심하게 상처받는 경우를 정신과에서는 자기애적 손상(narcissistic injury)이라고 한다. 자기애적 손상은 자기애적 성격(narcissistic personality)을 가진 사람이 쉽게 경험하는 일이다. 하지만 누구든 어린 시절에 자기애적인 시기가 있었으며, 비슷한 시기에 자존심도 형성되었다. 그래서 심한 정신적 상처를 받는 사람은 누구든 자기애적 마음의 손상을 입을 수 있다. 자존심이 손상되고 자존심에 감추어져 있는 자기애(narcissism)가 내상을 입으면 참기 어려운 분노가 생길 수밖에 없다.

얼마나 심하게 그리고 오랫동안 분노가 남아 있을까? 받은 상처의 크기, 사건이나 상황, 혹은 상대가 누구였는지에 따라서 달라질 것이다. 하지만 회복에 가장 큰 영향을 미치는 것은 본인의 심리적 극복 능력에 달려 있다고 보아야 한다.

오랫동안 분노를 느끼는 것은 무엇보다 자기를 힘들게 하는 것이다. 자기가 힘들기 때문에 자기가 분노하는 마음을 해결해야 한다. 자기가 힘들기도 하지만, 자기가 자기 마음을 가장 잘 챙길 수 있기 때문이다. 상대를 향한 분노는 상대를 해치지 않고, 자기 자신을 해친다. 사람의 뇌는 주격과 목적격을 혼동한다고 한다. "내가 그를 혼내줄 거야."라고 생각했는데, 혼내주고 싶은 마음이 상대를 찾아가서 피해를 주는 것이 아니고, 나의 뇌가 목적격(피해의)이 되어서 내 분노가 내 뇌를 힘들게 한다. 결국 "내가 나를 혼내줄 거야."가 된다. 미워하는 상대는 내가 분노한다는 사실조차 모를 수 있다는 것을 알아야 한다.

그래서 자기가 힘들기 때문에 자기를 위해서 상대를 용서해 주는 것이 좋다. 자기 마음이 편해질 수 있는 길이다. 그러나 자기가 용서하고 싶다고 용서할 수 있는 것도 아니다. 자기가 원하는 대로 마음이 움직이지 않기 때문이다.

앞에서 탐욕과 화냄, 어리석음을 삼독이라고 언급했다. 분노는 삼독 중의 하나이며, 반드시 피해야 한다. 그러면 분노하지 않고 용서하는 쉬운 길은 없을까? 앞에 언급했지만 석가가 인욕선인(忍辱仙人)이었을 때 가리왕에게 팔다리를 잘림을 당하고도 성내고 원망하지 않았다고 하였다. 부처는 수보리에게 이야기한다. "과거 500세에 인욕선인이었을 때에도 아상이 없으며 인상이 없으며 중생상이 없으며 수자상이 없었느니라."

아상이 있으면 "나는 특별해."라고 생각할 수 있다. 자기가 특별하다고 생각하는 것은 그리 틀린 말은 아니다. 왜냐하면 어린 시절 누구든 부모에게 특별한 아이로 성장하였기 때문이다. 성장하여 친구들과 어울려 보면 자기만 특별하지 않다는 것을 알지만, 어린 시절 특별한 사랑을 받은 자화상(아상)은 누구에게나 있다. 그리고 "내 생각이 옳다."고 생각한다. 이익과 관련되어 있으면 "내 소유다."라고 주장한다. 나를 사랑하는 자기애로 인해서 내 생각이 옳고 내 소유가 맞다고 생각한다. 나는 옳은 사람이고 내 것을 소유한다고 하는 것은 아상에 집착하는 것이다. 자기에게 스스로 기대한다. "나는 특별하고, 내 생각은 옳아야 하고, 내 소유는 잃지 않아야 한다."라고. 그리고 상대에게도 기대한다. 내 생각이 옳다는 것을 인정하고, 내 소유를 자기 소유로 여기는 것을 포기하기를 기대한다. 나처럼 상대도 자기 입장만 생각한다는 것을, 화가 나면 객관적으로 파악하기는 쉽지 않다. 자기에게 기대하는 것은 아상(我相)이 되며, 남에게 기대하는 것은 인상(人相)이 된다. 아상과 같이 인상이 없으면 고통으로부터 자유로워진다.

나는 이래야 하고 남은 저래야 한다는 생각과 기대를 버려야 한다. 부모, 선생님, 형제, 친구는 이래야 하고 저래야 한다. 나는 이래야 하고 저래야 한다는 기대를 버려야 한다. 그래야 상(相)을 여읠 수 있다. 자기에 대한 기대와 타인에 대한 기대는 상(相)에 집착하는 것이다. 자기 자신과 타인에 대한 기대는 고통과 분노의 원인이다.

이 세상에 옳고 그른 것은 없다. 선악을 이분법적으로 나누는 것도 불가능하다. 사람은 주관적인 판단으로 내가 옳고 상대가 틀렸다고 생각한다. 절대적인 선악(善惡)이 있는 것은 아니고, 각자 자기 이익에 영합하는 주관적인 판단을 할 뿐이다. A에게는 A가 옳고, B에게는 B가 옳다. 그래서 서로 양보도 어렵고 용서도 어렵다. 그러나 내가 어떠한 사람이라는 것, 어떠한 사람이 되어야 한다는 것은 모두 내 생각과 관념인 아상일 뿐이다. 타인은 어떠한 사람이고 어떠한 사람이 되어야 한다는 것은 인상일 뿐이다. 상을 여읠 때 마음의 평화를 얻을 수 있다. 이상은 모든 형상과 개념에서 벗어나, 번뇌가 사라지고 고요함에 이른 경지를 적멸이라고 한다. 이를 이상적멸(離相寂滅)이라고 하며, 완전한 해탈과 평온함에 도달한 상태이다.

인생과 죽음: 불교, 그리스도교, 유교의 해석

불교와 죽음

사람의 인생에서 가장 큰 사건은 출생, 결혼, 그리고 죽음이다. 사는 사람은 태어나 이미 존재하고 있으며, 결혼 전이거나 결혼하고 있다. 탄생과 결혼은 가장 기쁜 사건이지만, 죽음은 불행한 사건이기에 사는 동안 줄곧 개인 사고의 주된 주제가 될 수밖에 없다. 시간의 흐름으로 볼 때 인생은 짧고 죽음 후의 시간은 영원하여, 죽음의 주제에 비하면 삶의 다른 주제들은 소소할 수밖에 없다. 문학과 철학, 음악과 예술 등 많은 창작물과 인간 활동은 죽음을 주제로 이루어진다. 그리고 죽음에 대한 두려움이나 죽는 과정의 고통, 그리고 죽음 후의 세계에 대하여 이야기한다. 우리는 죽음이라는 주제와 관련된 작품을 접하고, 죽음으로 인해 하는 행동(예를 들면 제사에 참석하기, 다양한 종교행사 등)에 공감하며 위로받는다.

훌륭한 철학도 죽음에 대하여 문제를 제시하는 정도에 그치며, 부분적으로 두려움을 감소시켜 줄 수 있다. 그러나 죽음에 대하여 해결을 이야기하지는 못한다. 철학자는 일반인보다는 평온하게 죽음을 맞이했을 수 있다. 그러나 죽음을 자기의 철학으로 해결하였다고 할 수 있는 철학자는 없다. 다른 사람을 자기의 철학으로 죽음의 문제를 극복하게 해주지도 못한다. 죽음에 대하여 이성적이고 합리적으로 완전한 극복을 이야기하는 것은 종교뿐이다. 종교는 죽음과 죽음 이후의 문제에 대하여 해답을 제시한다. 죽음에 대한 해답을 제시하지 못하면, 종교의 성립 조건을 충족한다고 할 수 없다.

불교와 그리스도교

종교 중에서도 불교와 그리스도교는 특별한 위치에 있다. 두 가지 종교가 모두 죽음을 이미 극복한 문제로 보고 있다. 불교는 죽음을 생로병사라는 자연스러운 과정으로 수용하며, 집착과 고통에서 벗어나는 해탈을 목표로 한다. 반면, 그리스도교는 하느님의 은총을 통해 죽음을 초월하고 영원한 생명을 약속받는 구원을 강조한다. 이는 두 종교의 인간관과 구원관의 차이를 반영한다. 많은 사람이 믿는다고 사실이거나 진리일 수는 없다. 그러나 두 종교는 시간과 공간을 초월하여 오랫동안 사람들이 믿어왔다. 믿음은 진실의 증거는 아닐 수 있지만, 많은 사람이 믿는 것은 사람들이 깊게 공감할 수 있는 내용이 포함되어 있다는 것을 의미한다.

불교와 유교

죽음에 대한 해석이 부족하여 유교를 종교라고 할 수는 없다. 하지만 유교는 조선시대를 지배하던 주된 사상이고 실천 철학이었다. 우리나라에서 지금은 점차 영향력을 잃고 있지만 부모의 자식에 대한 사랑, 자식의 부모에 대한 효도, 그리고 상호 존중하는 마음은 한국 사람의 정신 밑바탕에 유유히 흐르고 있다. 한글이 다양한 표현을 할 수 있는 뛰어난 언어인 덕분에, 우리말에서만 표현이 가능한 존댓말이 발전해 왔으며, 존댓말과 함께 인간 존중의 유교 정신은 한국인에게 유전자에 새겨져 사라지지 않고 지속되리라 예상한다.

유교는 군사부일체(君師父一體)의 이념으로 부모에게 효도하고, 스승을 존경하고, 임금에게 충성할 것을 권하였다. 유교 사상은 수직적 관계에 바탕을 두었다. 수직적 관계라는 이념은 나라를 다스리는 데 임금에게 유용했으며, 백성들은 나라에 충성하고 스승을 존경하며 부모에게 효도하였다. 공자는 인(仁)을 모든 행동의 근본으로 보았으며, 인은 효(孝)에서 시작한다고 하였다. 그래서 아이들에게 효도하는 것을 제일 먼저 가르쳤다. 부모에 대한 존중을 어려서 배우고, 타인을 존중하고 자기는 겸손한 존재가 되는 것이 이상적인 사람인 군자가 되는 것이다. 논어에는 군자는 어떻게 해야 한다는 말이 자주 나온다. 군자는 이상적인 인간상이다. 현 상태의 자기에 만족하지 않고, 인격적으로 계속 성장하여 이상적인 인간인 군자가 되는 것을 목표로 한다.

불교의 가르침과
현대 사회에서의 의미

먼저 불교에는 1. 살생하지 말라(불살생, 不殺生) 2. 도둑질하지 말라(불투도, 不偸盜) 3. 음행하지 말라(불사음, 不邪淫) 4. 거짓말하지 말라(불망어, 不妄語) 5. 취하지 말라(불음주, 不飮酒) 등의 오계가 있다. 비구가 되면 구족계인 250계를 받아야 한다. 그러나 재가 수행자를 포함한 모든 불교도는 우선 오계를 지켜야 한다.

오계는 그리스도교의 십계명과 닮은 점과 다른 점이 있다. 그리스도교는 하느님만을 흠숭하며 우상을 섬기지 말라는 것이 제일 중요한 첫 번째 계명이다. 그러나 불교에서는 부처님을 경외심으로 대하는 것이 오계로 정해져 있지 않다. 두 종교의 공통된 점은 이웃을 사랑하고 이웃에게 피해를 주지 말라는 것을 강조한다.

살생하지 말라는 계명은 불교가 고급 종교임을 보여준다. 불교도는 채식만 하며, 금욕과 금육을 실천한다. 불교의 교리는 기후와 공기, 쓰레기 등의 환경 문제에 대해 자연 친화적이다. 불교의 가르침대로 "내가 있어야 이웃이 있고, 이웃이 있어야 내가 있다. 지구가 있어야 내가 있고, 내가 있어야 지구도 있다."는 사상은 현재의 환경 문제 해결에 모든 개인이 협조해야 함을 의미한다.

불교의 계명뿐 아니라 불교의 사상은 우리나라에는 오래전에 전래되어 왔고, 우리의 삶에 영향을 주었다고 보아야 한다. "마음을 비워라." "집착하지 말라." "부처는 자기 마음에 있다." "부처에게는 부처만 보이고, 돼지에게는 돼지만 보인다." "옷깃만 스쳐도 인연이다." 등 흔히 우리가 인용하는 삶의 지혜는 불교의 사상에서 비롯되었다. 불교는 삼국시대부터 우리나라에 전파되어 국민들이 불교의 지혜에 쉽게 접근할 수 있었으며, 국민들의 정신적 지주이고 유산으로 계승되었다. 지금뿐 아니라 오랜 시간 동안 불교가 이어져 내려온 것은 알게 모르게 모든 국민에게 지혜로서 혜택을 주었기 때문이다.

부처님은 과학에 거슬러 기적을 행하였다는 기록은 찾아보기 힘들다. 기적은 아니지만 경이로운 일들은 많다. 정각(正覺)을 이룬 후 전에 자기의 신하였던 교진여 등 다섯 사람을 만난다. 그들에게 설법하고 첫 제자들로 받아들인다. 500여 인이 한꺼번에 출가하는 경우도 있었다. 부처님의 설법이 얼마나 쉽게 많은 사람을 교화시켰는지 알 수 있다. 인간 석가모니에서 정도를 이루어 부처님이 되고 생을 마칠 때까지의 행적 자체가 기적이라고 볼 수밖에 없다.

윤회도 순수한 불교의 사상이라고 보기는 힘들다. 윤회사상은 부처님 당시 힌두교의 영향을 받은 것이라는 주장이 설득력이 있다. 윤회를 믿으면 당연히 현생에서 착하게 살아야 한다. 윤회사상은 미신처럼 기복신앙으로 이용될 수도 있다.

욕망을 줄이고 자유를 얻자

불교는 완벽하고 철저하게 비관적이며 허무주의이다. 20, 30대인 젊은 사람이 듣고 받아들이기에는 무리가 있다. 불화산처럼 터지는 삶의 욕구를 자제하기 힘들기 때문이다. 먼저 이론적으로 불교를 접하면 괴롭다. 젊을수록 모든 관심과 의지가 자기와 이성의 만남, 성적인 만족감에 집중되어 있을 때이기 때문이다. 가정의 틀 안에서 안전하고 행복하게 자랐고, 이제 독립하여 이성을 만나서 결혼하여 다시 가정을 이루려고 하는 젊은이에게 고역스러운 진리이다. 불법의 진리 여부를 떠나서 믿고 실천하는 것이 험난하게 여겨진다는 의미이다. 진리를 알고 싶어서 출가한다는 것은 가능하다. 진리를 알고 싶은 인간의 의지는 출가를 결심할 수도 있다. 출가는 대단한 용기와 결심이 있어야만 가능할 것이다. 젊은 나이에 금욕, 금육 그리고 때론 금식을 실천하는 것은 쉽지 않다.

사람은 인생의 행복을 추구하여 평생을 살아보지만, 결국 남는 것은 늙고 병든 몸이라는 것을 뒤늦게 깨닫게 된다. 행복이라고 추구한 것이 결국은 자기의 굴레가 되고, 자기 욕망의 만족을 추구하여 살아온 것이 자기를 구속한다는 것을 깨닫게 된다. 사랑하는 마음으로만 지켜나가기 힘든 가족 부양의 의무, 때론 배우자나 자녀들과의 갈등은 본인을 괴롭게 한다. 가정불화가 있으면 가족은 서로에게 짐을 지워주는 공동체이고, 가족에게서 얻는 위안은 주어지는 의무에 비하여 불균등하게 느낄 수 있다.

　가정뿐 아니라 직장에서의 고생은 말할 것도 없다. 직장을 다니는 것은 가족을 위해서이다. 가족을 부양한다는 보람은 직장에서 일하는 데 정신적으로 커다란 동기를 준다. 혼자인 사람보다 가족을 부양해야 할 의무가 있는 사람이 일에 대하여 더 많은 의욕을 갖는다. 일을 하는 것은 가족을 지키는 것이며, 가족을 지키는 것은 모든 부모가 선택하여 사는 목표가 된다. 그래서 부모는 힘든 줄을 모르고 일을 한다. 일을 싫어하는 사람은 있어도, 일을 싫어하는 부모는 없다. 하지만 시간이 지나면서 가족을 부양하는 것은 큰 기쁨이자 큰 짐이라는 것도 깨닫게 된다.

　살다가 힘들고 시간적 여유가 있으면 자신을 뒤돌아볼 수 있게 된다. 모든 사람은 사실 기쁨과 즐거움을 좇아서 인생을 산다. "인생은 재밌으면 된다." "행복하면 된다."가 인생의 가장 큰 목적이다. 그러나 불교의 진리는 기쁨도 고(苦)라고 한다. 중생들의 인생은 욕망에 이끌려 사랑, 기쁨, 행복을 좇는 과정이다. 사람의 마음은 프로이트(Freud) 이론대로 "쾌락의 원칙(pleasure principle)"에 따라서 현실에서 가능한 쾌락과 행복을 구하며 산다. 그래서 행복할 것 같지만 괴로움에서 벗어날 수가 없다. 프로이트는 《쾌락 원칙을 넘어서(Beyond pleasure principle)》라는 저서에서 인간의 본능은 성적 만족과 사랑을 구하지만, 인간의 죽음 본능은 공격성과 파괴성을 가지고 있어서 두 가지 본능의 균형과 조화는 어렵다고 했다. 그래서 문명화되어 간다고 해도 인간이 더 행복해지기는 어렵다고 한다. 사랑과 증오, 기쁨과 슬픔, 행복과 불행은 각기 같은 뿌리에서 나온 두 가지 줄기이다. 사랑 나무를 심으면 사랑과 증오의 가지가 자라나고, 기쁨 나무를 심으면 기쁨과 슬픔의 가지가 자라나고, 행복 나무를 심으면 행복과 불행의 가지가 자라난다. 그러므로 사랑, 기쁨, 행복에 대한 집착에서 벗어나야 괴로움이 없다고 불교는 가르치고 있다. 기쁨을 찾아 사는 것보다, 고통을 피해서 사는 것이 지혜로운 삶이다.

상대적인 행복의 본질

그런데 우리가 추구하는 사랑, 기쁨, 행복은 단순하거나 평범한 정도로 만족을 못 한다. 재미는 더 재밌는 것을 찾고, 기쁨은 더 기쁜 것을 찾고, 행복은 더 행복한 것을 찾는다. 부자가 가난한 사람보다 돈에 대한 욕심이 더 크다. 부자는 가난한 사람보다 더 많은 액수의 돈을 갈구한다. 명예나 권력을 얻은 사람은 더 큰 명예, 더 큰 권력을 원한다. 사랑, 기쁨, 행복을 얻어도 부족하다. 남들보다 상대적으로 더 만족해야 한다. 단순히 생존만을 위해 존재하던 본능은 여유 있는 식량, 담이 높고 넓은 집, 비싼 가구 등이 모두 필요하다. 심한 경쟁 사회에서 승리하여야 하며 남들보다 더 식량이 많아야 하고, 남들보다 더 행복해야 행복한 것으로 인식한다. 경쟁 관계가 아닌 이웃도, 내 생존과 행복을 위해 자기와 비교 대상이 된다. 모든 인간은 행복한 것만으로는 만족하지 못한다. 이웃이 나보다 상대적으로 불행해야 만족한다. 남과의 비교 습관은 인간에게 본능 속 깊이 새겨져 과거부터 현대까지 유전되어 전달되고 있다. 남보다 더 가진 자가 되기보다는, 남과 비교하지 않는 사람이 되어야 행복할 수 있다.

부모의 유산을 물려받은 사람이 아니면 사람은 돈을 버는 데 인생의 많은 시간을 투자해야 한다. 부자가 한가롭다면 부러워할 만하다. 대개 부자는 돈을 버느라 긴 시간을 보내고, 돈을 사용하는 데는 여유로운 시간을 갖지 못하게 된다. 만약 원하는 만큼 돈이 있으면, 무엇을 하면서 인생에서 만족을 얻을 수 있을까? 인생을 만족스럽게 살기 위해 꼭 해야 할 일은 무엇인가? 만약 돈을 얼마를 가지게 되면, 돈을 더 이상 벌지 않고 만족할까? 만약 인생을 만족스럽게 살 수 있는 길이 있다면, 꼭 필요한 돈은 얼마일까? 그런데, 왕위와 부귀영화가 보장된 석가모니는 무엇을 찾아 출가한 것일까?

불교가 말하는 집착과 해탈

12 연기는 사람이 태어나서 죽을 때까지 욕구에 집착하게 되는 과정을 12단계로 세분해 놓았다. 12 연기 중에 욕구에 집착하는 단계를 차단하여 과거의 업보에서 벗어나고, 미래에 괴로움의 원인이 되는 것을 현재에 소멸시키기 위해서 수행하게 된다. 욕망에 집착하지 않게 미리 차단하고, 이미 생긴 집착에서 벗어나기 위해 노력한다. 12 연기법을 이해하면 내성(內省)을 통해 사람이 욕망에 집착하지 않도록 도움을 준다. 불교는 본능이 무엇인가에 초점을 맞추는 것보다, 자기의 마음이 대상에 집착하게 되는 과정을 알아차리는 데 초점을 맞춘다.

물질이 발달하고 인간에게 필요한 물건들과 서비스가 생기고 욕구는 충족되지만, 충족된 욕구는 더 큰 보자기를 들고 와 더 많이 채워줄 것을 요구한다. 가난한 사람이 보기에는 부자가 더 많은 욕구를 충족시키면서 행복해 보인다. 그러나 부자는 더 많은 욕구에 시달리고, 자기의 재산을 벌고 지키기 위해 가난한 사람들보다 더 많은 시간을 쓰게 된다. 가난한 사람은 돈을 벌지 못하는 대신에 자기를 위하는 시간을 더 가질 수도 있다. 그러나 부자인 사람의 소비하는 모습만 바라보고 자기의 불행을 한탄할 수밖에 없다. 부자가 행복하기에 더 유리한 것은 사실이다. 그러나 가난한 사람이 바라보는 것만큼 부자라고 행복한 것은 아니다. 부자도 생로병사의 고통을 피할 수는 없기 때문이다.

부자는 자기 돈을 버는 데 바쁘고 그 돈을 쓰는 데 바쁘지만, 가난한 사람은 시간이 남는다. 가난한 사람은 돈이 많은 부자가 아니지만, 시간이 많은 부자일 수는 있다. 자기가 가진 시간을 적절히 활용할 수 있으면, 부자와 다른 방법으로 행복할 수도 있다. 하지만 가난한 사람은 시간이 많은 것에서 괴로움을 느낀다. 할 일 없는 사람은 게을러지고 심심하거나 외로워진다. 시간이 빨리 가지 않아서 괴롭다. 시간이 지나가도 또다시 남는 시간에 괴롭다. 가난하지만 최소한의 돈이 있으면, 시간적 여유를 누리면서 행복할 수 있다.

그러나 둘 다 가진 사람은 드물다. 둘 다 가져도 행복하기 위해서는 지혜로워야 가능하다. 사람은 시간을 주고 돈을 얻을 수는 있지만, 돈을 주고 시간을 얻을 수는 없다. 그런데 대개는 시간을 포기하고 돈을 취할 수밖에 없다. 돈이 부족해서 궁핍한 것은 참기 어렵기 때문이다. 시간을 물처럼 사용해도 시간이 허비되었다는 것은 실감하지 못한다. 돈보다는 자기가 자유로이 쓰는 시간이 자기를 행복하게 해줄 수 있다. 자유로운 시간을 견디는 것은 돈을 버는 것보다 어려울 수도 있다. 그리고 자유로운 시간이 많은데 행복하지 않다면, 도대체 무슨 방법으로 행복할 수 있겠는가?

태어난 자는 모두 계속 존재하기를 바라고, 존재하는 자는 모두 욕구의 충족을 갈구한다. 그러나 무아(無我)와 무상(無常)은 지금 존재하는 자기도 없으며, 세상은 모두 변한다는 것이다. 욕구는 대상을 향하는데 그 대상은 변한다. 그리고 자기의 욕구도 변한다. 그러므로 대상을 통해서 자기의 욕구를 만족시키려는 것은 집착이고 고통의 원인이다.

불교의 영적인 삶

영적인 삶은 누구에게나 찾아오는 죽음의 고통을 올바르게 바라보고, 죽음의 의미를 이해하는 것이다. 태어난 사람은 영원한 삶을 원하지만, 태어난 사람은 모두 죽을 수밖에 없다. 결국 영적인 삶은 영원히 사는 것을 통해서 얻어지는 것은 아니다. 영적인 삶은 내가 속한 우주와 나를 지배하는 자연의 법칙에 맞게 사는 것이다. 정해진 순리에 따라 사는 것이다.

불교의 가르침을 들으면 우리의 삶이 철저하게 공허하고, 허무하다는 것을 알게 된다. 죽은 다음에 자기의 육체가 흩어지는 것뿐 아니라, 살아 있는 동안에도 자기가 없다고 이야기한다(無我). 살아 있는 동안에 자기가 욕망과 욕구를 가졌던 대상마저도 변하고 없어진다(無常). 처음 이런 불교의 교리를 들으면 몸과 마음이 거부감에 뒤틀린다. 시간과 공간을 초월하여 영원히 살기 원하는 인간이 이해할 수 없고 깨닫지도 못하고, 이론적으로 이해가 되어도 마음속으로는 인정할 수 없기 때문이다. 젊은 사람은 더 어려울 것이다. 인정을 못 한다는 것은 깨닫지도 못하고 집착을 포기하는 것도 불가능하다는 말이다. 영생(永生)을 기대하고 영적인 존재로 삶을 살려고 하는 것인데, 영생은 그만두고 현생에서도 철저하게 자기와 자기의 욕심을 버릴 것을 요구한다. 인생과 세상이 허무한 이유는 무아인 자기가 무상인 세상에 집착하기 때문이다. 제법실상(諸法實相)을 받아들이면 허무한 마음에서 벗어날 수 있다.

그래서 욕심을 버린다는 것은 탐욕을 멀리한다는 것이다. 참회한다는 것은 잘못된 모든 일의 원인을 자기에게서 찾고, 타인에 대한 분노를 멈추고 인욕(忍辱) 한다는 것이다. 부처님은 인욕을 강조하며 인욕할 수 없는 자는 부처님을 만날 수 없다고 했다. 욕심을 버리고 분노하지 않고 어리석음에서 벗어나 지혜롭게 살 수 있다.

부처님은 깨우치고[12] 해탈하였다. 부처님은 자신이 무상도를 이루었다는 것을 자각하였다. 부처님은 해탈하고 난 다음에 자기는 이제 죽음과 삶이 다르지 않으며, 지금 죽는다고 하여도 상관이 없다고 생각하였다. 부처님이 자기를 나투어[13] 전법을 하기로 한 이유는 괴로

---

12) 자주 등장하는 용어인 믿음, 깨달음, 깨우침을 여기에 정의해 본다. 믿음은 이해하지 못해도 진리로 믿는 것, 깨달음은 남이 밝혀놓은 진리를 이해하게 되는 것, 깨우침은 스스로 진리를 알아챈 것으로 정의한다.

13) 나타내다, 드러내다는 뜻.

움에 처한 중생들에 대하여 안타깝게 생각하였기 때문이다. 부처님이 남들보다 먼저 해탈한 것을 자랑하거나, 타인과의 경쟁에서 승리해서 기뻐하거나, 재물·명예·권력을 얻기 위함은 아니었다. 모든 중생이 해탈할 수 있는 불성(佛性)이 있다고 하였으며, 모든 인간을 평등하고 해탈이 가능한 고귀한 존재로 여겼다.

부처님은 죽을 때에 "내가 할 수 있는 것은 다 이루었다."고 이야기한다. 이는 예수님이 십자가에서 죽기 전에 말한 것과 동일하다. 예수님도 다 이루었다고 이야기하였다. 죽음을 앞두고 다 이루었다고 한 사람은 부처님과 예수님밖에 없다.

"자리이타의 법은 이미 이 세상에 모두 갖추어졌다. 그리고 남은 것은 없다. 이제 더 이상 산다 해도 나는 아무런 얻는 바가 없다. 나는 이미 제도(濟度)해야 할 자를 제도하였다. 그리고 아직 제도하지 않은 자에게도 제도될 수 있는 인연을 주었다. 이제 나는 할 수 있는 일을 다해 마쳤다. 그리고 나의 제자가 나의 가르침에 따라 사는 한, 여래의 법신(法身)(부처의 본질은 진리이므로 그 진리 자체를 인격화하여 법신이라 한다)은 영원히 존재하며 결코 멸하지 않는다."

"예수님께서는 신 포도주를 드신 다음에 "다 이루어졌다." 하고 말씀하셨다. 이어서 고개를 숙이시며 숨을 거두셨다."

요한 19, 30

믿음과 깨달음

불교는 깨달음의 종교라고 하고, 그리스도교는 믿음의 종교이다. 두 종교의 차이점은 명확하다. 그러나 불교도 처음 수행을 시작할 때에는 부처님의 해탈을 믿고 부처님이 전한 진리를 믿음으로써 시작한다. 부처님의 말씀을 듣고 한 번에 깨닫고 불교에 귀의하는 것은 아니다. 부처님에 대한 믿음으로 시작해서, 부처님이 전한 불법을 하나씩 깨닫게 된다. 그러다 보면 부처님에 대한 믿음이 더욱 강해지고, 불법을 배우고 하나씩 깨달으면서 부처님이 말한 해탈을 이룬다. 불법과 부처님에 대한 믿음은 처음부터 끝까지 계속된다. 믿음과 깨달음이라는 두 수레바퀴로 정진케 한다. 그리스도교는 믿음으로 신앙이 시작되어, 깨달음을 통하여 믿음이 깊어진다. 깨달음은 일상생활의 체험으로 이어지며, 체험은 예수님이 이야기한 진리에 대한 믿음으로 다시 인도한다.

스스로 계율을 지켜야 하는 의미를 깨닫지 못해도 불교인은 오계(五戒)를 지켜야 한다. 오계 중에는 불살생(不殺生)이 있다. 사람은 물론 동물과 모든 생명체를 죽이지 않는다. 사람을 존중하고, 사람에게 자비를 베푼다. 자기가 존재하기 위해서는 다른 생명체도 존재해야 한다고 믿는다. 사람은 죽어서 육체가 자연의 일부로 돌아가고, 육체가 있어서 발현했던 정신도 사라진다. 죽음 후의 일어날 일에 미련을 둘 필요는 전혀 없다. 그러나 자기가 죽어도 다른 사람이 존재한다는 사실은 같은 인간으로서 위로가 될 수도 있다. 죽은 자기는 다른 사람 안에서 존재하고 있으며, 자기는 인류의 일부로 남아 생존해 나간다.

언젠가 인류가 멸망한다면 자기는 우주와 자연의 일부가 될 것이며, 우주와 자연은 언젠가는 또 흩어질 것이다.

싯다르타는 자기가 생사의 경계가 없는 깨달음의 경지에 이른 것을 자각하였다. 그는 죽음은 결코 두려운 것이 아니고 생과 사의 경계가 없어진 것을 보았다. 죽음은 그리 나쁘기만 한 것은 아니었다. 열반에 이른 후 사바를 떠나 죽음의 세계로 나가는 것보다 더 편안한 것은 없다고 생각하였다.

불교에서는 모든 사람이 부처라고 한다. 단지 부처가 될 자기의 불성을 깨닫느냐 그렇지 못하느냐의 문제이다. 자기의 모든 욕구와 욕망, 알 수 없는 미래를 버리고 젊은 시절 출가한다는 것은 오직 진리에 대한 열망이 아니면 불가능할 것이다. 불교에서 출가는 가톨릭에서 사제(신부)가 성소(聖김, 하느님의 부르심)에 응하는 것처럼 용기 있는 결단이 아닐 수 없다. 진리에 대한 열망은 결국 영적으로 존재하기 위하여 다른 모든 존재 가치를 포기하는 것이 가능하게 한다.

출가하여 비구가 될 수 있지만, 비구만이 불제자가 되는 것은 아니다. 부처님이 살아 계시던 시절에도 재가(在家) 수행자가 있었다. 출가하지 않아도 불법을 수행할 수 있다. 결혼한 사람도 결혼한 상태에서 수행할 수 있다. 출가하여 스님이 되어야지만 불제자가 되는 것은 아니다. 그러나 불교는 결코 기복신앙이 아니며, 부처님을 숭배하는 것을 위주로 하는 종교는 아니다. 부처님의 가르침을 배우고 계율을 지키며 명상과 수행을 통해서 불교가 제시하는 진리를 깨닫는 것이 중요하다.

자기 비우기: 그리스도교와 불교의 접점

불교의 무상, 무아는 그리스도교의 자기 버리기와 같은 의미를 가진다. 자기를 부정함으로써 새로운 자기를 얻는 것이다. 자기를 긍정하고 계속 긍정하면서 사는 것이 아니고, 자기를 온전히 부정함으로써 새로운 자기를 얻는다. 그래서 여기서는 불교의 무상, 무아와 그리스도교의 자기 버리기를 살펴본다.

성경에서도 자기를 버리라고 한다.

"누구든지 내 뒤를 따라오려면, 자신을 버리고 날마다 제 십자가를 지고 나를 따라야 한다. 정녕 자기 목숨을 구하려는 사람은 목숨을 잃을 것이고, 나 때문에 자기 목숨을 잃는 그 사람은 목숨을 구할 것이다."

루가 9, 23-24

성경은 자기가 구원받기 위해 세속의 자기를 버리고, 예수님이 인도하는 길을 따라 새로운 자기를 얻으라고 한다. 현세에서 자기를 버리면 현세에서 이미 구원받는 것이고, 죽어서 자기를 버리면 죽어서 구원받는 것이다. 현세에서 구원받는다는 것은 현재의 삶의 어려움 가운데서도 최상의 기쁨을 느끼고 감사를 할 수 있다는 의미이다.

예수님을 따르는 것은 곧 예수님이 구원자임을 믿는 것이다. 예수님을 따르기 위해서는 자기를 버리라고 한다. 그러면 어떻게 살 것인가? 예수님은 죄 없는 사람이지만, 십자가 위에서 주어진 고통스러운 죽음을 스스로 받아들이는 모습이다. 아버지인 하느님께 순종하기 위해서이다. 하느님은 전지전능하여 어떠한 일도 하려고 하면 이룰 수 있는 신이지만, 하느님의 아들이 십자가에서 죽음으로 끝나는 비참한 모습을 지켜보기만 한다. 그리스도교는 이것을 하느님[14](=예수님)이 인간을 사랑하는 모습으로 설명한다. 십자가 위에서 수난하고 고통을 당하는 예수님은 사랑하는 인간의 죄를 대속하기 위하여 희생하는 것이다.

그런데 하느님은 막강하고, 권력을 가진 거대한 나라의 왕과 같은 모습은 아니다. 하느님이 인간을 사랑하기 때문에, 아들인 예수님이 약자가 되어 고통과 수난을 겪고 인간이 가장 두려워하는 죽음에 이른다. 예수님을 십자가에 매달라고 소리친 사람들, 조롱한 사람들, 십자가에 못 박은 사람들을 처벌하여야 한다. 어두워진 하늘에 갑자기 하느님의 군대가 나타나 전지전능한 힘을 보여주어야 한다. 그런데도 예수님이 무덤에 묻힐 때까지 그러한 기적은 결코 일어나지 않는다. 하느님에 대한 순종, 인간에 대한 사랑, 특히 사회적 약자에 대한 사랑을 강조한다. 원수도 사랑하라고 하며, 십자가 위에서는 자기를 십자가에 못 박은 자들을 자기 죄를 모르는 사람들이라고 하느님께 용서를 청한다.

그리스도인이 된다는 것은 예수님의 제자가 되는 것이기도 하며,

---

14) 삼위일체는 그리스도교에서 성부(하느님), 성자(예수 그리스도), 성령이 각각 독립적이면서도 본질적으로 하나라는 교리를 말한다.

예수님이 실천한 사랑을 따라 하는 것이다. 특히 십자가 위에서 예수님이 보인 모습을 묵상하고 영원히 닮으려고 해야 한다. 그것은 곧 자기를 버리는 것이다. 말 그대로 자기를 버리고, 제 십자가를 지고 살아가는 것이다. 자기를 버린다고 하는 점에서 여기까지는 불교와 동일하다. 불교의 무아, 무상의 사상과 다를 것이 뭐가 있겠는가? 자기라고 할만한 것은 없으며(무아), 세상에 항상 그대로인 것은 없으니(무상), 모든 것이 공(空)이며 자기가 애착을 가질만한 것이 없다는 것이다. 그런데 자기를 버리는 것으로 끝은 아니며, 십자가를 지고 예수님을 따라야 한다. 즉 불교와 마찬가지로 지금의 자기를 버려야 하지만, 예수님을 따르는 사람은 구원받을 것이라고 약속한다.

자기를 버리라는 말은 표현은 비슷한데 의미는 다를까? 불교는 깨달음의 종교이다. 깨달음이라는 것은 무엇일까? 깨달음은 지성적으로 앎과 다르다. 앎을 통하여 자기가 가진 이성적 생각을 바꾸고, 감정을 조절하고, 행동으로 실천하여 몸으로 체험할 수 있을 때 비로소 깨달음이라고 할 수 있다. 앎을 통하여 괴로움에서 벗어나 마음의 평온을 얻을 때, 이는 깨달음이라고 생각한다. 무아(無我)는 '나(我)'가 없고, 무상(無常)은 항상 같은 것은 없다는 한문의 의미 그대로이지만, 무아와 무상의 개념을 단순히 앎이 아닌 일상의 삶 속에서 평온하게 체험이 가능한 깨달음을 얻어야 할 것이다.

자기를 버리라는 그리스도교의 의미는 무엇일까? 바오로 사도가 한 말을 보면 그 의미를 쉽게 깨달을 수 있다.

> "나는 그리스도와 함께 십자가에 못 박혔습니다. 이제는 내가 사는 것이 아니라 그리스도께서 내 안에 사시는 것입니다. 내가 지금 육신 안에서 사는 것은, 나를 사랑하시고 나를 위하여 당신 자신을 바치신 하느님의 아드님에 대한 믿음으로 사는 것입니다."
>
> 갈라티아 2, 19-20

그리스도교는 믿음의 종교이다. 예수님을 믿으라는 것이다. 신약성경에는 예수님이 꾸짖는 장면이 몇 가지 나온다. 성전 앞에서 장사하는 사람들에 대한 분노, 세족식을 하는데 자기의 발만은 예수님이 씻지 말아 달라고 하는 베드로에 대한 나무람, 자신을 팔아넘긴 유다에게 차라리 태어나지 않았던 것이 나았다는 한탄 등이다. 그러나 예수님은 믿음을 보이는 모든 사람을 칭찬한다. 예수님의 옷자락을 만지면 나을 것이라 믿은 여인, 개들도 주인이 흘린 음식은 먹을 수 있다면서 믿음을 표현한 여인, 천장을 뚫고 내려와 치료를 청한 사람, 예수님이 직접 집까지 오지 않아도 나을 수 있다고 한 사람 등의 믿음을 바탕으로 한 소원이 모두 이루어지게 한다. 이 시점에서 예수님에 대한 믿음은 사회적 계층과 관계없이 이루어진다는 점을 상기해 볼 필요성이 있다.

예수님이 이 세상에 있었다는 것을 부정하는 사람은 없을 것이다. 명백한 역사이기 때문이다. 예수님이 하느님의 아들인지 여부를 떠나서 이 세상에 존재하였다는 것은 확실하다. 이를 부정하는 사람은 없다고 본다. 그렇다면 그리스도교를 믿는다는 것과 믿지 않는다는 것은 무엇이 다를까? 구약에서 신약으로 이어지는 성경의 내용은 방대하지만, 단 한 가지 중요한 사실에 대한 믿음의 차이라고 본다. 그것은 바로 예수님의 부활을 믿는지 안 믿는지의 차이이다. 성경의 하느님을 믿는다는 것은 예수님의 부활을 믿는지 안 믿는지 한 가지 질문으로 귀결될 수 있다. 예수님의 부활을 믿는다는 것은 곧 예수님이 십자가에서 죽음으로 자신의 죄가 용서받았다는 것을 믿는 것이다. 또한 예수님의 죽음은 자기의 죄로 인한 것이므로, 예수님의 상처는 그리스도인인 자기가 찌른 것이라고 믿는다.

용서받았다는 것은 곧 회개하고 구원받았다는 것과 동일한 의미이다. 그러면 구원은 무엇일까? 예수님은 죽음을 통하여 인간의 용서를 하느님에게서 구하였으며, 부활을 통하여 구원을 약속한다. 죽음 후의 부활을 통한 구원 약속에는, 인간이 죽은 후의 구원을 약속하는 것이다. 즉 죽음은 믿는 이에게 고통이 아닌 더 나은 삶으로 나아가는 희망의 입구인 것이다. 예수님의 죽음이 부활이라는 현실로 나타난 것이 그리스도인의 희망이다. 하지만 현생에서 죽을 때까지 이미 구원은 진행되고 있다고 봐야 한다. 믿는 사람은 현재의 삶에서 믿음을 통한 구원을 체험한다. 구원을 체험한다는 것은 믿음으로 인하여 자기가 사는 일상생활에서 이미 자기가 살 수 있는 최상의 삶을 살고 있다는 경험이다.

3장

철학

"네 운명을 사랑하라"

철학과 존재에 대한 탐구

인간은 필멸의 존재이지만, 죽음 이후에도 기억되고자 한다. 그렇다면 인간은 어떤 방식으로 존재를 초월할 수 있는가? 호랑이는 죽어서 가죽을 남기고, 사람은 죽어서 이름을 남긴다. 명성을 얻은 사람은 이름을 남긴다. 그 사람은 죽었지만, 그의 이름은 사람들의 기억 속에 남아서 살아남게 된다. 명성을 얻는 것은 다른 사람에게 자신의 유전자를 전달하는 것과 다르게 영생의 길로 인도한다. 인류가 지구상에서 멸망하지 않는 한, 이름이 남아 있을 수 있는 사람이 있다. 개인이 아닌 인류의 한 사람으로 자기를 여긴다면, 이름을 남긴 사람은 인류의 마음속에서 생존을 계속한다. 단순히 이름을 남기는 것이 아니라, 사상의 깊이를 통해 인류의 사고방식을 변화시키고, 시대를 초월하는 가치를 남기는 사람이다.

사람이 죽음을 이기지는 못하지만 인류의 자산이 될 성취를 이룬다면, 인간은 누구든 그를 기억하고 그의 정신과 성취로 함께 살아가게 된다. 재능이 뛰어난 천재라면 반드시 자기 혹은 타인을 위한 성취를 이루고 싶을 것이다. 모차르트, 베토벤 같은 음악가, 미켈란젤로 같은 미술가를 우리는 기억하고 있으며, 이름을 다 나열할 수 없는 훌륭한 이들의 성취가 모든 인간에게 혜택을 주고 있다. 세종대왕의 애민 정신은 한글 창제라는 업적을 남겼다. 한글의 위대함은 인류 역사상 유일하게 창제된 문자라는 것이며, 세종대왕의 위대함은 애민 정신의 발로로 한글을 창제하였다는 것이다. 인류의 많은 문화유산이 있지만, 자기가 아닌 타인에 대한 순수한 이타심의 발로에서 창조한 업적 중에 한글만큼 위대한 것은 찾기가 힘들다.

자식의 번성이 자기가 영생하는 것은 아니지만, 기꺼이 영생을 포기하게 해준다. 명성을 남기는 것도 죽음을 피할 수는 없지만, 영생을 아쉬움 없이 포기하도록 해준다. 천재가 최고의 성취를 이루어도, 죽음의 필연을 고요히 받아들일 수밖에 없다. 평범한 사람도 자기의 능력으로 최선의 성취를 이루고 살았다면, 죽음을 고요히 받아들일 수 있을 것이다. 물론 평범한 사람은 죽으면 쉽게 잊히는 것이 당연하다. 위대한 사람은 이름이 인류사에 남지만, 육체가 죽으니 죽음을 극복한 것은 아니라는 점에서는 다른 사람과 다를 게 없다.

철학은 종교를 믿고 의지하지 않고, 인간이 깨우친 지혜루 필멸할 수밖에 없는 인간의 운명을 이해하고자 한다. 진리, 용기, 정의, 절제, 지혜, 죽음 등이 철학자들의 사유 대상이다. 진리나 지혜를 이야기하는 그들의 사고를 알 수 있는 것은 유익하다. 철학은 본래 이해하기 어렵다. 그리고 외국의 철학책은 훌륭한 번역가의 수고에도 불구하고, 우리말로는 같은 내용으로 적절하게 번역할 수 없는 내용이 많다. 철학자는 죽을 수밖에 없는 인간이, 세상에서 인생을 사는 혜안을 제시하는 사람이다. 하지만 철학은 종교와 다르다. 종교는 삶과 죽음에 대하여 궁극의 해석과 해결법을 이야기하지만, 철학은 인간의 존재 상황을 이해하고 사람들에게 삶뿐 아니라 죽음의 극복 방법을 제시한다. 여기에 삶을 논하고 죽음을 극복하였던 저자에게 친숙한 철학자들을 소개한다.

플라톤[15]

사람은 인생을 만족스럽게 살기 위해 반드시 영적인 생활을 해야 한다고 생각한다. 우리는 생존이 확보되어 살고 있고, 자기 존중감을 성공적으로 유지하면서 살아도, 영적인 생활의 중요성을 간과할 수는 없다. 영적인 생활을 사는 사람은 삶에 만족하고 행복을 느낄 수 있으며, 인생의 끝이자 곧 행복의 끝인 죽음을 대하면서도 정신적 충만함을 잃지 않을 수 있다.

플라톤에 대하여 이야기하기 전에 그의 스승인 소크라테스가 죽기 전의 행적을 보자. 소크라테스는 삶을 "육체라는 불치의 병"을 앓는 것으로 여겼다. 그는 영혼이 육체에서 벗어나 더 높은 존재로 승화한다고 믿었기 때문에, 죽음을 새로운 출발로 받아들였다. 따라서 수탉을 바치라는 그의 요청은 죽음을 해방으로 여기며, 삶의 고통에서 벗어나게 된 데 대한 감사를 상징한다. 그는 독약을 마시고 죽음을 맞이

---

15) 윌 듀런트, 《철학이야기》, 임헌영, 동서문화사, 1978. 이 책의 철학에 대한 내용은 이 책에서 주로 인용하였음.

하기 직전, 친구 크리톤에게 자기를 죽게 해준 아스클레피오스(의학의 신)에게 수탉 한 마리를 빚졌으니 꼭 갚아라. 잊지 말아 달라고 부탁한다. 이는 그의 마지막 유언이었으며, 그의 철학적 신념과 죽음을 대하는 태도를 상징적으로 보여주는 장면이다.

플라톤은 세 종류의 사람이 있다고 하였다. 세 종류의 사람은 애리자(愛利者), 애승자(愛勝者), 애지자(愛知者)이다. 애리자는 이익을 추구하는 사람들이다. 세상을 살 때 항상 이익이 우선이며, 대인관계에서도 자기가 금전적 손해를 보는 것을 어떻게 해서든 피하려고 한다. 같이 어울리는 사람도 그가 돈에 인색하다는 것을 느끼게 된다. 충분히 돈이 많은데도 항상 돈을 버는 데 정신을 집중한다. 애승자는 승리를 추구하는 사람들이다. 그는 항상 경쟁적이어서 상대를 이겨야 한다. 다툼을 좋아하고 권력을 추구한다. 애승자는 용기가 있고 싸움을 좋아하지만, 때로는 자기가 왜 다투는지를 망각하기도 한다. 애지자는 진리를 사랑하는 사람들이다. 명상과 성찰을 좋아하며 물질의 취득보다는 사색하기를 좋아한다. 그는 권력을 추구하지 않으며, 진리를 찾고 지혜를 추구한다. 애승자와 애리자는 생존을 위한 삶, 자기 존중감을 유지하는 삶을 사는 데 부족이 없는 사람들이다. 현실에 적응하기에는 더 쉬운 방법일 수도 있다. 그러나 애지자의 삶은 조금은 다른 점이 필요하다. 애지자는 진리와 정의, 지혜를 얻기 위해 노력하는 사람들이다. 그의 삶은 죽음을 극복하는 영적인 생활이라고 볼 수 있다.

진리는 삶에서 지혜를 얻게 하고, 죽음의 문제에 대해 최선의 해답을 찾게 한다. 죽음으로 인해 산 사람과 죽은 사람은 이별하게 된다. 하지만 영혼은 살아 있어서 산 사람과 죽은 사람은 연결된다고 사람들은 믿는다(적어도 산 사람 입장에서는). 혹은 위대한 신이 있어서 산 사람과 죽은 사람을 연결한다고 믿는다. 영혼이나 신을 믿지 않고 죽으면 자연으로 돌아간다고 믿는 사람도 있다. 무엇이 진리인지는 누구도 모른다. 그러나 우리는 죽은 사람, 죽음 자체로부터 평온함을 얻으려고 한다. 이처럼 죽은 사람, 죽음, 그리고 위대한 신과 관련된 생활을 하면서 사는데, 이러한 생활을 '영적인 생활'이라고 할 수 있다. 플라톤이 말하는 애지자는 '영적인 생활'에 관심이 있는 사람이라고 생각된다. 플라톤은 저서 《국가》에서 진리란 무엇인가와 죽음을 통해서 바라본 정의란 무엇인가에 대하여 이야기한다. 진리와 죽음을 통해서 본 정의에 대한 이야기이기 때문에 이는 애지자의 영적인 생활에 대한 내용이라고 할 수 있다.

플라톤의 저서 《국가》는 실현은 불가능한 이상적인 국가 모델이다. 한마디로 말하면, 철인정치이다. 국가를 통치할 사람은 훈련된 현명한 사람이 해야 한다. 10살이 지난 남녀 아이들은 교육받기 위해 시골로 떠난다. 그중에서 재능이 있는 사람들은 35세까지 교육한다. 그 긴 과정을 거친 사람은 관료가 되기도 한다. 그러나 35세 이후 십오 년 이상의 현실 세계를 경험한 사람 중에서 통치자가 나온다. 투표권이 하나라는 점에서는 평등한 사회이지만 국민을 통치할 사람은 반드시 국민보다 현명한 사람이 되어야 한다. 이상 국가에서는 철학자가 왕이 되거나, 왕이 철학자가 되어야 한다.

《국가》는 기원전 400년경 쓰인 책인데, 이데아에 대한 설명과 정의, 진리, 음악, 시 등에 대한 내용을 담고 있다. 여러 가지 정치 형태

중에 귀족적 민주주의를 이상적으로 보았다. 교육은 누구에게나 공평하게 주어져야 한다고 했다. 남녀의 차이는 신체적인 차이밖에 없으니, 여자도 남자에게 주어진 지적 기회를 가질 수 있으며, 국가 최고의 지위에 오를 기회도 주어야 한다고 했다. 여자들은 직장에 나갈 수 있으며, 아이들은 공동 육아를 하게 된다. 현재 우리나라가 민주주의 국가이고, 결혼한 여성들이 남성과 같은 지위를 누리고 직장 생활을 하며, 아이들이 어린이집에서 공동 육아를 받고, 어린 시절부터 예능과 체육 교육을 받는다는 점 등은 《국가》에 제시된 개념에 이미 부합하는 점이 많다고 봐야 한다. 플라톤의 이상적인 나라인 《국가》의 내용으로 비교하면, 기원전에 쓰여진 플라톤의 이상 국가가 현재 우리나라의 정치와 어떻게 차이가 나는지 알 수 있다.

  우리나라의 현실을 보면, 일단 민주주의는 실현되었다. 그러니 현명한 사람을 대통령과 국회의원으로 뽑으면 된다. 그러기 위해서는 국민이 훌륭해야 한다. 올바른 선택을 하여야 하기 때문이다. 그러나 국민이 올바른 판단을 하기가 매우 어려운 상황이다. 이는 국민들이 정확한 정보를 얻기 어렵기 때문이다. 국민이 판단하는 기준은 주로 언론을 통해 얻는 정보이지만, 그 정보의 정확성과 객관성을 믿을 수 없다. 현재 우리나라 국민의 평균 학력은 세계에서 가장 높은 수준이며, 국민이 더 이상 현명해질 수도 없다. 정치적 후진성으로 사오 년 간격으로 치르는 투표 때마다 국민들은 정치판의 무서운 희극[16]을 원

---

16) 당선된 정치인이 국민의 뜻을 헤아리지 않고, 자기의 이익이나 당의 이익 그리고 자기의 재선출에만 눈이 먼 정치를 하니 두렵고, 당선을 위하여 서로 헐뜯는 모습은 웃음을 동반하지 않는 희극이다.

치 않게 구경하게 된다. 우리나라가 부족한 것은 지도자를 양성하는 적절한 풍토가 없다는 것과 객관적 시각에서 올바른 소식을 전하는 언론이 부족하다는 것이다.

어떻게 하면 국가가 주도하여 지도자를 양성하고, 적합한 자를 투표로 뽑을 수 있을 것인가가 우리나라 정치가 부딪힌 난관이다. 국민을 무지하다고 볼 수는 없고, 훌륭한 정치 지도자를 선출하는 것이 중요한 시기이다. 양성된 지도자는 없었으며 양성할 풍토도 전혀 존재하지 않는다. 대통령이 되기 위해서는 강한 리더십과 함께 국민을 분열시키지 않고 하나로 통합할 수 있는 능력이 필수적이다. 지도자는 국민의 신뢰를 얻고, 국가의 미래를 내다보며, 안정적인 정책을 펼칠 수 있어야 한다. 가족이 화목한 사람은 대화를 통해 갈등을 조정하는 능력을 갖추었을 가능성이 크다. 건강한 성격을 가진 사람은 균형 있게 국민의 다양한 의견을 조율하며, 조화로운 사회를 만드는 데 기여할 것이다. 국방의 의무를 경험한 사람은 국가 안보와 국민의 안전을 지키는 데 있어서도 신뢰를 받을 수 있다.

지금 우리 사회에는 다양한 분야에서 훌륭한 역량을 갖춘 인재들이 많다. 국민들에게 신뢰를 주고, 올바른 가치관과 철학을 바탕으로 국가를 이끌어갈 수 있는 지도자는 누구일까? 플라톤이 이상적인 지도자로 철학자를 언급한 것처럼, 깊은 통찰력과 도덕성을 갖춘 사람이야말로 국민들에게 자부심을 안겨줄 수 있을 것이다. 우리가 사는 이 시기에 누가 가장 도덕적이고 철학자의 모습을 닮았을까?

영혼불멸과 상선벌악

영혼불멸(靈魂不滅)과 상선벌악(賞善罰惡)은 에르 이야기의 주제이면서, 플라톤 '국가'의 핵심 요지이면서 결론이다. 영혼불멸은 죽은 이후의 세계이며, 누구도 죽음을 확인하고 돌아온 사람이 없기 때문에 증명할 수는 없지만, 누구든 믿을 수 있는 사상이다. 다른 누군가가 영혼불멸을 주장하지 않아도 모든 인간의 마음속에는 영혼불멸에 대한 두려움과 기대감이 새겨져 있다. 영혼불멸은 인간의 집단 무의식에 남아 있는 원형(archetype)이다. 사람마다 "나는 살아 있는 동안 언제든 정신이 있었으며, 죽어서도 내가 눈만 뜨면 언제든 정신이 있을 거야. 하지만 내가 꼭 그러기를 바란다는 것은 아니야. 영원히 죽는 것이 영원히 사는 것보다 나을지도 몰라."라고 이야기하는 것이 사람들 마음에 들리고 보이는 것 같다. 영혼이 불멸하고 사후세계가 지속된다면 정의롭게 살아야 할 이유는 명확해진다.

저승에서 영혼이 새롭게 탄생한다면, 인과응보에 따라서 이승에서 산 인연이 죽어서 결과로 나타나게 될 것이다. 결국 영혼불멸은 정의롭게 살고 선하게 살아야 하는 이유가 된다. 즉, 죽어서 영혼불멸 사상은 죽기 전의 상선벌악(賞善罰惡)의 개념과 일치하게 된다. 플라톤 《국가》는 1-10장으로 구성되는데 에르 이야기는 10장에 등장한다. 1~9장에서 이야기한 정의롭게 살아야 한다는 주제 내용을 한 번 더 강조하고, 정의롭게 살아야 하는 이유가 영혼불멸이라는 것으로 설명한다. 영혼불멸과 상선벌악의 개념은 인간이 정의롭게 살아야 할 충분한 이유가 된다. 만약 에르 이야기가 1장에 먼저 나왔다면, 나머지장에서 정의롭게 살아야 한다는 토론은 싱거워졌을 것이다. 요약하여 에르 이야기를 여기 소개한다.

에르(Er) 이야기[17]

플라톤의 저서 《국가》에서 에르(Er) 이야기는 철학적 성찰의 깊이를 더하며, 영혼의 여정과 삶의 의미, 정의에 대한 통찰을 제공한다. 이 이야기는 플라톤이 제시하는 이상적인 국가와 정의의 개념을 심화시키며, 인간의 삶과 죽음에 대한 근본적인 질문에 답하려는 시도이다.

아르메니오스의 아들 에르(Er)는 용감한 남자였다. 그는 전에 한 전투에서 죽었는데, 열흘이 지나 시신을 수습할 때 다른 시신들은 다 썩어 있었지만, 그의 시신만은 전혀 썩지 않아 그대로 거두어 집으로 보냈다. 죽은 지 십이일이 되는 날에 장례를 치르기 위해 그의 시신을 화장용 장작더미 위에 두었는데, 거기에서 그가 다시 살아났다. 살아나 그는 자기가 그동안 저승에서 본 것을 이야기해 주었다.

그의 경험은 죽음 이후의 삶, 영혼의 순환, 그리고 정의에 대한 궁극적인 보상과 처벌의 과정을 인간에게 전달하는 데 중심적인 역할을 한다. 에르는 저승에서 영혼이 받는 심판의 과정을 목격하며, 영혼이 선과 악에 따라 상승 또는 하강하는 두 경로 중 하나를 따르는 것을 경험하게 된다. 선한 행위를 한 영혼은 상승의 길을 통해 상을 받

---

17) 플라톤. 《국가》. 박문재. 현대지성. 2023.

으며, 악한 행위를 한 영혼은 하강의 길을 통해 벌을 받는다.

에르 이야기를 통해 영혼의 불멸성과 사후의 정의를 강조한다. 사후세계에서 심판은 인간이 현세에서 행한 선과 악의 행위에 대한 최종적인 평가를 의미한다. 이는 현세에서의 정의가 종종 완전히 실현되지 않을 수 있지만, 죽음 이후에는 모든 영혼이 자신의 행위에 상응하는 보상이나 처벌을 받는다는 사상을 담고 있다. 따라서 이 이야기는 현세에서 정의롭고 덕을 추구하는 삶의 중요성을 강조하며, 인간에게 더 높은 도덕적 기준을 제시한다.

에르 이야기에서는 또한 영혼이 새로운 삶을 선택하는 과정도 묘사된다. 영혼들은 자신의 다음 생애를 선택하기 위해 운명의 여신들 앞에 선다. 이는 영혼이 자신의 운명을 스스로 결정한다는 사상을 반영하며, 자유 의지와 개인의 책임을 강조한다. 삶의 선택은 단순히 운에 의해 결정되는 것이 아니라, 각 영혼이 자신의 덕과 지혜를 바탕으로 현명하게 선택해야 하는 과제로 제시된다.

"혼은 온갖 나쁜 것과 좋은 것을 견뎌낼 수 있는 불멸이라는 내 말을 믿는다면, 우리는 언제나 위로 향한 길을 걷고 모든 일에서 지혜를 따라 정의를 행해야 할 것이네."

에르 이야기를 통해, 삶과 죽음을 넘어서는 영혼의 여정에서 정의와 덕이 중심적인 가치임을 강조한다. 이 이야기는 인간에게 현세의 삶을 넘어서는 궁극적인 목적과 가치에 대해 성찰할 기회를 제공하며, 영혼의 순수성과 덕을 추구하는 삶이야말로 진정한 행복과 만족을 가져다준다는 메시지를 담고 있다. 에르 이야기는 《국가》라는 저서 전체를 관통하는 중요한 주제들을 집약적으로 드러내며, 사람들에게 삶의 의미와 목적에 대해 깊이 있는 성찰을 할 수 있는 큰 역할을 한다.

진리의 절대성과 상대성

지금 소개한 플라톤 다음으로 쇼펜하우어 철학을 소개하려고 한다. 플라톤이 이데아를 통해 절대적 진리를 주장했다면, 쇼펜하우어는 인간이 감각하는 세계가 주관적 표상이며, 우리가 경험하는 진리는 상대적인 것이라고 주장했다. 이는 진리와 존재에 대한 철학적 접근 방식에서 근본적인 차이를 보인다. 플라톤의 철학이 이성적 탐구와 초월적 세계를 강조하는 반면, 쇼펜하우어는 욕망을 벗어남으로써 고통에서 해방되는 길을 제시한다. 그전에 간단하게 두 철학자의 차이점을 이야기하려고 한다. 두 사람은 시대적으로 차이가 너무 많이 나기 때문에, 두 사람의 철학을 비교할 특별한 이유는 별로 없다. 단지 여기에 두 철학자에 대하여 이야기하기 때문에 두 사람의 철학적 차이를 간략하게 소개한다.

플라톤과 쇼펜하우어의 철학은 세계를 이해하는 방식과 인간의 삶에 대한 관점에서 큰 차이를 보인다. 플라톤은 진리가 감각적 세계를 넘어선 이데아에 존재한다고 본다. 이데아는 모든 사물의 본질적인 원형이며, 영원하고 변하지 않는 실재로 간주된다. 인간이 감각으로 경험하는 세계는 이데아의 그림자에 불과하며, 이성을 통해 탐구함으로써 진정한 진리에 접근할 수 있다고 본다. 따라서 플라톤의 철학은 진리의 절대성을 강조하며, 진리는 독립적으로 존재하고 인간이 이를 발견해야 한다고 주장한다.

반면, 쇼펜하우어는 세계를 표상과 의지로 나누며, 표상을 통해 우리가 경험하는 세계는 주관적 인식 방식에 의해 구성된 것이라고 본다. 표상은 시간과 공간 안에서 인간의 인식 체계에 따라 나타나는 현상에 불과하다. 우리가 경험하는 모든 진리는 객관적 실재라기보다는 주관적 관계 속에서 형성된 것으로, 이는 상대적인 진리로 이해된다. 쇼펜하우어는 진리가 고정적이고 절대적인 것이 아니라 주체와 객체의 관계에 따라 달라질 수 있다고 본다.

이러한 차이는 세계와 본질에 대한 이해에서도 드러난다. 플라톤은 감각적 세계를 불완전하고 일시적인 것으로 간주하고, 진정한 본질은 초월적인 이데아의 세계에 있다고 믿는다. 쇼펜하우어는 표상이 감각적 세계를 설명하는 틀이기는 하지만, 세계의 본질은 맹목적인 의지에 있다고 본다. 이 의지는 비이성적이고 끊임없이 욕망하는 근원적 힘으로, 모든 고통의 근본 원인이 된다.

결국, 플라톤은 인간이 이성을 통해 이상적 세계인 이데아에 도달하여 더 높은 삶의 목적을 성취할 수 있다고 믿는다. 반면 쇼펜하우어는 인간이 욕망과 고통의 근원이 되는 의지를 부정함으로써 평온에 이를 수 있다고 주장한다. 플라톤이 진리의 절대성을 강조하며 이성적 탐구를 통해 인간의 완성을 추구했다면, 쇼펜하우어는 진리의 상대성을 인정하고 욕망의 초월을 통해 고통에서 벗어나는 길을 제시했다. 이러한 차이는 두 철학자가 진리와 인간 삶을 이해하는 방식의 근본적인 차이를 보여준다.

쇼펜하우어

인물

쇼펜하우어는 독서는 남의 머리로 사색하는 것이라고 하였다. 자기를 천재라고 확신하였으며, 천재를 옹호하였다. 천재는 비사교적이라고 했다. 그래서 그를 읽는 독자는 쇼펜하우어의 머리를 빌려서 독서하기 때문에, 독자는 자기를 잠시 천재라고 믿고 그를 대하고 그의 책을 읽는 것이 좋은 방법이다.

쇼펜하우어는 본능적으로 진리에 가까운 사람이었다. 직관적으로 진리를 파악했으며, 누군가에게 영향을 받았다고 할만한 점이 없기 때문이다. 그만큼 그의 철학은 독특하다. 그리고 그는 불교를 예찬했다. 자기의 철학이 불교 사상과 결론적으로 닮았다고 생각하였다. 그의 철학은 "작은 불교" 혹은 "축약된 불교"라고 볼 수도 있다.

쇼펜하우어는 지성(知性)이 의지(意志)에 대한 통찰이 불가능한 것이 고통의 원인이라고 했다. 쇼펜하우어가 말하는 "의지"는 모든 생명체와 자연현상의 근원적인 동력으로, 인간의 끝없는 욕구와 갈망의 원천이다. 그는 의지를 인간의 행동을 이끄는 가장 기본적인 힘으로 보았으며, 이러한 의지가 불만족과 고통을 지속시키는 원인이라고 설명한다. 이 의지는 단순한 인간의 욕망을 넘어서, 자연계의 모든 힘과 현상에도 적용된다고 보았다. 집착이 고통의 원인이라고 하는 점에서 불교와 유사하다. 하지만 불교는 마음이 대상에 집착하는 과정을 중요시한다. 즉 공격성, 사랑, 명예, 살려는 의지 등에 집착하는데, 집착의 대상이 되는 것을 중요시하는 것보다, 대상에 집착하는 과정에 깨어 있음을 강조한다. 12 연기는 마음이 대상에 집착하는 과정인 수(受)[18]에 깨어 있으려 하며, 그 과정에서 집착인 애(愛)로 가지 않게 하는 것을 중요시한다. 색성향미촉법, 색수상행식도 대상에 집착하는 과정을 경계하게 해준다. 쇼펜하우어는 천재는 기형적으로 지성이 의지보다는 발달해 있으며, 일반인과 다르게 의지에 이끌리는 어리석은 삶을 살지 않는다고 하였다.

그는 30세 초반에 《의지와 표상으로서의 세계》라는 주저(主著)를 출판하고 72세에 죽을 때까지 불제자처럼 결혼하지 않고 혼자 살면서 금욕을 실천하였다. 그가 어떤 여자를 좋아했다는 기록은 찾아볼 수 없다. 그의 철학은 직관적이며 독창적이고 현실을 잘 반영하였다. 그는 불교를 고급 종교로 이해하였으며, 불교를 믿는 국가에 그리스도교가 전도되기는 힘들 것이라고 예언하였다.

---

[18] p. 112 〈12 연기〉 참조.

그의 예언과는 달리 우리나라에는 많은 수의 사람이 현재 그리스도교를 믿고 있다. 유교 사상은 조선을 지배했으며 우리 민족은 유교, 불교, 그리스도교가 주는 각기 다른 정신적·문화적·종교적 혜택을 현재 받고 있다. 우리나라에는 불교(원불교 포함)와 그리스도교가 상존하지만, 다행히도 종교로 인해서 심한 갈등을 겪지 않고 있다. 종교인들의 노력 덕분이라고 할 수 있다.

쇼펜하우어는 염세 철학자로 알려졌으나 그의 철학이 염세적이라고만 할 수는 없다. 인간이 불행해질 수밖에 없다는 것을 깨닫게 하며, 불행을 극복하는 방법에 대하여 그의 철학은 지혜를 준다. 예를 들면 그는 자살을 의지의 부정이 아니라 '의지에 대한 항복'인 동시에 '삶에의 의지의 위장된 표현'이라고 말한다. 왜냐하면 자살자는 삶의 의지를 충족할 수 있는 조건의 결여로 인하여 좌절한 것일 뿐이고, 원하는 대로 된다면 삶에의 의지를 철저하게 관철할 것이기 때문이다.[19] 지성에 의한 의지의 포기가 고통에서 벗어나는 길이라고 말한다.

간단하게 그가 말하는 내용을 이야기하면, 어리석은 자는 의지(욕망, 욕구)에 따라 산다. 자살은 자기 의지대로 살기를 바란 결과이다. 즉 의지의 승리이다. 현명한 자는 의지를 포기하고 지성이 이끄는 대로 산다. 즉 지성의 의지에 대한 승리이다. 개인적으로 자살에 대한 그의 의견에 대하여 전적으로 동의한다.

---

19) 김진, 《쇼펜하우어의 의지와 표상으로서의 세계 읽기》, 세창미디어, 2013, p. 200, 201.

그는 자신을 스스로 천재라고 하였으며, 천재일수록 수준에 맞는 사람이 확률상 적어지기 때문에 모든 천재는 사교적이지 않다고 주장한다. 그처럼 대인관계의 어리석음에 대하여 부정적으로만 이야기한 사람은 없다. 단, 자기가 천재인 경우 그렇다. 그는 여자든 남자든 친하게 지낸 사람이 있다고 알려진 바가 없다. 그의 생활이 알려진 것은 아트만(眞我)이라는 이름의 강아지를 데리고 산책하는 것이었다. 그는 동물 애호가였다. 그리고 역설적이게도 그는 철학에 유머를 자주 사용한 철학자이다. 그의 서적을 읽다가 보면 그의 천재성과 순수성에 웃게 되는 경우가 많다. 독자도 천재라고 가정하고 읽으면, 쇼펜하우어를 더욱 즐겁게 읽을 수 있다.

72세에 그는 《의지와 표상으로서의 세계》에 대한 3판 서문을 쓰게 되는데, 이렇게 좋은 책이 이제야 3판이 나온다는 것은 진정한 것을 만들어 낼 능력이 없는 사람들이 방해하였기 때문이라고 불평하지만, 결국 가치를 인정받은 자기 주저에 대하여 만족감을 드러낸다. 그런데 그의 책이 뒤늦게나마 알려지게 된 것은 그의 주저 덕분만은 아니었다. 그가 말년에 출판한 수필집 《인생론 노우트》[20]가 유명해지면서, 그가 젊은 날 쓴 주저가 늦게나마 널리 알려졌던 것이다. 그래도 살아생전에 자기의 저서가 유명해지는 것을 경험한 사람은 행운이다. 죽어서야 명성이 알려지는 사람들도 많기 때문이다.

쇼펜하우어는 어린 시절부터 어머니와 원수처럼 사이가 나쁘게 지

---

20) 쇼펜하우어, 《人生論 노우트》, 곽복록, 동서문화사, 1978.

냈다. 그가 여성을 사귄 기록은 없다. 그는 여성에 대한 혐오감이 깊었으며, 결국 결혼하지 않았다. 어머니에 대한 증오가 평생 지속되고 그의 여성관을 결정하였다. 당시 소설가로 제법 이름을 날리던 어머니에게 그는 큰소리쳤다. "당신은 후세에 내 덕분에 사람들이 당신을 기억할 것이다."라고 했으며, 그의 말대로 어머니보다는 자기가 더 유명한 사람이 되었다. 여자를 그는 혐오하였다. "키는 작고 어깨는 좁으며 엉덩이는 큰 여자를 아름다운 성이라고 말하는 것은 성적 욕망에 의해서 지성이 몽롱해진 사람만이 가질 수 있는 생각"이라고 했다.

아무튼 그는 결혼하지 않고 평생을 혼자 살았다. 젊은 시절 욕망에 이끌리게 되어서 결혼하고 늙을 때까지 가장(家長)이 해야 하는 일과 노력은 지나치며 부당하다고 판단하였다. 죽음은 들뜬 광기 같은 의지가 비극의 대단원을 내리는 것이다. 인생이 감미롭다는 것은 거짓말이고, 죽음이야말로 가장 고마운 것이라고 의지에게 가르쳐 줄 기회이다. 삶을 의지에 의해 지배되는 비극이라고 하고 죽음[21]을 예찬하였다.

철학

쇼펜하우어는 자석이 서로 잡아당기거나, 식물이 성장하는 힘, 동물의 암수가 서로 교접하려 접근하는 것, 남녀가 서로 이끌리는 본능의 힘 등을 모두 의지(意志)로 해석했다(그는 '의지'로 광범위한 해석을 했다.

---

21) 자살이 아니고 삶의 자연적 종료인 죽음을 말한다.

인간에게 작용하는 의지는 인간이 지닌 욕망이나 욕구의 의미에 가깝다). 치아, 목구멍, 장기는 객관화된 배고픔이고, 생식기는 성욕의 객관화이며, 물건을 잡는 손이나 재빠른 발은 그것들이 표현하는 것보다 간접적으로 된 의지의 노력과 상응한다.

인간과 동물의 의지뿐만 아니라 식물 속에서 작용하고 있는 힘, 결정체를 만드는 힘, 자석을 북극으로 향하게 하는 힘, 서로 다른 금속이 충돌할 때 그것에 전해지는 힘, 물질에서 서로 당기고 밀어내는 힘, 돌을 지면으로 지구를 태양으로 끌어당기는 중력조차도 그 내적 본질에서 보면 모두가 동일한 의지인 것이다. 《쇼펜하우어의 의지와 표상으로서의 세계》[22]

의식은 우리들 정신의 단순한 표현일 뿐이며, 우리는 내면의 일에 대하여는 지구의 내면에 대해서와 같이 아무것도 모르며 다만 겉껍질만을 아는 데 불과하다(프로이트가 의식은 빙산의 일각이며, 수면 아래에 있는 더 큰 빙산이 무의식이라 하는 것과 같다). 프로이트 이전에 의식보다는 무의식이 인간을 지배하는 큰 힘이라는 것을 주장했다. 의지가 지성의 노예인 것이 아니며, 지성이 의지의 노예라고 하였다. 우리는 욕구할 만한 이유를 찾아내면 어떤 것을 욕구하는 것이 아니라, 어떤 것을 욕구하기 때문에 그 욕구의 이유를 발견해 낸다.

의지의 대부분은 생식 의지가 차지한다. 그는 개인의 삶이 종(種)(인

---

22) 김진. 《쇼펜하우어의 의지와 표상으로서의 세계 읽기》. 세창미디어. 2013.

간)의 목적에 기여하기 위한 것으로 해석했다. "수정이 끝나면 즉시 상대에게 먹혀버리는 거미라든가, 결코 볼 가망이 없는 자손을 위해 목숨을 바쳐 먹이를 모으는 말벌에서부터, 몸을 축내가며 자칫했다간 파멸에 이르도록 아이들을 먹이고 교육시키려고 노력하는 인간에 이르기까지 모두 다 그렇다. 개체는 종에 비하면 희생되어도 되는 존재가 된다. 종의 유지를 위해 개체는 산다."

인간은 지성(知性)을 가진 존재이다. 생식기는 의지(意志)의 초점이고, 뇌는 지성의 초점이다. 그래서 성교한 여자는 부끄러워하는데, 임신한 여자는 자랑스럽게 생각한다. 의지에 지성이 승리하였기 때문이다. 인간은 의지에 따라 살기 때문에 악(惡)이 생길 수밖에 없고, 불행할 수밖에 없다. 결혼은 지성이 의지에 굴복해서 하는 것이기 때문에 결혼은 불행의 원인이다. 결혼해서 행복할 수 있는 사람은 철학자밖에 없다. 그러나 철학자는 결코 결혼하지 않는다.

그는 삶을 지혜롭게 살기 위해서는 지성이 의지를 지배해야 한다고 주장한다. 그는 지성이 의지에 지배당하지 않는 삶의 방식을 제시했다. 천재, 철학, 예술, 종교 등이다. 천재란 의지 없는 인식의 최고 형식이다. 철학과 예술은 의지로부터 자유로운 활동이다. 종교는 의지의 포기를 가르쳐 준다. 이러한 활동들은 의지로부터 지성이 자유롭게 해주며, 진리에 접근하고 지혜롭게 인생을 살게 해준다.

의지가 객관화 또는 개체화하는 원리를 파악하여, 의지 그 자체를 파기 또는 부정하는 것이 가능하다고 그는 생각했다. 의지를 부정하는 것은 모든 항성과 은하계를 가진 세계를 무(無)로 파악한다. 그리스도교의 원죄설과 구원설에서 나타나는 자기부정, 불교의 무아(無我) 사상은 자기가 주장하는 의지의 부정과 같다고 생각하였다. 그러므로 삶에의 맹목적인 의지를 부정하고 폐기하는 것이 올바른 삶의 태도이다.

프로이트는 "무의식을 가정한 사실이 학문과 삶에 커다란 파장을 가져올 것을 분명히 의식한 사람은 극소수이다. 또한 정신분석이 이러한 일을 한 것은 아니었다. 몇몇 유명한 철학자, 특히 위대한 사상가 쇼펜하우어를 그 선구자로 들 수 있다."고 하였다. 쇼펜하우어는 '생존의지'와 '종족보존의지'를 인간이 가진 본능으로 보았다. 쇼펜하우어의 의지는 니체에 의해 '권력의지'로 변형된다. 니체는 이미 살아 있는 것은 더 이상 살기 위해 노력하지 않는다고 하였다. 그러기에 생존의지는 더 이상 문제가 아니며, 살아 있는 사람은 권력의지를 추구한다고 주장한다.

니체보다 다음 시대인 프로이트는 인간의 근본적인 본능으로 에로스(eros)와 타나토스(thanatos)를 주장한다. 에로스는 사랑과 성적인 욕망이다. 타나토스는 죽음 본능을 말한다. 죽음 본능은 파괴성과 공격성을 가진다. 니체는 공개적으로 쇼펜하우어의 생존의지를 저평가하였으나, '의지'라는 동일한 용어를 차용하여 '권력의지'를 인간 행동에 대한 제일 원인으로 보았다. 프로이트는 쇼펜하우어가 말한 본능인 생존의지와 종족보전의지에 대하여 조심스럽게 접근한다. 프로이트는 면담의 경험을 분석하여 사람을 움직이는 힘, 즉 본능으로 에로스와 타나토스 두 가지가 있다고 이야기한다.

인생론 노우트[23]

나이가 들어 인생의 경험이 쌓일수록, 자존심에 영향을 주는 여러 요소들이 있다는 것을 알게 될 것이다. 이러한 요소들을 살펴보면서, 쇼펜하우어의 사람에 대한 기본적 분류를 참조하는 것은 크게 도움이 될 것이다.

《인생의 예지를 위한 잠언 인생론(人生論) 노우트》라는 그의 수필집에 있는 내용이다. "첫째, 사람이라는 것, 즉 넓은 의미의 인격, 따라서 이 속에는 그 사람의 건강, 체력, 미모, 기질, 성격, 지성, 교양 등이 포함된다. 둘째, 사람이 가지고 있는 것. 즉 보통 말하는 재산과 모든 의미에서 소유물. 셋째, 다른 사람의 나에 대한 평가. 영예, 지위, 명성 같은 것이다." 간결하여 이해하기 쉽고, 일상생활에서 지침이 될만한 분류이다. 사람의 행복은 외적인 요소보다는 자기 자신에게 달려 있으며, 자기의 소유물이나 남들의 자기에 대한 평가를 중요하게 여기지 말라는 것이다.

쇼펜하우어의 분류를 기준으로 본인이 어떠한 것을 자기 존중감에 소중한 항목으로 여길 것인지 살펴보는 것은 좋을 것 같다. 첫째, 자기가 어떤 사람인가가 제일 중요하다. 사람의 행복은 외부로부터 오지 않고, 내부의 자기로부터 온다는 것을 알아야 한다. 행복은 객관적이 아닌 주관적으로 이루어지는 것이다. 우선 자신이 받은 가정과 학

---

23) 쇼펜하우어. 《人生論 노우트》. 곽복록. 동서문화사. 1978.

교 교육이 중요하다. 교육을 바탕으로 한 건강, 체력, 미모, 기질, 도덕관, 지성, 교양 등이 중요하다.

둘째, 자기의 소유에 관해서는 많아서 나쁘다고 할 수는 없겠다. 그런데 수고하지 않고 공짜로 얻어지는 소유는 있을 수 없다. 많이 소유한 사람은 많이 노력하여서 남들보다 부자가 되었을 것이다. 노력해도 부자가 될 수 없는 사람이 많으니, 많은 소유는 큰 행복으로 이어질 것으로 부러워하지만 그렇지는 않다. 사람들은 부자로 살아본 경험이 없어서 부자들을 마냥 부러워한다. 하지만 부자도 생로병사를 겪으며, 가난한 사람이 상상하는 것만큼 부자라고 행복하지는 않다. 가난하면 돈만 있으면 자기와 자기 가족이 행복할 것이라고 보통 믿게 된다. 돈을 버는 것도 어렵지만, 돈을 지켜나가는 것은 또 다른 수고이다. 죽을 때까지 쓸 돈이 있는 사람도 사업을 멈추지는 못한다. 어떨 때는 자산이 충분히 있어도, 자기보다 큰 사업을 하는 사람을 부러워하여 사업을 늘리기도 한다. 돈을 버는 것 외에 자기가 사는 삶의 목적을 생각해야 한다.

가난한 사람은 돈이 부족한 사람이 아니고, 돈을 필요로 하는 사람이다. 부자는 돈이 많은 사람이 아니고, 돈을 필요로 하지 않는 사람이다. 삶이란 자기가 필요로 하는 것이 많을수록 결핍 상태에 놓인다. 부자로 사는 것은 좋지만, 자기가 행복하게 살기 위해서 필요로 하는 것이 많으면 불행하다. 부자는 필요로 하는 것을 많이 가지고 있는 사람이다. 부자는 좋은 차, 크고 깨끗한 집, 맛있는 음식이 가득한 집을 가질 것이다. 달리 이야기하면 생활에 많은 돈을 사용하지 않으면 적응이 힘든 사람이다. 처음에는 좋은 차를 가지고 넓은 집에 살면 좋게 느껴지지만, 시간이 지나면 좋게 느껴지는 것보다 당연하게 느껴지고 생활비는 계속 지출이 크다. 불교의 색성향미촉법으로 바라보면, 부자는 오각을 통해서 들어오는 세상의 유혹에 더 깊게 빠져들 수밖에 없다. 또한 색수상행식인 오온이 치성(熾盛)하게 일어나는 고통을 받게 된다.

사람들은 부자를 부러워하지만, 언론에 나오는 재벌들과 자녀들 이야기를 들어보면 부자가 더 행복한 것은 아니라는 것을 쉽게 알 수 있다. 부자인 사람 자신은 그래도 낫다. 부자를 부모로 둔 자녀는 부유한 생활에 익숙해질 뿐이지, 부모처럼 돈을 벌거나 절약하여 부자로 산다는 보장이 있지는 않다. 부모가 잡아놓은 물고기를 실컷 먹을 수 있지만, 부모에게 물고기 잡는 법은 배우지 못한다. 돈이 많으면 사람의 정신은 부패하기 마련이다. 부모가 부유하여서 부모가 풍요롭게 사는데, 자녀가 근검절약하는 생활 태도를 어디에서 배울 수 있겠는가?

일하지 않고 돈을 많이 가진 사람은 정신적 행복을 얻기 위한 노력을 할 수가 없다. 수고하고 노력하지 않고 행복해지는 방법에만 익숙해진다. 게으르며 노력 없이 뇌를 자극해 주는 무분별한 성적 유혹, 게임, 도박, 알코올, 마약 등의 중독 유혹에 빠지게 될 가능성이 높다. 철학자라면 부모의 유산을 받아서, 자기는 돈을 벌어야 하는 시간을 다른 일을 하면서 시간을 유용하게 사용할 것이다. 철학자 쇼펜하우어는 현실감각이 뛰어났으며, 아버지에게 받은 유산을 평생 잘 지키고 생활하였다. 부자가 지혜롭게 살기 위해서는 쇼펜하우어가 말한

대로, 의지가 아닌 지성이 이끄는 생활을 해야 한다. 바로 천재, 철학, 예술, 종교 등이다.

누구든 돈을 버는 데는 한계가 있다. 많이 벌수록 좋겠지만 소득을 늘리려 노력하는 것보다, 소유를 줄이고 근검절약하는 것이 삶의 질을 높이는 방법이다. 낭비하지 않는다는 것은 일을 해야 할 시간을 줄이고, 일보다 운동과 휴식, 취미생활을 하며 개인의 삶에 활력을 주게 된다.

셋째, 다른 사람의 나에 대한 평가가 중요하기는 하지만 자기의 자기에 대한 평가보다 중요하지는 않다는 것이다. 어린 시절부터 부모의 호감을 얻으려고 노력 해오던 습관은 지속되어 성인이 된 이후에도 남들의 자기에 대한 평가에 예민해진다. 그러나 남의 평가보다는 자신의 실제 신체적 건강, 능력, 성격, 인격 등이 중요하며, 실제의 '자기'라는 정신적 속성이 훨씬 더 중요하다.

자기 자신이 인격체를 가진 한 사람으로서 명품이 되어야 하는데, 사람들은 명품을 몸에 지녀야 자기가 명품이 된다고 생각한다. 가난한 사람도 부자가 사는 브랜드 있는 상품을 무리해서 사게 된다. 브랜드가 있는 명품은 비싼 가격을 지불해야 한다. 다들 가난하던 과거에는 우선 싼 물건을 고르고, 그중 품질 좋은 것을 구입하려고 노력했다. 지금은 브랜드를 먼저 정하고 가격을 따진다. 구입할 돈을 벌기 위해서 자기나 자기 가족은 노동에 더 시달려야 한다. 자식들도 비싼 명품을 사는 것을 배우게 된다. 에리히 프롬이 이야기하는 '시장형 인간(marketing character),[24]이 될 수밖에 없다. 시장의 물품 가격이 결정되듯이 남과 나의 가치를 결정한다. 시장형 인간 유형은 사회적 관계와 가치를 시장에서의 위치와 성공을 통해서 결정한다. 무엇보다도 자기의 육체와 정신의 내적 가치에 힘을 쏟아야 한다.

중요한 것은 소유를 통하여 자기의 외면을 치장하는 데 들이는 시간과 노력을 줄이고, 자기의 내적인 가치를 높이는 일을 해야 한다. 부족한 것은 물질보다는 자기에게 주어지는 시간의 활용이다. 독서, 음악, 등산, 운동, 여행, 명상, 종교 등이 좋은 예가 될 것이다.

---

24) 에리히 프롬(Erich Fromm)은 '시장형 인간'을 자본주의 사회에서 자신의 가치를 시장에서 판매할 수 있는 상품으로 여기는 사람으로 정의한다. 이러한 사람들은 자기 자신을 포함한 모든 것을 거래의 관점에서 바라보고, 자신의 성공과 가치를 외부적인 인정과 경제적 성과로 판단한다.

니체[25]

니체 사상의 기본 개념들

• **자유정신**

《인간적인 너무 인간적인》이라는 비교적 초기 저서를 통해서 니체는 '자유정신'을 선언한다. "신념은 거짓보다도 위험한 진리의 적이다."라고 말하며, 기존의 가치 체계를 그대로 인정하지 않고 저항한다. 자유정신은 인간, 심리, 철학, 종교, 예술, 문화, 과학 등에 대해 전반적으로 비판을 가한다. 비판을 통해서 기존 가치의 재평가를 하고 새로운 가치 창조를 위한 준비를 한다. 가치의 파괴보다 가치의 창조는 훨씬 더 어렵다. 가치의 파괴에 머무는 비판으로 끝나면, 사람은 가치를 잃고 허무주의가 될 수밖에 없다. 니체는 가치를 파괴하고 난 후 필연적으로 허무주의가 될 수밖에 없음을 알고 있었다. 허무주의는 허무하여 더 이상 아무것도 하지 않는 수동적 허무주의는 정신적

---

[25] 프리드리히 니체, 《짜라투스트라는 이렇게 말했다》, 사순옥 옮김, 홍신문화사. 이하 인용구 중 페이지만 언급된 경우는 《짜라투스트라는 이렇게 말했다》에서 인용한 것임.

힘의 후퇴와 쇠퇴를 보여주는 니힐리즘이다. 니체는 허무의 한가운데에서 자기만의 가치를 창조해 가는 능동적 허무주의로 나아간다. 이는 증대된 정신의 힘을 보여주는 신호로서의 니힐리즘이다. 허무해서 더 이상 아무것도 하지 않고 우울하게 지내는 것이 아니라, 삶의 새로운 가치를 향해 적극적으로 나아가는 것이다. 이러한 경우에 중요한 것은 기존의 가치체계에 도전하며 새로운 가치를 창조하려는 자유정신이다.

"철학자는 자유 정신이며, 거의 모든 종류의 인간이어야 했을 것이다. 이러므로 비로소 그는 인간적인 가치와 가치감정의 모든 영역을 편력하여 여러 가지의 시선과 양심으로서 드높은 곳에서 멀리를, 깊은 곳에서 높은 곳을, 한쪽 구석에서 모든 드넓은 영역을 전망할 수가 있게 되는 것이다. 그러한 모든 것은 그가 가치를 창조하는 사명을 하기 위한 준비에 불과하다. 그 사명이란 그가 가치를 창조하는 것을 요구하는 것이다."

"진정한 철학자는 명령자이며 입법자인 것이다. 즉 그들은 '이래야 될 것이다'라고 말한다."

"그들의 인식은 창조이며, 그들의 창조는 하나의 입법이며 그들의 진리에의 의지는-힘에의 의지다."[26]

---

26) 프리드리히 니체.《선악의 피안》. 박준택. 박영사. 1976. p. 188~189(경구 211)

윗글은 철학자는 기존의 가치를 추구하는 사람이 아니고, 기존의 가치를 다양한 시점에서 평가하여야 함을 강조한다. 이는 자유 정신을 통해서 기존의 가치를 넘어서는 새로운 가치 창조를 위한 준비 과정이다. 그리고 진정한 철학자의 창조는 권력의지에서 나오는 '이래야 될 것이다'라는 명령이고 입법이어야 한다.

그에게 진리라 부르는 것은 수동적으로 주어지는 객관적 사실을 따르는 것이 아니라, 자신의 힘을 행사하여 새로운 가치와 규범을 만들어 내는 창조적 행위이다. 진리를 추구하는 것은 "자신의 힘(권력의지)을 발휘하여 세계에 법칙과 질서를 세우려는 것이다."

- **동정과 사랑: 신은 죽었다**

    "동정심 많은 자들이 저지르는 어리석음보다 더 큰 어리석음이 어디에 또 있겠는가? 그리고 동정심 많은 자들이 저지르는 어리석음 이상으로 고통을 주는 것이 어디에 또 있겠는가?"

    "신에게조차도 자신의 지옥이 있다. 그것은 인간에 대한 그의 사랑이다." 그리고 최근에 나는 악마가 이렇게 말하는 것을 들었다. "신은 죽었다. 인간에 대한 동정으로 인해 신은 죽은 것이다."

    "나는 나 자신을 나의 사랑에 바친다. 그리하여 나는 나의 이웃까지도 나와 마찬가지로 사랑한다." 모든 창조자들은 이와 같이 말하는 것이다.

    〈동정심 많은 자들에 대하여〉, p.118-119

윗 예문들은 동정심에 대한 혐오감과 넘치는 힘과 창조적인 사랑을 찬양한다. 니체는 왜 동정심을 혐오하였을까? 여기서 니체가 말하는 '동정'은, 약자의 힘을 더욱 약하게 만들고 자기 극복을 방해하는 '연민의 구도'를 뜻한다. 흔히 우리가 말하는 따뜻한 인간애나 배려와는 의미가 다르다는 점을 기억해야 한다. 그는 자주 그리고 심하게 동정심을 비판하고, 특히 동정심이 인간의 진정한 성장과 발전을 방해한다고 보았다. 신(神)의 사랑을 동정으로 해석하고, 동정을 받는 자나 주는 자가 하찮은 짓을 하는 것으로 규정했다. 신의 모든 사랑을 동정심으로 해석하여 정의하고, 신의 사랑은 무분별하게 주어지는 동정인 것처럼 신을 비판하였다. 그는 악마의 목소리를 빌려 "신은 죽었다. 신은 인간에 대한 동정으로 죽었다."고 선언하게 된다. 결국 동정심은 개인이나 집단에 대한 동정심으로 인해 신의 영역이 손상되고, 사랑이 진실되게 발전하지 못했다고 주장한다.[27]

동정은 인간의 가치를 저하하는 행위이다. 그리고 그 목적은 '저세상'이나 '신의 구원'과 같은 잘못된 길로 인간을 몰고 가는 것이다.[28] 니체는 모든 위대한 사랑은 동정보다 더 높다고 주장한다. 이는 동정심과 사랑의 차이를 강조하며, 진정한 사랑은 보답과 징벌을 초월하

---

27) 여기서는 악마의 목소리를 빌려 '신은 인간에 대한 동정심 때문에 죽었다'고 선언한다. 동정받는 것은 개인의 권력의지, 자기 극복, 독립과 자율, 가치 창조와 실현을 하지 못하는 상태를 의미한다. 종교가 절대성과 신성을 잃어버리고, 연민, 구제, 온정이라는 제한된 상태로 남아버리고, 신을 더 이상 근본 가치를 지닌 존재로 바라보지 못한다. 현실의 복잡성 속에서 '신의 죽음'이라는 의미가 여러 관점에서 해석될 수 있다는 점을 감안하지 않을 수 없다.
28) 프리드리히 니체, 《안티크리스트》, 나경인, 이너북, 2014.

여 순수한 사랑의 힘으로 이루어진다고 말한다.

권력의지를 긍정하기에, 그는 힘과 생명력을 약화시키는 동정을 부정적으로 보았다. 동정심은 사람을 약하게 만들고, 고통을 겪는 자가 생명력이 강해지고 발전하는 것을 방해한다고 보았다. 권력의지와는 다르게 동정심은 권력의지를 약하게 하고, 사람들을 수동적이고 의존적으로 만들며 자기 극복과 자율성을 저해한다고 보았다.

니체가 "동정을 혐오한다."고 말할 때, 그는 결코 모든 형태의 사랑이나 연대, 공감까지 부정하는 것은 아니다. 그가 특히 공격한 것은, 기독교적 '동정'을 인간이 지닌 힘과 의지를 쇠약하게 만드는 도덕적 최상위 미덕으로 만들어 버리는 가치 체계였다. 약자를 너무 가련하게 여기면서, 동시에 스스로를 '도와주는 자와 도움을 받는 자'라는 구도로만 고착시켜 버리는 태도를 니체는 경계했다.

반면 니체가 긍정적으로 본 사랑은, '충만한 생명력에서 우러나오는 사랑'이다. 스스로 건강하고 강인한 자가 넘치는 에너지를 타인에게도 베풀어, 상대방 역시 더욱 강해지도록 돕는 태도다. 이는 약자를 동정하여 함께 무력감에 빠지는 행위와는 전혀 다르다. 그래서 니체는 "자기를 사랑할 줄 아는 사람만이 진정 이웃을 사랑할 수 있다."고 주장한다. 즉, 니체의 동정 거부는 '함께 약해지는 동정'을 반대하는 것이지, '타인을 풍요롭게 하는 사랑'을 부정하는 것은 아니다.

- **연민을 넘어서: 니체가 말하는 자율과 성장**

　사회적 약자, 즉 가난한 자, 못 배운 자, 억울한 자, 피해자, 무능한 자, 한이 맺힌 자, 권리를 빼앗긴 자 등은 사회 공동체의 지속적인 도움이 필요하다. 약자들을 위한 지원과 연대는 필수적이고, 이러한 도움은 언제나 부족할 수밖에 없지만, 사회의 최우선 목표가 될 수는 없다. 약자에 대한 지원이 공동체의 의무라 하더라도, 이러한 지원이 개인의 의존심을 키워서는 안 된다. 공동체는 사회적 약자의 생존과 권리 보장을 위한 토대를 마련해야 하지만, 궁극적으로는 개인이 스스로 자립하고 성장할 수 있는 여건을 조성해야 한다.

　니체가 《짜라투스트라는 이렇게 말했다》에서 말한 바와 같이, 인간은 자기 자신에게 엄격해야 하며, 냉정함과 고독을 마주할 용기를 가져야 한다. 그는 누구에게나 주어지는 고난을 외부의 도움이나 동정에 기대어 해결하는 것을 경계하며, 고난을 자기 극복 의지로 돌파해야 한다고 강조한다. 사회적 약자에 대한 지나친 동정이나 연민이 오히려 개인의 성장을 가로막고, 피해의식과 한풀이로 귀결될 수 있음을 경고한다. 니체의 철학에서 중요한 것은 외부의 시선이나 타인의 인정에 의존하지 않고, 자기만의 고귀한 목표를 설정하고 그 목표를 향해 쉼 없이 정진하는 것이다.

　니체는 고난이 필연적으로 주어지는 삶에서 진정한 극복은 자기 자신으로부터 시작된다고 말한다. 그는 동정에 기댄 삶을 혐오하며, 인간은 타인의 기대나 시선을 의식하는 대신 스스로를 고귀하게 만드는 생각과 감정에 몰두해야 한다고 주장한다. 이러한 니체의 설교는 사회적 약자라 하더라도 자기 연민에 빠지지 않고, 스스로 자율성과 독립을 추구하며, 고난을 극복해 나가는 정신적 강인함을 가질 필요가 있음을 시사한다.

그리스도교의 핵심은 '하느님에 대한 사랑과 인간에 대한 사랑'이라고 요약할 수 있다. 그런데 하느님과 인간의 사랑을 동정으로 규정한다. 동정하는 종교가 된 그리스도교를, 저급의 가치이며 믿음으로 본다. 사랑이 기준이 되던 그리스도교가 기반이 된 도덕적 가치를 인정하지 않으며, 도덕적 가치를 해체시킨다. 가치의 상실로 남게 된 허무함을 '능동적 허무주의'로 해결방안으로 제시하며 새로운 가치를 창조해 나간다. 그리스도교의 사랑 대신에 그가 창조한 것은 강력한 권력의지를 지닌 초인, 영겁회귀, 운명애로 그리스도교의 빈자리를 극복하려고 시도한다.

우리나라의 진정한 강자들은 어떻게 살아갈까? 외유내강(外柔內剛)의 정신을 실천하려고 노력한다. 타인에게는 부드럽고 유한 자세를 취하고, 자기 자신에게는 냉정하고 엄격한 규율을 적용하려고 한다. 당연히 쉽지 않다. 그러나 주위에 강자가 아닌 평범한 사람 중에도 그런 노력을 하는 사람들이 많다. 타인에 대한 배려도 그러한 예이다. 그리고 마음속에서 서민이 평등하고 무시되지 않는 사회를 이루려고 다들 노력한다. 하지만 니체의 동정을 혐오하는 철학이 현실을 바탕으로 한 심오한 의미가 있는 것은 반드시 이해해야 한다. 삶을 사랑한다면 동정심보다 자기 사랑과 창조, 가치 추구와 실현을 소홀히 할 수 없다.

현재 우리 사회에서 '서민'을 애지중지 다루며, 서민의 이름을 내세워 환심을 사려는 사람들이 있다. 그들은 자기편만이 진정으로 서민을 위한다고 주장하며, '서민'이라는 단어를 우상화하고 신격화하기도 한다. 특히 정치인들은 겉으로는 서민을 위한다고 하지만, 실제로는 서민의 어려움을 내세워 동정심을 자극하고, 이를 통해 자신들의 정치적 입지를 강화하려는 모습을 보인다. 서민을 숭배하는 듯 보이지만, 실상은 표를 얻기 위한 전략에 지나지 않는다는 점을 간과할 수 없다. 결국, 서민층이 중요한 유권자 집단이라는 점을 인식한 정치인들이 서민에게 표를 구하는 모습이 반복되고 있다.

니체는 자기 극복을 포기하고, 자기 연민이나 타인의 동정에 의존하는 태도가 인간의 성장을 방해한다고 보았다. 그러나 우리의 현실을 돌아보면, 서민을 동정하는 사람들을 오히려 동정해야 할 상황이 펼쳐지고 있다. 이는 단순한 연민을 넘어, 동정을 명분으로 내세우면서 실질적으로는 자신의 이익을 앞세우는 태도에 대한 경고로도 해석할 수 있다. 서민을 향한 동정이 진정성을 잃고 정치적 수단으로 변질될 때, 우리는 이를 비판적으로 바라볼 필요가 있다. 진정한 도움과 위선적인 동정이 어떻게 다른지, 그 경계를 인식하는 것이 중요하다.

- **그리스도교의 사랑과 불교의 자비**

예수님의 사랑과 동정을 구분한다면 인간의 눈에는 동정에 더 가까울지도 모른다. 구십구 마리의 양을 두고 길 잃은 한 마리 양을 찾아 나선 것이 주님의 마음이다. 착한 사마리아인이 사랑을 실천한 것이라고 예를 들어 설명한다.

예수님은 죄인, 약자, 환자, 가난한 자들을 위하여 이 땅에 오셨다. 죄 없는 자, 강하고 건강한 자, 부자, 그리고 학식 있는 자들을 위하여 온 것이라 말하지 않는다. 그리고 이웃뿐 아니라, 원수를 사랑하라고 한다. 십자가 위에서 예수님은 자기를 죽이는 자들을 위하여 기도하고 용서를 청한다. 원수를 사랑하는 것은 동정인가 사랑인가? 현실에서는 자주 사랑과 동정은 동전의 앞뒤처럼 분리되지 않는다.

하지만 그리스도인이 타인을 도와주는 것은 동정이 되어서는 안 된다. 타인을 돕는 이유는 계율이고 예수님의 명령이다. 그리스도인은 '가장 낮은 한 사람에게 해준 것이 바로 예수님에게 해준 것'이라고 예수님은 말씀하신다. 이는 가장 낮은 이를 예수님의 신분으로 상승시키고, 낮은 이를 높은 이와 평등하게 만들어 준다. 하느님 앞에서 모든 인간은 평등하며 존중받는다. 니체는 독생자를 내어준 하느님의 사랑을 동정이라고 폄하하며, 신이 죽은 한 가지 이유로 인간에 대한 동정 때문이라고 선언한다.

인간을 창조하였기에 하느님은 인간을 사랑하고, 자식을 낳아서 창조하였기에 인간은 자식을 사랑하며, 예술가는 스스로 창작한 작품을 사랑한다. 신이나 인간은 자기가 창조한 대상을 사랑한다. 자기가 창조한 것에 대한 사랑보다 더 큰 사랑이 세상의 어디에 있겠는가?

불교에서는 무주상보시[29]가 있다. 보시하는 자가 아상이나 인상이

---

29) 무주상보시는 122p에 용어에 대한 자세한 설명이 있다.

있으면 안 된다. 목마른 자가 있으면 물을 주고, 배고픈 자가 있으면 빵을 준다. 자기가 상대를 동정하거나 사랑한다고 생각하면 안 된다. 보살은 어떤 상도 짓지 않고 중생의 요구에 수순(隨順)[30]할 뿐이다. 불교의 무아와 무상의 개념을 생각해 보면 이해가 쉽다.

- **영원회귀**

  "최대의 무게-어느 날 혹은 어느 밤, 한 악마가 가장 적절한 고독 속에 잠겨 있는 네 뒤로 살그머니 다가와 다음과 같이 네게 말한다면 너는 어떻게 할 것인가!

  네가 현재 살고 있고 지금까지 살아온 생을 다시 한번, 나아가 수없이 몇 번이고 되살아야만 한다. 거기에는 무엇 하나 새로운 것은 없을 것이다. 일체의 고통과 기쁨, 일체의 사념과 탄식, 너의 생애의 일일이 열거키 어려운 크고 작은 일들이 다시금 되풀이되어야 한다. 모조리 그대로의 순서로 되돌아오는 것이다-이 거미도, 나무 사이의 월광도, 지금의 이 순간까지도, 그리고 나 자신도. 존재의 영원한 모래시계는 언제까지나 다시 회전하며 그것과 함께 미세한 모래알에 불과한 너 자신 역시 같이 회전을 할 것이다. 너는 땅에 엎드려 이를 악물고서, 그렇게 말한 그 악마를 저주치 않을 것인가? 그렇지 않으면 그 악마에게 〈너는 신(神)이다. 이보다 더 신적인 것을 나는 듣지 못했노라!〉고 대답할 그런 기괴한 순간을 체험한 적이 있었던가? 이러한 사상이 너를 지배한다면 그는 현재 있는 그대로의 너를 변화시킬 것이며 아마도 분쇄해 버릴 것이다. 그리고 모든 일 하나하나에 관해서 행해지는 〈너는

---

30) 수순(隨順)은 남의 뜻에 맞추거나 순순히 따른다는 의미이다.

이것이 다시 한번, 또는 수없이 계속 반복되기를 원하느냐?〉라는 질문은 가장 무거운 무게로 너희 행위 위에 가로 놓일 것이다! 아니면 이 최종적이요 영원한 확인과 봉인(封印) 그 이상의 어떤 것도 원하지 않기 위해 너는 얼마만큼 너 자신과 인생을 사랑해야 할 것인가![31]

위의 글은 정독하면서 마음속에 깊이 새길 필요가 있다. 이는 진리라기보다는 하나의 가정이자 사상에 가깝다. 영원회귀를 내면화하는 순간, 이를 체험적으로 이해하려는 노력이 필요하다. 의도적으로 의심을 중단하고 영원회귀를 믿는다고 가정하며, 자신의 체험에 집중해 보는 것이 이해에 도움이 된다.

영원회귀는 삶의 어느 순간 혹은 순간과 순간이 연결되는 순열(sequence)이 동일한 형태로 미래에도 반복하여 일어날 것이라는 사상이다. 지금 이 순간과 인생 전체가 변함없이 다시 돌아올 것이라는 전제하에, 자기가 어떤 인생을 살든 그것을 그대로 긍정하는 태도를 가지는 것이 니체의 영원회귀이자 운명애(Amor Fati)다.

캠펠(Campelle)의 해석에 따르면, "영원회귀"는 단순히 철학적·형이상학적 개념이 아니라 개인의 일상적 삶에서 반복적으로 경험하는 패턴과도 연결된다. 인간은 특정 성격, 습관, 기질, 무의식적인 선택 등에 따라 비슷한 상황을 반복하게 된다. 이러한 반복은 니체가 제안한

---

31) 프리드리히 니체. 《즐거운 지식》. 권영숙. 청하출판사. p. 284(경구 341)

영원회귀가 우리 삶의 근본적 현실임을 상기시킨다.[32]

결국, 삶의 모든 사건, 선택, 그리고 경험이 특정한 순서로 무한히 되풀이된다는 의미이며, 이는 인간 존재의 모든 측면과 선택이 변하지 않는 운명의 일부임을 시사한다. 따라서 각 개인이 자신의 삶을 어떻게 받아들이고 긍정할 것인지에 대한 근본적인 질문을 던진다.

반복되는 것은 단순히 삶 속에서 같은 생각, 감정, 생활이 지속되는 것이 아니다. 죽고 난 이후에도 태어나서 언젠가는 같은 삶을 반복하게 될 것이라는 믿음이다. 즉, 삶 속에서, 그리고 죽은 이후에도 같은 순간이 반복된다고 보는 것을 영원회귀라고 한다.

아래 글은 니체가 1884년 3월 8일, 프란츠 오버베크(Franz Overbeck)에게 보낸 편지에서 '영원회귀(Ewige Wiederkehr)' 사상에 관해 쓴 부분으로 보인다.

"나는 어떻게 이런 생각에 이르렀는지 알 수 없다—하지만 이 생각이 내게 처음 떠올랐을 가능성이 있다. 그 생각은 인류 역사를 둘로 갈라놓는 사유이다. 이 『차라투스트라는 이렇게 말했다』(Zarathustra)는 단지 서문, 예비 무대일 뿐이다—사방에서 밀려오는 낙담을 견디기 위해 나는 스스로에게 용기를 북돋아야 했다. 그 생각을 감당해낼 용기

---

[32] 'NIETZSCHE AND PSYCHOANALYSIS' Daniel Campelle. State university of New York press. 1993

말이다. 왜냐하면 아직은 그 생각을 충분히 말하고 묘사하기에는 내가 너무나도 멀리 떨어져 있기 때문이다. 만약 그것이 사실이라면—아니, 사실로 여겨지기만 해도—모든 것이 바뀌고 뒤집히며, 이전의 도덕 · 가치 · 철학의 모든 가치가 평가절하되기 때문이다."[33]

니체는 이 생각을 온전히 받아들이기 위해 큰 용기가 필요하다고 말한다. 왜냐하면 만약 '영원회귀'가 사실로 간주 된다면, 지금까지 우리가 믿어 왔던 모든 가치가 근본적으로 전복되고 무효화될 수 있기 때문이다. 니체가 역사는 자기 이전과 자기 이후로 나뉘어질 것이라고 말하였다는 것은 이 편지를 근거로 전해진 이야기 같다.

- **운명애**(Amor fati)

1882년 1월 1일, 니체는 스스로에게 새해 인사를 전하며 이렇게 적었다.

> "오늘은 누구나 자신의 바람과 가장 소중한 생각을 자유롭게 표현하는 날이니, 나 역시 올해 나 자신에게서 바라는 것이 무엇인지 말해 보려고 한다. 다시 말해, 이제부터 내 삶을 지탱해 줄 '이유'이자 '보증', 그리고 '달콤함'이 될 '그 생각'이 무엇인지 밝히려 한다."

> "나는 사물에 있는 필연(必然)을 점점 더 아름답게 볼 줄 아는 법을 배

---

33) 'NIETZSCHE AND PSYCHOANALYSIS' Daniel Campelle. State university of New York press. 1993 p.87

우고 싶다. 그렇게 해서 마침내 나도 사물을 아름답게 만드는 이들 가운데 한 사람이 되고 싶다. 운명을 사랑하라(아모르 파티, Amor fati) — 이제부터 그것을 내가 사랑할 것이 되게 하자. 나는 추한 것과 싸우고 싶지 않다. 나는 비난하고 싶지도 않다. 심지어 비난하는 사람들조차 굳이 비난하고 싶지 않다. … 그리고 결국 모든 것을 통틀어 볼 때, 언젠가는 오직 '예스(Yes)'만을 말할 수 있는 사람이 되고 싶다."[34]

니체의 영원회귀 사상은 삶의 전후 순서가 변함없이 반복된다고 강조한다. 즉, 미래에도 지금의 삶이 완전히 똑같은 방식으로 되풀이된다고 가정하는 것이다. 그는 이러한 반복 앞에서 "좋다, 삶이여! 다시 한번."이라고 긍정할 수 있는지를 묻는다.

영원회귀가 사실이라면, '과연 나는 이 삶을 다시 살고 싶을까?'라는 질문이 자연스럽게 따라온다. 니체는 이 질문을 통해 인간이 자신의 삶을 있는 그대로 받아들이고 사랑할 수 있는지를 시험한다. 여기서 운명애(Amor fati), 즉 "네 운명을 사랑하라."는 태도가 요구된다. 니체의 사상에서 중요한 것은 삶의 고통과 어려움까지 포함하여 자신의 운명을 있는 그대로 긍정할 수 있는가이다. 단순히 좋은 순간만이 아니라, 삶의 모든 순간을 사랑할 수 있는가에 대한 철저한 물음이다.

우리는 인생의 힘든 순간에 자주 "이 또한 지나가리라."라며 스스로

---

34) 'NIETZSCHE AND PSYCHOANALYSIS', Daniel Campelle, State University of New York Press, 1993, p. 79 / 니체, 《즐거운 지식》, 경구 276

를 위로한다. 그러나 니체의 철학적 입장에서 이는 허무주의적 태도에 가깝다. 영원회귀는 힘든 순간마저도 "이 순간도 좋다!"라고 긍정하는 것이다. 즉, 인생의 모든 순간을 조건 없이 받아들이고 사랑하는 태도를 의미한다.

> "인간의 위대성을 나타내는 나의 정식(定式)은 운명애(amor fati)이다… 필연적인 것을 단지 참고 견딜 뿐 아니라… 사랑하는 것이다."[35]

니체는 결혼하지 않았으며, 그의 사랑에 대한 갈망은 영원회귀에 대한 애착으로 변했다. 그는 결혼반지 대신 영원회귀의 반지를 원했다. 이는 곧, 괴로움이든 즐거움이든, 슬픔이든 기쁨이든, 크든 작든, 자신의 인생과 모든 순간을 긍정하는 태도를 의미한다.

인생에는 기쁨이 있지만, 동시에 고통과 고난도 존재한다. 그렇다면 우리는 삶의 모든 순간을 온전히 사랑할 수 있는가? 그리고 그러한 인생이 무한히 반복된다고 해도, "좋다! 다시 한번!"이라고 외칠 수 있는가?

니체가 던지는 이 질문은 철저하고도 완벽하다. 대답은 "예스" 혹은 "노" 둘 중 하나뿐이다.

만약 "노"라고 답한다면, 이는 삶을 있는 그대로 긍정하지 못한다는

---

35) 니체, 《즐거운 학문》

의미이며, 자신의 운명을 받아들이지 못하는 것을 뜻한다. 그러나 만약 "예스"라고 답한다면, 그것은 단순한 낙관주의가 아니라, 삶의 모든 순간과 그 연속을 능동적으로 긍정하고 사랑하는 태도를 의미한다.

영원회귀 사상은 극단적인 실천적 물음이다. "나는 지금의 내 삶을 다시 살고 싶은가?" 만약 대답이 "예스"라면, 그는 인생의 모든 순간을 사랑하는 것이고, 똑같은 삶이 똑같은 순열로 무한히 반복된다 하더라도 그 순간을 긍정할 수 있는 존재가 되는 것이다.

- **권력의지**(will to power)

니체 철학에서 초인의 넘치는 에너지는 어디에서 나오는 것일까? 바로 권력의지에서 비롯된다. 니체의 권력의지는 쇼펜하우어의 생존 의지 혹은 종족 보존 의지에서 발전한 개념이다.

니체는 "이미 생존하고 있는 존재는 더 이상 생존을 위해 노력하지 않는다."라며, 생존 본능을 인간 행동의 궁극적 동인으로 본 쇼펜하우어의 철학을 비판했다. 그는 생존 그 자체가 아니라, 생존을 넘어서는 힘과 창조, 자기 실현을 향한 의지야말로 인간의 가장 근본적인 원동력이라고 보았다. 즉, 인간은 단순히 종족을 보존하기 위해 살아가는 것이 아니라, 독립적인 개체로서 자신만의 가치를 창조하고 실현하기 위해 살아간다. 니체는 이를 다음과 같이 표현한다.

"진리를 향해 생존의 의지라는 말의 화살을 쏜 자(쇼펜하우어)*는 결코 그 진리를 맞추지 못한다. 애초부터 생존의 의지란 존재하지 않으며, 존*

재하지 않는 것을 바랄 수는 없기 때문이다. 존재 속에 있는 것, 그것이 어떻게 존재하기를 바랄 수 있겠는가?"

"무릇 삶이 있는 곳이라면 거기에는 의지도 있다. 그러나 그것은 삶에 대한 의지가 아니라-나는 그대들에게 가르치노니-권력에 대한 의지인 것이다."

〈자기 초극에 대하여〉, p.154

"대저 생명 있는 자는 먼저 스스로의 힘을 발휘하려고 하는 것이다. - 생 그 자체가 힘에의 의지인 것이다. 자기 보존은 그 간접적인 매우 자주 나타나는 결과의 하나에 불과한 것이다. - 요컨대 어디에 있어서나 똑같이 여기서도 역시 무용한 목적론적 원리가 개입하지 않게끔 주의해야만 한다!"[36]

권력의지는 다양한 종류의 힘, 종교·철학·정치·학문적인 것을 포함하는 모든 권력을 의미한다. 통속적인 의미의 권력욕이나 권력의지는 모두 포함된다고 보아야 한다. 그는 "힘이 상승하는 모든 것은 선이며, 힘이 감소하는 모든 것은 악이다."라고 간결히 표현하기도 했다. "권력의지는 현자의 일반인들에 대한 지배 의지이었던 것이다. 권력의지는 의지 자체이며 힘에 대한 의지, 끊임없이 생겨나는 삶에 대한 의지이다. 선악을 좌우하고, 모든 존재들이 지닌 본성은 권력의지이다." 권력의지는 모든 어려움을 극복하고, 상승하고 우월하고 고귀하고 귀족적이고 지

---

36) 프리드리히 니체, 《선악의 피안》, 박준택, 박영사, 1976, p. 30(경구 13)

배적이고 지혜롭고 창조적이며 때론 악의에 찬 초인, 즉 짜라투스트라의 모습으로 묘사된다. 초인은 단순한 강자가 아니라, 기존의 도덕과 가치를 넘어선 창조자이며, 자신의 운명을 사랑하고 영원회귀를 긍정하는 자이다.

니체 철학에서 주목할 점은, 그가 권력의지를 '진리에의 의지'로 해석했다는 사실이다. 그는 《선악의 피안》에서 진리가 무엇인가를 묻기 전에, 진리를 추구하는 의지가 무엇인지 먼저 질문을 던진다.

"철학은 언제나 스스로의 모습을 본떠서 세계를 창조한다. 철학은 다르게는 할 수 없는 것이다. 철학은 거친 폭군과 같은 충동이다. 가장 영적인 권력의지이다. 세계 '창조 의지'이다. 그리고 제일 원인에의 의지이다."

《선악의 피안》, 경구 9

니체에게 진리란 객관적으로 주어진 것이 아니라, 권력의지에 의해 창조되는 것이다. 인간이 진리를 추구하는 행위는 객관적 사실을 발견하려는 것이 아니라, 자신의 인식과 해석을 통해 현실을 형성하고자 하는 권력의지의 표현이다.

"최고의 현자들이여, 그대들은 그대들을 몰아대고 선동하는 것을 '진리에의 의지'라고 부르는가? '존재하는 모든 것을 사고할 수 있는 것으로 만들려는 의지', 나는 그대들의 의지를 그렇게 부른다." 즉, 진리는 주어진 것이 아니라, 창조되는 것이다.

《짜라투스트라는 이렇게 말했다》와 주요 상징들

- **정신의 세 가지 변화**

《짜라투스트라는 이렇게 말했다》에서 그는 '정신의 세 가지 변화'에 대하여 이야기한다. 낙타는 부모나 선생님이 옳다고 이야기한 것을 실천하려고 노력하는 것은 무거운 짐을 진 동물에 비유된다. 사자는 청소년기에서 성인까지 자기가 선하고 옳다고 믿어온 기존 가치에 대한 저항이고 반항이며, 그 가치에 대한 살해일 수도 있다. 이제 삶에서 믿음은 없으며, 확신은 더욱더 없다. 이제 정신은 다시 어린아이가 되어야 하는데, 어린아이만이 창조한다는 것이 가능하기 때문이다. 어린 시절 부모에 대한 순종, 청소년기의 반항, 그리고 반항 이후 창조로 이어지는 삶을 낙타, 사자, 어린아이로 비유한다.

- **영원회귀를 상징하는 목자와 뱀**

《짜라투스트라는 이렇게 말했다》에서 영원회귀의 의미를 상징적으로 표현하는 장면을 살펴보자. 짜라투스트라는 한 젊은 목자가 고통에 몸부림치는 모습을 본다. 그의 입속에는 검은 뱀이 목구멍 깊숙이 파고들어 단단히 물고 늘어지고 있었다. 짜라투스트라는 손으로 뱀을 떼어내려 하지만, 뱀은 단단히 목자의 목을 조이고 있었다.

"뱀의 머리를 물어뜯어라! 물어라!"

짜라투스트라 안에서 울려 퍼진 내면의 목소리였다. 목자는 마침내 뱀의 머리를 물어뜯고, 그것을 내던졌다. 그리고 그는 벌떡 일어나 변형된 존재로 빛에 둘러싸인 채 웃기 시작했다.

"그가 웃는 것처럼 웃었던 자는 이제까지 지상에 아무도 없었다."

이 장면에서 목자가 겪은 극한의 고통과 두려움은 영원회귀를 받아들이기 전 인간이 경험하는 절망과도 같다. 그러나 그 고통을 극복하고 영원회귀를 긍정하는 순간, 그는 더 이상 목자가 아니라, 자신을 초월한 존재로 변형된다. 그는 두려움을 넘어 세상의 모든 반복을 받아들이며, 존재를 긍정하는 웃음을 터뜨린다. 짜라투스트라는 바로 이 웃음을 동경한다.

"영원회귀는 더 살아갈 이유가 되며, 또한 지금 죽는다는 것을 견딜 수 있는 이유가 된다."

〈환상과 수수께끼에 대하여 2〉, p. 210-211

짜라투스트라는 "순간"이라는 출입구 앞에서 시간의 본질에 대해 묻는다.

"이 출입구를 보라. 이곳은 두 개의 얼굴을 가지고 있다. 한 길은 과거로, 다른 길은 미래로 이어진다.
우리는 어느 방향으로 가든 결국 다시 여기로 돌아오게 되지 않겠는가?"

난쟁이는 대답한다.

"모든 곧은 것은 거짓말을 한다. 모든 진리는 비뚤어져 있다. 시간도 하나의 원이다."

시간이 무한하다면, 결국 모든 것이 반복될 수밖에 없다는 것이다. 과거와 미래로 무한히 뻗어 나가는 시간의 길은 결국 하나의 원으로 연결된다.[37]

짜라투스트라는 시간이 직선이 아니라 원을 그린다는 난쟁이의 말을 되새기며, 과거와 미래가 언젠가는 "순간"이라는 지점에서 만나게 될 것이라 생각한다.

니체는 영원회귀가 과학적으로 증명될 수 있는가에 대해 논쟁하는 것에 관심이 없었다. 그는 이를 철학적 개념이라기보다 인간이 스스로 체험해야 할 실존적 사건으로 보았다.

"사실의 가능한 결합도 무한하지만, 시간도 무한하며 영원하다. 언젠가는 반드시 물질과 생명은 과거 그대로의 형식으로 되돌아오게 될 것이다. 그리고 이 숙명적 반복에서 역사는 그 구부러진 길을 또다시 반복할 것이 틀림없다."

그러나 니체가 진정으로 강조한 것은, 이 사상을 사실로 받아들일 것인가가 아니라, 그것을 받아들였을 때 인간이 어떤 태도를 보이느

---

37) 〈환상과 수수께끼에 대하여 1〉(p. 208)

냐는 것이다. 그는 영원회귀를 의심하지 않고, 적극적으로 믿어보라고 제안한다. 그럴 때, 인간은 자신의 삶을 온전히 긍정할 수 있는 존재로 거듭날 수 있다.

그래서 니체는 영원회귀를 단순한 이론이 아니라, 하나의 "환상"과 "수수께끼"로 비유했다. 그가 영원회귀를 처음 상상했을 때 느낀 두려움과 전율을 직접 독자가 체험하도록 하기 위함이다.

> "나는 점점 더 작은 소리로 말했다.
> 나 자신의 생각, 생각 뒤에 감추어진 생각이 두려웠기 때문이다."
> 〈환상과 수수께끼에 대하여 1〉(p. 209)

결국, 영원회귀를 받아들인다는 것은, 지금 이 순간이 무한히 반복될 운명이라는 사실을 인정하고도 "예스"라고 말할 수 있는가의 문제이다. 이것은 단순한 철학이 아니라, 삶을 어떻게 살아갈 것인지에 대한 태도의 문제이다.

《짜라투스트라는 이렇게 말했다》는 단순한 철학서가 아니다. 문학이며, 시(詩)이자, 음악과도 같다. 니체는 영원회귀를 이론으로 설명하지 않는다. 대신, 그가 영원회귀를 처음 가정했을 때의 섬뜩함과 두려움을 표현하고, 독자가 그 감정을 직접 체험하도록 유도한다.

> "영원회귀를 받아들이는 순간, 인간은 그 세상에서 가장 괴로운 일을 결정해야 하는 사람의 심정이 된다."

그는 독자에게 이렇게 묻는다.

"만약 지금 이 순간이 끝없이 반복된다면, 너는 그것을 기꺼이 받아들일 수 있는가?"

이 질문에 "예스"라고 답할 수 있는 자만이 초인의 경지에 이를 수 있다. 니체에게 영원회귀란 사실의 증명이 아니라, 삶을 긍정하는 태도를 표현하는 방식이기 때문이다.

- **초인은 누구인가?**

니체는 인간이 삶을 허무하게 여기거나, 사후의 구원에 의존하는 태도를 거부했다. 삶이 유한하더라도, 인간은 그 안에서 의미를 창조할 책임이 있다. 고통과 기쁨을 포함한 모든 경험은 무의미한 것이 아니라, 삶의 본질적 일부로 받아들여야 한다.

그는 인간이 현실의 고통에서 벗어나 초월적 세계에 구원을 기대하는 사고방식을 비판했다. 진정한 구원은 죽음 이후가 아닌, 현재의 삶 속에서 이루어져야 한다. 인간은 매 순간 자신만의 의미를 창조하고, 스스로를 극복하며, 자기 삶을 긍정해야 한다.

"인간이란 동물과 초인 사이에 놓인 하나의 밧줄이고, 심연 위에 놓인 밧줄이다."

p. 16

니체는 인간이 단순한 보상이나 도덕적 틀에 갇히지 않고, 끊임없이 자기 자신을 초월해야 한다고 주장했다. 이를 위해 초인은 기존의 도덕과 종교가 제시하는 절대적 가치를 거부하고, 새로운 가치를 창조하는 존재로 등장한다.

> "나는 몰락 이외에는 살아갈 방도를 모르는 자들을 사랑한다.
> 그들은 피안을 향해 건너가는 자들이기 때문이다.
> 몰락하고 희생해야 하는 까닭을 별들의 배후에서 찾는 자들이 아니라, 언젠가는 대지가 초인의 것이 되도록 대지에 몸을 바치는 자들을 사랑한다."
>
> p. 16-17

이 구절에서 "몰락"은 단순한 실패가 아니라, 기존 가치관과의 결별을 의미한다. 초인은 과거의 자신을 끊임없이 버리고, 새로운 자기 자신으로 거듭나는 존재이다.

니체는 또한 선과 악의 이분법적 사고를 거부했다. 현실의 문제는 단순히 "선"과 "악"으로 나눌 수 없는 복잡한 층위를 가지고 있으며, 초인은 기존 도덕을 따르지 않고, 자신의 기준에 따라 새로운 가치를 창조한다.

> "세상의 고통과 불완전함은 도피할 대상이 아니다.
> 그것은 성장과 자기 극복의 기회이다."

초인은 단순한 강자가 아니다. 그는 권력의지를 바탕으로 새로운 가치를 창조하고, 자신의 삶을 스스로 규정하는 존재다. 니체는 "권력의지는 인간이 환경을 극복하고, 자기 자신을 초월하려는 근본적 에너지"라고 보았다. 초인은 단순히 권력을 행사하는 존재가 아니라, 자신의 가치를 창조하는 자다.

> "권력의지는 모든 어려움을 극복하고, 상승하고 우월하고 고귀하고 귀족적이며 지배적이고 지혜롭고 창조적이며, 때론 냉정한 초인의 모습으로 나타난다."

이러한 초인의 삶은 운명애와 영원회귀를 실천하는 태도로 귀결된다. 운명애는 자신의 삶과 운명을 있는 그대로 긍정하는 태도이고, 영원회귀는 지금 이 순간이 무한히 반복될지라도 "좋다! 다시 한번!"이라고 말할 수 있는 삶을 의미한다.

> "초인은 자신의 삶에 대해 '좋다, 다시 한번!'이라고 말한다."

이는 단순한 낙관주의가 아니다. 고통과 역경마저도 삶의 필연적인 일부로 받아들이고, 그 속에서 의미를 창조하는 자만이 진정한 초인이다.

초인은 기존 가치와 도덕을 뛰어넘어, 자기 자신의 가치를 창조하는 존재다. 그는 허무주의에 빠지지 않으며, 선악의 경계를 초월하고, 끊임없이 자신을 극복하며 더 나은 자신으로 나아가는 실천적 구원의 길을 걷는다.

니체가 《짜라투스트라는 이렇게 말했다》에서 강조하는 것은, 초인은 어떤 특정한 인간 유형이 아니라, 삶을 대하는 태도 그 자체라는 점이다. 첫째, 초인은 기존 가치관에 얽매이지 않는다. 둘째, 초인은 자기 극복을 통해 끊임없이 성장한다. 셋째, 초인은 자신의 운명과 삶을 있는 그대로 긍정한다.

"진정한 초인은 모든 한계를 극복하고 자신의 운명과 삶을 긍정할 수 있는 존재이다."

니체가 말하는 초인은, 어디까지나 '되어가는 존재'이며, 궁극적인 목표가 아니라 끊임없는 자기 혁신을 추구하는 삶의 방식이다.

- **짜라투스트라의 최악의 적은?**

영원회귀는 과학적으로 증명된 진리는 아니다. 추정 혹은 가정에 불과하다. 증명할 수도 없지만 명백히 부정할 근거도 없다. 의심이나 불신을 중단하고 영원회귀를 무조건 믿는다면, 영원회귀가 자기 마음에 미치는 영향을 실감해 볼 수 있다. 자기의 모든 인생과 인생의 순간들이 똑같은 순서로 수없이 반복되어도 똑같은 삶을 긍정한다는 것이 얼마나 어려운 일인가? 자기와 자기 인생을 얼마나 사랑하면 영원히 반복해서 돌아오는 인생을 다시 살겠다고 말할 수 있는가? 자기, 자기의 인생, 자기의 운명을 사랑한다고, 이보다 더 확실하게 증명하는 방법이 있겠는가? 영원회귀보다도 자기 인생을 사랑하는지에 대한 더 좋은 질문은 없다. 영원회귀는 미래에 회귀할 인생을 다시 사랑할 것인지의 질문이지만, 먼저 현재의 순간과 인생을 사랑하는지 니체 독자들은 자문할 수밖에 없다.

영원회귀는 초인 짜라투스트라가 등장하는 니체의 저서 《짜라투스트라는 이렇게 말했다》에 나오는 사상이다. 어찌 보면 영원회귀는 저자 자신에게 놓아둔 덫이라고 볼 수 있다. 아니면 스스로에게 씌운 올가미와 같은 것이다. 영원히 회귀하는 삶을 살만한 것인지 자문하게 한다. 그리고 그 덫과 올가미에서 혼신의 힘으로 목자가 탈출하는 모습을 보이는 것이 짜라투스트라다. 그런데 짜라투스트라는 믿을만한가? 아래 인용된 글을 보자.

> "짜라투스트라는 초인의 모습으로 등장하여 영원회귀를 긍정한다. 짜라투스트는 초인이기에 영원회귀를 극복하는 것이 가능하였을 것이다. 평범한 일반인들이 영원회귀를 극복하는 것은 가능하지 않을 수 있다. 짜라투스트라는 평범한 일반인과 다르기 때문에. 일반인이 인간적으로 본받을 수 있는 존재는 아니다. 결과적으로 영원회귀에 다가서게 하고, 구체적으로 짜라투스트라를 본받게 하는 짜라투스트라의 모방(Imitatio Zarathustrae)은 존재하지 않는다. 그러므로 역설적으로, 짜라투스트라는 자신의 최악의 적이다. 왜냐하면 짜라투스트라는 자기가 가르친 사상에 다가서게 하는 구체적인 길을 보여주지 못하기 때문이다. 결과적으로 그는 자기가 약속한 대지와 삶의 구원에 대한 가능성을 차단하였기 때문이다."[38]

---

38) 'NIETZSCHE AND PSYCHOANALYSIS' Daniel Campelle. State university of New York press. 1993 Zarathustra; His own worst enemy?

그럼에도 불구하고 영원회귀를 내용 그대로 믿는다면, 영원회귀는 독자들에게 자기 운명을 사랑하는지 묻고, 자기 운명을 사랑할 결심을 하도록 하고, 자기가 어떠한 처지에 있어도 운명을 사랑하게 되며, 자기 운명을 사랑하는 초인의 체험을 가능하게 해준다.

니체는 생의 철학자라고 한다. 생의 철학이라는 것은 인간의 삶과 경험을 철학의 중심에 두고, 이성이나 객관적 법칙보다는 개인적이고 주관적인 삶의 의미를 탐구하는 철학적 사조이다. 그의 철학은 삶과 죽음이 주로 사유의 대상이 된다. 그를 실존주의 철학자라고 한다. 실존철학자들은 삶이 절망에 빠져 있다는 데는 다 같이 공감하는 것 같다. 그러나 니체는 죽음을 앞에 두고 절망에 빠졌지만, 결코 신에 의지하지 않고 실존의 한계점에서 자기의 권력의지를 통한 초인의 실현에 목표를 둔다. 그런가 하면 영원회귀가 되는 삶을 긍정하는 운명애를 이야기한다. 니체를 그래서 "신 없이 홀로 선 단독자"라고 표현한다. 그런가 하면 키에르케고르는 절망 상태에서 신에게 자기를 온전히 내맡기고 믿음을 통한 진정한 의미를 찾는 것이 중요하다고 하였다. 키에르케고르는 "신 앞에 홀로 선 단독자"라고 표현한다.

니체 철학에서의 '삶과 죽음' 해석

- **유한한 삶의 가치와 책임**

니체는 인간이 영원과 비교하여 자신의 짧은 삶을 무의미하게 여기는 태도를 거부했다. "인생은 어차피 순간이니 아무것도 아니다."라고 하면서 현재를 헛되이 보내는 생각을 가장 경계했다. 설령 삶이 짧고 유한하다 하더라도, 그 유한함 안에서 스스로 의미를 창조해야 한다고 강조했다. 인간은 자신의 생을 단순히 소모하거나 흘려보내는 존재가 아니라, 삶에 가치와 목적을 부여할 책임을 지닌 존재다. 따라서 고통이나 비극도 단순한 불행이 아니라, 삶의 본질에 포함되는 요소로서 존중받아야 한다. 고통과 기쁨, 슬픔과 환희 등 모든 감정은 인간의 생을 온전히 '살아냄'으로써 더욱 깊은 의미를 찾게 해준다는 것이다.

니체가 말하는 '무가치함'에 빠져 버리는 태도는 결국 삶 자체를 거부하는 '허무주의'로 이어진다. 니체는 허무주의를 인류에게 가장 위험한 사상적 병이라고 보았다. 왜냐하면 인간은 자신의 본질에 내재한 창조적 에너지, 즉 삶을 부단히 새롭게 재해석하고 개척하려는 권력의지를 가지고 있기 때문이다. 허무주의에 빠지면 이 창조적 가능성을 놓쳐 버리고, 오히려 삶의 열정을 잃고 무력감에 사로잡힌다. 유한한 시간만 주어진 인생에서 허무주의에 빠질수록, 인간이 가지는 삶의 동력은 점차 사그라지며, 자기 극복의 기회 역시 사라진다.

니체가 말하는 '유한성'은 인간의 삶과 죽음이 언젠가는 종국에 이른다는 사실을 뜻한다. 그런데 그는 이러한 유한성을 삶에 대한 절망으로 받아들이지 않았다. 오히려 유한하기에 인생은 더욱 소중하며, 그 안에서 의지적으로 가치와 의미를 부여해야 한다고 역설했다. 만약 인간이 영원 속에서 영원히 산다면, 행동의 선택이나 결단이 지금처럼 절실해지지 않을 것이라고 니체는 생각했다. 한정된 시간 속에서 우리는 더욱 치열하고 진실하게 자기 삶을 운명처럼 사랑하고

(amor fati), 현재를 의식적으로 긍정함으로써 삶을 고귀하고 충만하게 만들어야 한다는 것이다.

니체는 사후 보상에 집착하는 사고방식을 일관되게 비판했다. 그리스도교적 구원 사상은 죽음 이후의 영원한 삶을 약속하지만, 니체에 따르면 그것은 현재 삶을 충실히 살지 못하게 만드는 하나의 방해물일 수 있다고 보았다. 죽음 이후의 안락이나 천국을 기대하며 지금의 삶의 의미를 소홀히 하거나, 현재의 고통을 인내해야 할 대상으로만 여긴다면, 오히려 현실의 삶을 공허하게 만들어 버릴 가능성이 크다는 것이다. 따라서 니체에게 구원은 먼 미래에서 찾아오는 것이 아니라, 유한한 시간을 살아가는 매 순간이 만들어 내는 결과여야 한다.

니체에게 있어서 인간이 유한한 삶 속에서 반드시 지켜야 할 책임 중 하나는, 스스로가 인생의 주체로 살아가려는 의지를 잃지 않는 것이다. 이는 권력의지의 다른 표현이기도 하다. 인간은 자기가 어떤 운명을 가지고 태어났든, 그것을 자신의 것으로 받아들이고(운명애), 그 상황 속에서 최대한의 창조성을 발휘하려는 태도를 지녀야 한다. 유한성이 주는 압박감은 오히려 인간이 자신의 고통과 한계를 돌파할 수 있게 하는 추진력이 된다. 현재의 삶을 '아직 완성되지 않은 작품'으로 보고, '더 나은 작품'을 만들어 나가겠다는 결심이야말로 유한한 삶을 더욱 소중하게 만드는 핵심 동력이다.

유한한 삶의 가치와 책임은, 니체가 강조했던 '결코 도피하지 말라'는 태도와 밀접하게 연결된다. 인간은 때때로 삶이 힘들거나 무의미하게 느껴질 때, 현실을 회피하거나 죽음 이후의 구원이라는 환상 속에 안주하고 싶어 한다. 하지만 니체가 보기에, 그것은 인생에 대한 모독이다. 삶이 언제 끝날지 모르는 유한한 것이기에, 우리는 매 순간 '지금 이곳'에서 최선을 다해야 하고, 이 과정을 통해 스스로 의미를 창조하는 구체적이고 적극적인 책임을 다해야 한다. 이처럼 그는 인생을 단순한 생물학적 현상이 아니라, '가치 창조의 무대'로 보았고, 그 무대 위에서 인간은 자기 자신을 극복하며 한 단계 더 높은 존재로 나아갈 수 있다고 보았다.

궁극적으로 니체의 메시지는, 유한성이 삶을 무가치하게 만드는 것이 아니라, 오히려 인간에게 강력한 자기 갱신의 동기를 부여한다는 것이다. 우리가 죽음을 피할 수 없다는 인식, 그리고 우리가 무한히 오래 살 수 없다는 인식은, 반대로 말해 하루하루를 더욱 치열하게, 더욱 예술적인 태도로 살아가게 해주는 힘이 된다. 그는 이 유한함 속에서 자기 삶을 주체적으로 살지 않는다면, 영원히 살 기회가 주어지더라도 결국 아무 의미가 없을 것이라고 역설했다. 따라서 유한한 삶이야말로 니체가 주장하는 가장 고귀한 책임의 장(場)이다.

- **구제에 대하여**

    "꼽추에게서 등의 혹을 떼어내는 것은 바로 그의 정신을 빼앗는 것이다. 만일 장님의 눈을 뜨게 해주면 그는 지상의 나쁜 일들을 너무 많이 보게 되어 자기의 눈을 고쳐 준 사람을 저주하게 될 것이다."

    p. 185

"만일 인간이 시인이나 수수께끼를 푸는 자나 우연을 구제한 존재가 아니라면 내가 어떻게 인간임을 견딜 수 있겠는가!"

p. 187

꼽추와 맹인에 대한 그의 태도는 그가 어떻게 그리스도교와 다르게 인생과 운명을 극복하는지 알 수 있는 핵심적 내용이다. 예수님은 병든 자를 고쳐주는 기적을 행하였으며, 그들에게 삶과 죽음 속에서 치유와 구원의 희망을 준다. 그러나 니체는 현실을 직시하고, 현 상태에서 자기의 의지를 통해 있는 그대로를 극복할 것을 주장한다. 이는 주어진 운명을 있는 그대로 긍정하는 영원회귀와 운명애로 연결된다. 예수님과 니체, 누구의 말이 더 도움이 될까? 두 사람의 말에서 모두 도움을 받을 수도 있다. 그리스도인이든 그리스도인이 아니든 다른 방식으로도 위로받을 수 있다.

- 우연에 대하여

"나는 신을 모독하는 짜라투스트라이다. 나는 어떤 우연이라도 모두 나의 솥에 넣어서 삶는다. 그리하여 우연이 그 속에서 잘 삶아졌을 때, 비로소 나는 그것을 나의 음식으로 즐거이 맞이한다."

"실로 많은 우연이 나에게 주인 행세를 하면서 찾아왔다. 그러나 나의 '의지'는 우연에게 더욱 주인 행세를 하면서 말했다. 그러자 우연은 재빨리 무릎을 꿇고 간청했다."

〈작게 하는 덕에 대하여 3〉 p. 226-227

니체는 영원히 흐르는 시간에 비해 일시적인 시간만 살게 되는 인생에 가치를 부여한다. 인생의 가치를 찾는 것은 매우 어려우며, 찾아도 죽음에 의하여 인생은 일시적으로 사는 것이고 결국 마감될 수밖에 없다. 공간과 시간은 무한대이며 지구상에 사는 인간은 시공간에서 제한된 능력만을 가진다. 그리고 사람은 인생을 살면서 시공간 상에서 자기가 어쩔 수 없이 우연히 일어나는 일에 부딪힐 수밖에 없다. 이러한 우연은 자기가 속한 자연의 입장에서 보면 필연이지만, 미리 예측할 수 없다는 점에서 인간 입장에서는 우연일 수밖에 없다. 이러한 우연은 수없이 일어나서 인생의 중대한 일을 결정하고, 인간은 그저 일어난 일들의 결과를 어쩔 수 없이 수용해야만 한다. 위의 예문에 우연에 대한 그의 극복 방법에 대한 설명이 나온다. 우연을 어떻게 생각하는지에 대한 짜라투스트라의 생각이다. 여기에는 우연에 의해 피동적으로 삶이 영향받는 것이 아니고, 충분히 능동적인 자기의 의지로 우연을 이겨내는 것을 강조한다.

그리스도교의 구원 사상은 현재의 삶보다 죽음 후의 구원에 의해서 현재 삶에 의미를 부여한다. 죽음 후의 세계가 있다는 것은 인간이 유한한 존재가 아니고 부활할 수 있으며, 인간이 불멸할 수 있다는 것이다. 또한 세상사를 천사와 사탄, 구원과 지옥, 선과 악으로 양분하여 해석한다. 믿는다는 것은 인간이 원죄의 상속자임을 믿는 것이며, 예수님을 구원자로 믿는 사람만이 죄를 용서받고 천국에 갈 수 있다. 십자가 위에서 수난하신 예수님을 믿는다는 것은 예수님의 죽음이 자기의 죄를 대속하기 위한 것이라고 믿는 것이다.

믿지 않는 사람의 입장에서 보면 "그리스도인"으로서의 삶을 따르지 않으면, 곧 "그리스도의 적(敵)"이 되는 셈이라는 것이 니체가 파악한 그리스도교 구원의 논리이다. 니체는 그리스도교 내부의 '배타적 구원론'을 정면으로 비판한다. 이러한 이유로 니체는 더 나아가 이 세상에는 그리스도인과 반(反)그리스도인만 있을 수 있으며 비그리스도인은 있을 수 없다고 주장한다.

- **생의 철학**(삶의 긍정)

니체는 생의 철학자라고 한다. 생의 철학이라는 것은 인간의 삶과 경험을 철학의 중심에 두고, 이성이나 객관적 법칙보다는 개인적이고 주관적인 삶의 의미를 탐구하는 철학적 사조이다. 그의 철학은 삶과 죽음이 주로 사유의 대상이 된다. 그를 실존주의 철학자라고 한다. 실존철학자들은 삶이 절망에 빠져 있다는 데는 다 같이 공감하는 것 같다. 그러나 니체는 죽음을 앞에 두고 절망에 빠졌지만, 결코 신에 의지하지 않고 실존의 한계점에서 자기의 권력의지를 통한 초인의 실현에 목표를 둔다. 그런가 하면 영원회귀가 되는 삶을 긍정하는 운명애를 이야기한다. 니체를 그래서 "신 없이 홀로 선 단독자"라고 표현한다. 그런가 하면 키에르케고르는 절망 상태에서 신에게 자기를 온전히 내맡기고 믿음을 통한 진정한 의미를 찾는 것이 중요하다고 하였다. 키에르케고르는 "신 앞에 홀로 선 단독자"라고 표현한다.

니체 vs 타 철학 · 종교 · 사상과의 대화

• 니체 vs 그리스도교

니체는 신에 의지하거나 성진(星辰)이 지는 대지의 저편에서 삶의 의미를 찾는 것을 철저히 배격한다. 그는 하늘이 아닌 대지에서 삶의 의미를 구하고 싶어 한다. 신에 의지하지 않는다는 말은, 곧 죽음 이후 세계에서 인간의 삶의 가치를 구하지는 않겠다는 것이다. 설령 신적인 것이 있어도 자기가 이해할 수 없는 신적인 것은 받아들이지 않는다. 이것은 또한 현세의 인생이 일시적이며, 영원한 시간에 비하면 의미가 없다고 하는 것에 동조하지 않는다는 것이다. 영원불멸을 바라지만 인간은 필멸할 수밖에 없다. 그는 영원회귀를 통해서 이를 극복한다. 영원회귀에서 이야기하였듯이 그는 같은 삶을 살아야 하고, 그 삶이 다시 반복하여 살아야 한다고 해도, 예스(yes)라고 말하겠다고 한다. 즉 지금 현생의 삶을 죽음과 관계없이 사랑한다는 것이다.

그리스도교는 모든 일들을 선과 악, 죄와 징벌의 개념으로 해석하는 경향이 있다. 그러나 그는 도덕적으로 선과 악의 다툼을 넘어서는 '선악의 피안'에서 자기가 정의하는 바대로 고귀하게 살기를 원하였다.[39] 삶이 영원이 아니면 순간이라는 극단적인 이분법도 좋아하지 않는다. 삶이 영원이 아니고 순간이라고 해도 삶을 긍정하려는 그의 모습이 보인다.

---

39) 프리드리히 니체, 《선악의 피안》, 박준택, 博英社, 1976, p.272 제9장 고귀(高貴)란 무엇인가?

니체는 신에 대한 사랑을 동정으로 해석하고, 동정을 받는 자나 주는 자가 하찮은 짓을 하는 것으로 규정했다. 신(神)의 사랑을 동정으로 해석하여 정의하고, 신의 사랑은 무분별하게 주어지는 동정인 것처럼 신을 비판하였다. 그는 악마의 목소리를 빌려 "신은 죽었다. 신은 인간에 대한 동정으로 죽었다."고 선언하게 된다. 결국 동정심은 개인이나 집단에 대한 동정심으로 인해 신의 영역이 손상되고, 사랑이 진실되게 발전하지 못했다고 주장한다. 동정받는 것은 개인의 권력의지, 자기 극복, 독립과 자율, 가치 창조와 실현을 하지 못하는 상태를 의미한다. 종교가 절대성과 신성을 잃어버리고, 연민, 구제, 온정이라는 제한된 상태로 남아버리고, 신을 더 이상 근본 가치를 지닌 존재로 바라보지 못한다. 현실의 복잡성 속에서 '신의 죽음'이라는 의미가 여러 관점에서 해석될 수 있다는 점을 감안하지 않을 수 없다. 동정은 인간의 가치를 저하시키는 행위이다. 그리고 그 목적은 '저세상'이나 '신의 구원'과 같은 잘못된 길로 인간을 몰고 가는 것이다.[40]

니체는 모든 위대한 사랑은 동정보다 더 높다고 주장한다. 사랑은 단순한 동정심이 아니라, 창조적인 힘을 갖고 있으며, 사랑하는 대상을 창조하는 것이라고 설명한다. 이는 동정심과 사랑의 차이를 강조하며, 진정한 사랑은 보답과 징벌을 초월하여 순수한 사랑의 힘으로 이루어진다고 말한다.

니체가 긍정적으로 본 사랑은, '충만한 생명력에서 우러나오는 사

---

40) 프리드리히 니체. 《안티크리스트》. 나경인. 이너북. 2014.

랑'이다. 스스로 건강하고 강인한 자가 넘치는 에너지를 타인에게도 베풀어, 상대방 역시 더욱 강해지도록 돕는 태도다. 이는 약자를 동정하여 함께 무력감에 빠지는 행위와는 전혀 다르다. 그래서 니체는 "자기를 사랑할 줄 아는 사람만이 진정 이웃을 사랑할 수 있다."고 주장한다. 즉, 니체의 동정 거부는 '함께 약해지는 동정'을 반대하는 것이지, '타인을 풍요롭게 하는 사랑'을 부정하는 것은 아니다.

니체와 종교는 자아관과 관련해 서로 다른 경로와 해석을 제공하지만, 결국 모든 인간이 더 나은 삶을 살고 진정한 자기실현을 달성하는 데 도움을 준다. 니체의 철학이 우리에게 자기를 긍정하는 용기와 비전을 제시한다면, 불교와 그리스도교는 그 여정에서 자기를 버리는(부정하는) 겸손과 타인에 대한 이해의 중요성을 강조한다. 이 세 가지 관점 모두에서 우리는 자기의 내면을 깊이 탐색하고 자신의 한계를 인식하며, 자신과 타인 그리고 세상과의 관계를 더욱 풍부하게 만들어 갈 수 있는 지혜를 얻을 수 있다.

• 니체 vs 불교

불교에서는 상(相)[41]을 여의라고 하는데, 그는 자기의 '짜라투스트라'라는 상을 짓는 데 몰두한다. 그는 자기상을 이상화하거나, 자기가 소유한 것에 집착하며, 변화하는 존재로서의 자기를 인정하지 못하

---

41) 불교에서 "상(相)"은 우리가 세상을 인식하는 데 사용되는 외적 형상이나 표상을 의미하며, 대상을 마음속에 떠올리거나 그것을 특정한 방식으로 이해할 때의 이미지를 말한다. 상은 개인이 사물을 인식할 때 나타나는 감각적이고 정신적인 대상의 "모습"으로, 이를 통해 우리는 사물이나 사람을 특정 이미지나 개념으로 구별하고 분류한다.

고, 아상(我相)에서 벗어나지 못함을 보여준다. 니체의 자아 이상과 초인 개념은 불교적 관점에서 볼 때, 고정된 아상(我相)에 대한 집착으로 해석될 수밖에 없으며, 이는 고통의 원인이다. 니체는 '짜라투스트라'라는 초인의 개념을 통해 기존 도덕을 초월하려 했지만, 이는 불교적 관점에서 보면 일종의 '아상(我相)'에 대한 집착으로 해석될 수도 있다. 불교에서는 자아를 해체하고 무아(無我)에 도달하는 것이 해탈의 길이지만, 니체는 오히려 강한 자아를 구축하는 데 집중했다. 상에 집착하지 말라는 불교의 관점에서 보면, 짜라투스트라라는 초인을 애써 만든 그는 초인의 상에 집착하여 불교의 가르침과는 반대로 가는 셈이다. 끝까지 신에 귀의하지 않고, 주어진 운명 속에 자기를 끝까지 사랑하는 모습을 니체처럼 철저하게 보여준 철학자는 없을 것이다.

그리스도교에서는 우상숭배를 경계한다. 우상숭배는 단지 물리적인 대상에 대한 숭배뿐만 아니라, 마음속에 만들어진 이상화된 사람과 대상에 대한 숭배도 포함되어야 한다. 평등하고 고귀한 하느님의 자녀이기에 그리스도인은 다른 사람을 존경하지만 숭배해선 안 된다. 이 관점에서 볼 때, 니체가 창조한 초인은 일종의 정신적 자기 우상이며, 이는 인간이 자신이 만든 대상에 집착하는 결과를 낳을 수밖에 없다. 짜라투스트라는 뛰어난 극복 의지를 가지고 초인이 되었지만, 우상화하거나 숭배할 대상은 아니다. 초인을 창조한 니체는 그가 만든 초인보다 훨씬 훌륭하다. 사람이 만들어 낸 어떠한 것도 사람보다 소중한 것은 없다.

불교에 대한 설명에서 나왔던 무아와 무상의 개념을 다시 생각해 보면 이해가 쉽다. 보살은 어떤 상도 짓지 않고 중생의 요구에 수순(隨順)할 뿐이다. 불교는 모든 집착에서 벗어나 자기를 버리는 것을 강조하며, 그리스도교는 타인에 대한 이해와 사랑을 중요시한다. 니체는 자아를 초월하는 용기와 비전을 제시하지만, 자아 팽창[42]의 위험성도 내포하고 있다. 앞으로 우리는 어떤 태도로 살아가야 할까? 니체의 초인이 제시하는 길, 불교의 자비, 그리스도교의 사랑 중 어떤 것이 우리의 삶에 더 큰 의미를 부여할 수 있을까? 이는 각자의 삶의 방향과 선택에 달려 있다.

불교와 그리스도교는 인간의 평등과 소중함을 강조하며, 이 점에서 공통점을 가진다. 이러한 맥락에서, 불교와 그리스도교의 관점은 인간의 평등과 자비, 사랑을 강조하며, 니체의 불평등·동정 비판과 뚜렷이 대비된다. 반면, 니체는 인간이 평등하지 않으며, 그럴 필요도 없다고 주장한다. 표면적으로는 평등을 추구하지만, 실제로 사회는 불평등과 경쟁으로 가득 차 있다. 우리는 평등을 이상으로 삼으면서도, 개인적으로는 경쟁에서 이기기 위한 자기 성장과 발전을 멈출 수는 없다. 인간은 본질적으로 평등하지 않음을 체험하며 살아가기 때문이다. 니체는 이러한 불평등 속에 숨겨진 진실을 드러내고 있다. 그럼에도 불구하고, 우리가 포기할 수 없는 것은 모든 사람의 소중함과 평등이다.

모든 사람에게 의식주와 교육, 그리고 의료에 대하여 기본적인 혜

---

42) p. 223 〈칼 융(Carl Jung)의 니체 해석〉 참조

택이 주어져야 한다. 나라의 경제 사정에 맞추어 주어지는 기본 생활의 보장이, 모든 국민의 인권을 보호해 준다. 그런 점에서 국민은 모두 평등하다고 할 수 있다. 그러나 자기를 우선 존중하며 사는 존재 방식에서는, 개인의 재능이나 노력, 기회, 자산, 지향적 목표에 따라서 서로 불평등해질 수밖에 없다. 그리고 불평등은 파생되는 다른 불평등을 만들어 낸다. 하지만 불평등이 존재하기에 개인이 경쟁에서 이기기 위해 남들보다 더 수고하려고 한다. 우리나라는 자유민주주의와 시장경제의 구조를 국민이 선택하였기에 불평등은 필연적으로 뒤따르게 된다. 하지만 종교와 영적(靈的)인 존재(存在) 방식은 불평등보다 평등을 추구하게 한다.

- **니체 vs 프로이트**[43]

여기에서는 프로이트가 제시한 '죽음 본능(death instinct, thanatos)' 개념을 중심으로, 반복강박(repetition compulsion)과 전이(transference) 등을 통해 쾌락 원칙을 넘어서는 심리 작용이 존재함을 설명한다. 사람의 성격은 쉽게 바뀌지 않으므로, 한 사람의 운명은 그 사람의 성격이 결정한다고 볼 수 있다. 이때 자신의 행동이 어려운 상황을 반복적으로 불러온다는 사실을 본인은 자주 의식하지 못한다. 비록 더 나은 삶의 방식이 존재한다는 것을 알고 있어도, 어려서부터 굳어진 생활 양식은 좀처럼 변하지 않는다. 정신분석치료 과정에서도 이러한 현상은 흔히 나타나는데, 프로이트는 이를 '반복강박'이라고 불렀다.

---

43) 프로이트. 《쾌락 원칙을 넘어서》. 박찬부. 열린책들. 1997.

프로이트가 말하는 '반복강박(repetition compulsion)'이란, 과거의 고통스러운 경험이나 충격적인 사건을 무의식적으로 반복하는 경향을 의미한다. 이는 개인이 고통스러운 경험을 의식적으로 충분히 처리하지 못했을 때, 무의식 속에서 그 경험을 해결하거나 극복하려는 시도로 나타난다. 반복강박은 일종의 자아 방어기제로 작동하며, 상처를 재경험함으로써 이를 통제하려는 무의식적 시도라고도 해석된다. 프로이트는 이 반복강박을 극복하기 위해, 억압된 감정을 의식 수준으로 끌어올리고 해석·처리하는 과정이 중요하다고 보았다.

과거의 고통스러운 경험이나 충격적인 사건을 무의식적으로 재현하는 이러한 반복 경향은, 무의식 속에서 상처를 통제하려는 시도로 이해된다. 프로이트는 억압된 감정을 의식으로 끌어올려 이를 해석하고 처리함으로써, 강박적 패턴을 극복할 수 있다고 보았다. 한편 정신분석 상황에서 중요한 개념으로 '전이(transference)'가 있는데, 이는 내담자가 과거에 중요한 인물(보통 부모나 양육자)과의 관계에서 생긴 감정·생각·태도를 치료자에게 무의식적으로 옮겨 오는 현상을 의미한다. 이때 내담자는 치료자를 과거의 중요한 인물로 투영하며, 그 관계에서 겪었던 감정이나 갈등을 치료자와의 관계에서 재현하게 된다. 프로이트는 이러한 전이 감정을 분석·해석하여, 내담자가 무의식적으로 반복해 온 행동 양식을 의식 수준에서 통찰하고 바꾸도록 돕는다.

프로이트는 처음에는 '쾌락 원칙(pleasure principle)'을 전제로 삼았으나, 임상 장면에서 환자들이 쾌락과 만족을 좇기보다 과거 행동 양상을 반복하거나 트라우마적 경험을 악몽으로 재현하는 모습을 자주 접하게 되었다. 과거 경험이 고통스럽기만 한데도 왜 다시금 반복되는가 하는 문제는, 단순히 쾌락 원칙만으로는 설명하기가 어려웠다. 그 결과 그는 쾌락 원칙을 넘어서는 또 다른 작용을 제기했고, 이를 '죽음 본능(death instinct)'이라 명명했다. 예를 들어 '외상 후 스트레스 장애(PTSD)' 환자가 사건과 관련된 악몽을 반복해서 꾸는 것은, 고통스러운 경험을 되풀이한다는 점에서 죽음 본능이 작용한다고 볼 수 있는 예시로 해석된다.

프로이트에 따르면, 살아 있는 유기체는 결국 무기물 상태로 돌아가려는 근원적 충동을 지닌다. 생명체는 노화를 통해 '우연히' 죽는 것이 아니라, 태어날 때부터 죽음이라는 목적을 향해 간다는 것이다. 예를 들어 바다에서 살던 연어가 강물을 거슬러 올라 산란 후에 죽는 현상도 이러한 죽음 본능으로 설명할 수 있다. 유기체는 삶을 유지하려는 본능과 더불어, 원래의 무생물 상태로 되돌아가려는 본능을 동시에 지니는데, 이러한 죽음 본능은 가학증(sadism), 피학증(masochism), 우울증(melancholia) 등 다양한 형태로 나타난다. 프로이트는 죽음 본능이 쾌락 원칙 이전에 작동하는 원시적이고 근본적인 힘이라고 설명했다.

- 영원회귀와 죽음 본능

프로이트는 무기물 상태로 되돌아가려는 충동을 '죽음 본능'이라 명명했는데, 이러한 회귀성(repetitiveness)은 니체의 '영원회귀' 개념과도 일정 부분 맞닿아 있다. 이제 니체의 사상을 살펴보자. 영원회귀는 죽은 후에 다시 현생의 삶이 반복된다고 가정하더라도, 그 삶을 기꺼이 긍정해야 한다는 '운명애(amor fati)' 사상을 의미한다. 그러나 니체에 따르면 영원회귀는 죽은 뒤에만 해당하지 않는다. 현재 우리가 살고 있는 삶에서도, 개인의 성격·기질·태도·습관·지능 등이 잘 바뀌지 않아 비슷한 상황을 거듭하게 되고, 이런 반복적 삶을 스스로 깨닫기 쉽지 않다. 오랜 시간 분석해도 변화가 힘든 것을 보면 일반인들에게도 반복강박적인 양상이 흔히 나타난다는 점에서, 영원회귀는 프로이트의 반복강박과 유사하다. 하지만 니체의 결론은, 동일한 삶이라 해도 그것을 긍정하라는 데에 있다.

영원회귀는 사람이 죽었다가 다시 살아나서 똑같은 삶을 살더라도, 본인의 삶을 긍정할 것이라는 의미를 담는다. 이처럼 반복이 핵심이라는 점에서, 영원회귀는 프로이트가 말하는 반복강박(죽음 본능)과 유사성을 지닌다.[44] 한편 니체는 권력의지를 인간 행동의 가장 근본적 동인으로 보았는데, 이 권력의지는 누구에게나 광범위한 영향을 미치며, 인간을 움직이는 '제일 원인'이라고 주장했다. 프로이트는 이에 대해 다른 각도에서 접근하면서, 삶을 향한 충동(에로스)뿐만 아니라 죽음으로의 회귀 본능(타나토스)도 있다고 보았다. 결국 반복강박은 죽음 본능에서 비롯된 것으로 해석한다. 니체가 말한 권력의지보다는, 삶을 긍정적으로 반복하려는 영원회귀가 프로이트의 죽음 본능(thanatos)과 더욱 직접적으로 관련되게 된다.

반복된다는 점에서 니체의 영원회귀는 실제 정신분석에서 나타나

---

44) 'NIETZSCHE AND PSYCHOANALYSIS'. Daniel Campelle. State university of New York press. 1993.

는 반복강박과도 비슷하여, 개인의 삶의 경험에 깊은 영향을 미친다. 프로이트의 죽음 본능(thanatos)은 공격성과 파괴성으로 나타나며, 과거에 받은 상처를 반복해 경험하게 만든다. 이러한 무의식적 충동을 의식화하고 조절하는 것이 치료와 회복을 위해 필요하다. 본래 무기질이었던 것이 유기질이 되어 생명체가 되었고, 다시 무기질 상태로 돌아가려는 경향이 바로 죽음 본능이다. 결국 체세포는 모두 죽더라도, 생식 세포는 다른 생식 세포와 결합해 삶을 이어간다. 이런 생식 세포의 결합을 통해 이어지는 힘을 생명 본능(에로스)이라 불렀다.

결국 프로이트의 죽음 본능은 과거의 무기질 상태로의 회귀를 뜻한다. 반면 니체의 영원회귀는 현재와 미래에 반복될 운명을 긍정하고, 삶에 대한 더욱 적극적인 태도와 자기 초월의 요구로 이어진다. 정리하면 프로이트의 죽음 본능은 과거를 반복한다는 점에서 '과거 지향적'이고 무의식적인 파괴성과 공격성을 설명하며, 니체의 영원회귀는 '현재와 미래 지향적'이고 "그대로 다시 살겠다."는 실존적 결단과 운명애(amor fati)를 보여준다.

- 니체와 쇼펜하우어

쇼펜하우어는 생식 의지와 종족 보존 의지를, 니체는 권력의지와 영원회귀를, 프로이트는 생명본능(Eros, 성과 사랑)과 죽음 본능(thanatos)의 이원론(dualism)으로 본능 이론을 완성했다. "생명 과정에서 이뤄지는 이러한 두 가지 방향 속에서, 우리는 생명 본능과 죽음 본능이라는 두 개의 충동을 읽어 낼 수 있을지 모른다. 어찌 되었든 우리는 자신도 모르게 쇼펜하우어 철학의 영역에 도달하게 된다. 쇼펜하우어에게 있어 죽음은 '진정한 결과이자 연장된 삶의 목표'이며, 성적 본능은 삶에 대한 의지의 구체적 표현이다."[45]

참고로 쇼펜하우어는 죽음을 고통과 욕망의 순환에서 벗어나는 해방의 순간으로 보았다. 즉, 죽음은 존재의 의지가 사라져 더 이상 욕망에 시달리지 않는 상태, 곧 평화와 안식을 의미한다. 그는 죽음을 두려워하는 것은 생명에 집착하는 인간의 의지일 뿐이라고 보았다. 죽음은 단순히 무(無)로 돌아가는 것이 아니라, 고통받지 않는 평온한 존재로의 전환이다. 결국 그는 삶과 죽음이 동일하게 의지의 표현이라고 보았고, 무(無)를 긍정적으로 받아들이는 태도를 강조했다.

니체가 '생존 의지'를 주장한 쇼펜하우어에게서 강한 영향을 받았음에도, 결국엔 '권력의지'로 개념을 전환하며 길을 달리한 지점이 흥미롭다. 니체는 인간이 이미 생존하고 있다면, '생존 의지'를 말하는 것으로는 설명이 부족하다고 하며, 오히려 적극적으로 세계를 창조하고 지배하고 싶어 하는 '권력의지'가 모든 행동의 근원이라고 강조했다. 이런 점에서, 종족 보존 의지나 생존 의지만을 이야기하는 쇼펜하우어와 결별하게 된다.

- **칼 융(Carl Jung)의 니체 해석**

칼 융(C. G JUNG)은 《칼 융, 짜라투스트라를 분석하다》[46]에서 니체를

---

45) 프로이트. 《쾌락 원칙을 넘어서》. 박찬부. 열린책들. 1997. p. 69.
46) 칼 구스타프 융. 《칼 융, 짜라투스트라를 분석하다》. 김세영, 정명진. 부글북스. 2017.

집중적으로 비평한다. 융은 니체가 정신분석을 이해할 수 없는 시기에 살았으며, 의식과 무의식, 자아(ego)와 자아 이상(ego ideal), 자아와 자기(self)의 개념이 정립되기 전이라 혼란이 있었을 것으로 이야기한다.[47]

융은 자아 팽창(ego inflation)이 무의식적 내용을 무시하거나 통합하지 못한 상태로 나타난다고 보았다. 초인은 기존 도덕과 가치 체계를 부정하고 새로운 가치를 창조하려는 의지로 강조했으나, 이 과정에 과대한 자기 이상(ego ideal)을 설정하였다. 결과적으로 초인은 자아가 모든 통제력을 가질 수 있다고 보았다. 자기(self), 자아(ego), 자아 이상(ego ideal), 그리고 의식과 무의식의 균형과 조화를 이루는 데 실패하였다고 본다.

"니체는 영원회귀 사상이 기존의 모든 도덕·가치·철학을 '평가절하(devaluation)'하게 만들 만큼 강력한 전환점이라고 믿었다. 그리고 인류의 역사는 영겁회귀 이전과 이후로 나눌 정도로 강력한 것이라는

---

47) 자아(ego): 현실에 맞춰 사고하고 행동하는 조정자. 현실검증과 자기 통제를 담당하며, 환경·본능·양심의 충돌을 중재한다. 의식·판단·기억하는 것은 자아(ego)이다. 정신적 방어, 이드(본능과 무의식적인 부분)와 초자아(superego; 도덕, 사회적 규범, 규칙 등을 통제함) 사이의 중재도 자아가 한다.
자아 이상(ego ideal): "이상적인 나"에 대한 내부적 이미지(목표나 규범). 내가 되고 싶은 모습·가치관을 담고 있으며, 자아를 이끌어 주는 내적 기준이다.
자기(self): 융(C. G. Jung) 등의 관점에서 '의식과 무의식을 모두 포괄'하는 전체적 자기. 단순히 '현실을 살아가는 나(자아)'를 넘어, 무의식과 의식의 통합으로서의 존재 자체를 의미한다.
자기 실현(self realization): 개인이 자신의 잠재력·무의식을 통합하여 고유한 삶의 의미와 완성도에 이르는 과정. '자기(self)'를 온전히 깨닫고 표현함으로써 성장·성숙해 가는 것이다.

점은 가능하다고 했다."[48] 그의 철학은 훌륭하며, 그 또한 위대한 철학자이다. 권력의지, 초인, 영원회귀, 운명애 등의 개념이 얽히면서 그의 철학은 완성되었다.

니체는 저서의 많은 부분을 쇼펜하우어를 비판하거나, 그리스도교를 공격하는 것, 그리고 다른 철학자들을 비판하는 데 할애한다. 큰 영향을 준 쇼펜하우어와 그리스도교에 대해서는 마치 그동안 진 빚을 갚는 것처럼 더욱 공격하였다. 그는 목사의 아들이었고, 말년에 십여 년 동안 그를 돌본 사람은 어머니와 여동생이며 모두 기독교인이다. 그의 훌륭한 철학 못지않게 가족의 사랑과 희생이 살아가는 데 더 중요할 수 있다.

불교나 그리스도교는 자기부정을 넘어서 자기 긍정으로 가지만, 니체는 끝까지 자기 자신을 버리지 않았다. 그리고 그의 결론은 초인인 짜라투스트라이다. 모든 극복은 자아로부터 시작된다고 보는 니체의 관점은, 융이 말하는 무의식과의 균형보다는 의식적 자아의 과도한 팽창으로 보일 소지가 있다. 이런 지점에서 융은 니체 사상의 성취와 한계를 모두 지적한다.

그가 40대 중반의 젊은 나이에 정신질환에 이환되고 50대 중반에 사망한 것은 아쉬운 일이다. 그의 철학은 권력의지이며, 힘 있는 젊은

---

48) 1884년 3월 8일에 작성된 '프란츠 오버베크에게 보낸 편지'에서 인용함:'NIETZSCHE AND PSYCHOANALYSIS' Daniel Campelle. State university of New York press. 1993

이가 실행하기에 노인보다 더 어울리는 철학이다. 오십 대까지 건강하였다면 그는 어떤 지혜를 독자들에게 선물했을지 자못 궁금하다.

니체가 남긴 질문과 우리의 선택

• 자기를 긍정할 것인가, 부정할 것인가?

삶은 고통과 기쁨이 얽혀 있어 때로는 온전히 긍정하기 어렵고, 한편으로는 끊임없이 부정해야만 하는 듯 보이기도 한다. 그러나 삶을 전면적으로 부정하거나 허무주의에 빠져버리면, 결국 자기 자신에 대한 부정 또한 피할 수 없게 된다. 그러면 모든 가치가 사라지고 "이 또한 지나갈 뿐"이라는 식의 태도만 남아버린다. 그런 식의 소극적 허무주의 속에서 인간은 자신에게 주어진 과제를 붙잡지 못하고 의욕을 잃어버린다. 반대로, 어떤 식으로든 삶을 긍정하기 위해 힘껏 발버둥 치면, 거기서부터는 자기를 다시 세우고 성장시키려는 의지가 생겨난다. 그런데 이 의지를 아무런 비판이나 숙고 없이 그저 자기중심적 욕망으로만 발산하면, 그것은 단순한 자기도취나 오만한 자기 과시에 그칠 위험이 있다.

삶을 긍정하려면 먼저 고통도 함께 수용해야 한다. 고통을 거부하거나 미워할 때 인간은 자기 부정에 이르게 되고, 결국 운명을 저주하며 허무주의에 빠지기 십상이다. 하지만 고통을 포함한 모든 경험을 긍정한다면, 비록 그것이 무겁고 때로는 숨 막히는 짐처럼 느껴진다 해도, 주어진 현실을 있는 그대로 받아들이고 자기 삶을 적극적으로 재평가할 수 있는 힘이 생긴다. 이러한 힘은 자기 자신에 대한 긍정과 연결되어, "그럼에도 불구하고 다시 살아볼 만하다."는 결정적 한마디로 이어지곤 한다.

물론 자기 긍정은 자기만을 높이고 과시하는 독선과 구별되어야 한다. 진정한 긍정은 자신을 과대평가하며 다른 모든 것을 부정하는 방식이 아니다. 오히려, 스스로를 깊이 통찰하고 가장 낮은 순간부터 고난까지 포함한 인생 전부를 "그래도 좋다"라고 말할 수 있는 결단이다. 모든 사람은 저마다 기존에 받아 온 가치 체계의 영향 속에서 성장하지만, 어느 시점에 이르면 부득이하게 그 질서에 대해 의문을 던지고 부정도 해 봐야 한다. 그 부정은 맹목적 반항이나 냉소가 아닌, 새로이 가치를 창조하기 위한 의지에서 비롯된 것이어야만 의미가 있다. 무거운 짐을 지는 낙타 같던 정신이 사자로 변하여 과거의 믿음과 확신을 부수고, 다시 어린아이처럼 순수하고 창조적인 마음을 되찾는 과정이 바로 그런 것이다.

궁극적으로는 자기 부정과 자기 긍정이 서로 대립만 하는 것은 아니다. 오히려 자기 부정은 새출발을 위한 필요조건이 되기도 한다. 낙타가 무거운 짐을 내려놓고 사자가 되어 한껏 저항과 파괴를 감행한 뒤, 결국 '어린아이'의 순수함으로 돌아올 수 있다면, 그때의 '어린아이'는 더 이상 맹목적으로 순종만 하던 낙타 시절의 자기와는 전혀 다른 존재다. 이전의 자신과 그때까지 지탱해 왔던 가치체계를 과감히 던져 버렸기에, 이 아이는 본래의 자유로운 긍정, 즉 스스로 원하고 창조하는 긍정을 할 수 있게 된다. 모든 순간이 영원히 되풀이된다고 가정해도 "다시 한번, 기꺼이 살겠다."라고 말할 수 있다면, 이는 삶도 자기 자신도 동시에 긍정하는 태도다.

그러므로 실존적 입장에서 삶을 부정한다는 것은 아무것도 하지 않고 주저앉겠다는 말과 통한다. 그 상태에서는 자기 자신도 의미 없이 소진되고 만다. 그러나 '그러면 애초부터 고통 자체를 없앨 수는 없는 걸까'라는 의문에 사로잡혀 영원히 헤어나지 못한다면, 그 또한 답 없는 불모의 상태다. 결정적인 순간에는 어느 쪽으로든 선택해야 한다. 삶을 전면적으로 긍정하겠다고 결단하는 것은 쉬운 일이 아니지만, 자기를 극복하고 스스로에게 더 높은 과제를 부과하는 데서 오는 힘찬 충만감이 있다. 그 긍정은 단지 낙관적 기대나 무책임한 태도가 아니라, 이미 겪은 모든 일과 앞으로 닥칠 모든 순간까지도 "한 치의 후회 없이 받아들인다."는 결심과 맞닿아 있다.

결국 삶의 긍정과 부정, 그리고 자기 긍정과 자기 부정은 한 몸의 양면처럼 다가오며, 인간은 그 둘 사이를 오가면서 스스로를 만들어간다. 어떤 사람에게는 자기 부정이 성찰의 계기가 되어 새로운 긍정으로 이끌고, 또 다른 사람에게는 한 번의 용기로 전부를 긍정하는 선택이 가능할지도 모른다. 다만 어떻게 되든, '내가 이 운명을 택했다'라고 외치며 지금 이 순간을 힘껏 살아갈 수 있다면, 그것이야말로 자기 자신과 삶을 긍정하는 가장 활기찬 모습이 될 것이다.

- **평등 vs 불평등 결국 어떻게 살 것인가?**

니체의 불평등은 경제적 사회적 법률에 있어서의 불평등보다는, '영원(정신)의 단계와 힘'이 근원적으로 다르다는 것이다. 그는 모든 사람을 평등하게 하는 이념인 그리스도교, 민주주의를 노예 도덕의 산물로 보았다. 이는 약자가 단합하여 강자를 이기려는 권력의지가 숨겨져 있다고 본다.

니체는 평등주의를 인간의 위계적 차원을 억누르는 평준화 충동으로 해석한다. 그는 "인간이 본질적으로 다르다."고 말할 때, 주로 "힘, 창조성, 의지의 강도, 고귀함" 등을 염두에 둔다. 그래서 평균적·보편적·통속적인 가치를 모든 개인에게 동일하게 적용하려는 태도를 "군중 도덕 혹은 약자 도덕"이라고 본다. 그가 언급한 약자 도덕과 강자 도덕이 다름을 이해하는 것이 필요하다.

니체는 시대적 사조로서의 민주주의와 기독교적 인간 평등 사상을 '평균자를 위하는 이념'으로 간주한다. 그는 역사적으로 귀족적 계층이 만들어 낸 창조적 가치와 문명이, '노예들의 반발심과 원한'에 의해 뒤틀리고 왜곡되었다고 파악한다. 기독교의 "모두가 신 앞에 동등하다."는 관념은 힘있는 자들의 탁월함을 죄악시하고, 약자들의 시기심과 분노를 도덕적 명분으로 치장해 버린다는 것이다. 그는 이를 '노예도덕'[49]이라 칭하며, 이 노예도덕에서 비롯된 현대의 평등사상이 인간이 지닌 등급과 서열의 차이를 거부한다고 주장한다.

인간이 지닌 고유한 차이를 지우려는 평등주의가 오히려 생의 힘과 창조적 가능성을 약화한다는 철학적 비판이다. 그리고 그 근저에는

---

49) 니체, 《도덕의 계보학》

'평범함과 같음'을 거부하며 '탁월함과 차이'를 추구하려는 니체 특유의 권력의지 사상이 자리하고 있다.

그리스도교 그리스도교에서는 하느님의 자녀 신분이기 때문에 모든 사람이 소중하고 평등하다. 예수님은 죄인, 약자, 병든 자, 가난한 자를 세상에 왔다고 선언한다. 12사도 중에 특별한 사람이 아무도 없다. 재산, 학식, 능력, 특별한 직업 등에서 사도를 소개할 만한 것이 없다. 단지 이름과 직업만 언급된다.

불교 불교에서는 모든 인간이 평등하다고 한다. 첫째, 모든 사람은 불성(佛性), 즉 깨달음의 잠재력이 있다. 누구나 괴로움에서 벗어나고 진정한 자유와 지혜를 실현할 수 있는 똑같은 가능성을 지니고 있다. 둘째, 무아이니 자기라고 할 만한 것은 없으며, 무상이니 모든 것은 변한다. 이는 모든 것이 공으로 돌아간다. 지금 살아 있는 것(色)이 모두 공(空)이다. 색즉시공이고 공즉시색이니, 공으로 돌아갈 색이 서로 다르다고 할 수 없다.

하늘에 무지개가 떴는데, 색깔을 비교하면 일곱 가지이다. 각기 색깔과 위아래를 나누지만 모두가 무지개라고 볼 때 그 안에 불평등은 있을 수 없다. 무지개가 사라지면, 색깔도 없어지고 위아래도 없어진다. 이전 내 저서에서 이야기하였지만, 사람은 태어나고 사는 데에 차별이 있지만, 결국은 죽기에 모든 사람은 평등하다고 하였다.[50] 사는

---

50) 한광수, 《적절하게 살아가기》, 바른북스, 2024

것은 색이요 죽은 것은 공이다. 단지 일상에서 우리가 색즉시공 공즉시색을 깨닫지 못하고 있을 뿐이다.

셋째, 사람이 태어난 것은 업(karma)에 따른 과보와 인연으로 생겨난다. 눈에 보이는 차이는 있을지라도, '모두가 동등하게 스스로의 업을 짓고 그 결과를 받는다'는 점에서 평등하다. 넷째, 불교의 출발은 "괴로움(苦)"이며, 그 괴로움에서 벗어나기 위한 방법이 누구에게나 열려 있다는 것이 핵심이다. '나만 부처가 될 수 있다'거나 '특정인만 해탈할 수 있다'는 식의 교리가 아니라, 원리를 깨닫고 실천(수행)하면 모두가 해탈할 수 있다는 것이 불교가 말하는 평등이다.

- 결국 어떻게 살 것인가?

불교는 모든 집착에서 벗어나 자기를 버리는 것을 강조하며, 그리스도교는 타인에 대한 이해와 사랑을 중요시한다. 니체의 초인은 자아를 초월하고 운명애로 삶을 긍정하라고 말한다. 이는 곧 인간이 스스로를 나약함에서 끌어올려, 모든 고통과 경험을 포함한 삶 전체를 "좋다, 다시 한번!"이라고 말할 수 있을 만큼 적극적으로 승인하는 태도를 가져야 한다. 이 중 어떤 것을 따르든, 삶의 방향과 선택에 따라 우리는 다른 길을 걷게 된다.

니체 사상의 의의와 한계

• **니체 글이 주는 '격정과 충격'**

그의 글은 화려하고 힘이 있으며 독자가 직접 체험하는 것처럼 느끼게 하는 설득력이 있다. 일단 그의 책을 접하면 다른 책들은 재미가 없어서 읽고 싶지 않을 것이라고 니체는 말했다. 그의 말은 진실성이 있다. 니체의 저서는 한번 읽으면 매료되게 하는 힘이 있다.

그가 쓴 문장을 때로는 글로써 읽지 말고 시로 읽거나 음악처럼 들어야 한다(특히 짜라투스트라). 생명력 넘치는 그의 글은 독자들에게 마음속에 거대한 파동을 일으키며 계속 읽게 하는 재미를 준다. 신 없이, 신을 부정하고 자기와 자기 운명을 사랑하며 가장 먼 끝까지 방랑한 한 인간의 글이다.

• **철학과 현실의 간극; 가족의 헌신**

니체 사상이 현실적 삶과 맞물리는 한 사례로, 그의 질병과 가족의 돌봄 문제를 살펴보자. 그가 40대의 젊은 나이에 정신질환에 이환되고 십일 년 정도 앓다가 50대 중반에 일찍 사망한 것은 안타까운 일이다. 십 년 이상 니체를 돌본 사람은 목사의 아내이자 신을 믿는 니체의 어머니와 그의 여동생이었다. 그의 사후에 출판한 《권력의지》는 그의 여동생이 정리하여서 출판할 수 있었다. 넓은 지식, 높은 지위, 천재의 재능, 뛰어난 작품이 질병을 앓고 있는 사람에게는 전혀 도움이 되지 않는다. 그에게는 간호와 간병할 사람이 필요하였는데 여동생이 그 역할을 다하였다. 여동생은 오빠를 불쌍하게 여겼을지언정 동정했다고 볼 수는 없다. 여동생과 가족의 사랑과 희생이 살아가는 데 어떠한 철학보다도 중요할 수 있다. 도움은 오빠에 대한 진실된 사랑이 아니었으면 불가능했을 것이다. 만약 니체가 정신질환에 걸리지 않았으면, 사람과 삶에 대해 어떠한 노년의 지혜를 더 쏟아냈을지 자못 궁금하다.

동정은 타인의 고통에 대한 반응이며, 타인에 대한 이해와 공감에서 비롯된다. 사랑은 이에 비해 더 광범위하고 복잡한 감정으로, 깊은 애정, 연결감, 그리고 때로 의무와 헌신을 포함한다. 주는 사람이나 받는 사람 모두에게 동정보다는 사랑이 더 고차원적인 감정이고 연결감이 있으며 희생일 수 있다. 그래서 동정보다는 사랑을 해야 하는 것이 좋다. 그리고 동정받는 것을 수치스러워하지 않거나, 동정하는 것을 당연히 생각하는 것, 동정하지 않는 자에 대해 증오심을 가지는 것, 자기가 못사는 것을 다른 사람의 탓으로 여기는 것 등은 흔히 일어나는 일이다. 동정하는 일도 쉬운 일은 아니다.

- **짜라투스트라가 열어준 통찰들**

《짜라투스트라는 이렇게 말했다》는 철학이며 문학이고 시(詩)이다. 그리고 어쩌면 음악일지도 모른다. 체험을 통한 감정의 전달에 성공하고 있기 때문이다. 이론의 옳고 그름을 논박하기보다는, 독자로 하여금 직접 느끼고 공감하고 체험하게 만드는 힘이 있다. 그 안에서 우리는 '초인'이라는 새로운 가치의 창조자가 될 수도 있고, 혹은 초인에 다가가려 애쓰면서 현재의 삶을 더 진솔하게 긍정해 볼 수도 있다.

짜라투스트라는 평범한 일반인이 본받을 수 있는 존재는 아니지만,

우리에게 영원회귀와 운명애를 동시에 긍정할 수 있는 체험을 가능케 한다. 자기 인생을 똑같은 순열로 수도 없이 반복한다 해도, 스스로를 사랑하고 운명을 사랑할 것이라고 말한다. 그것이 영원회귀와 운명애이며, 이 두 가지를 적극적으로 사유하게 만든다는 점에서 짜라투스트라는 단순한 이론서가 아닌 체험적 '예술 장치'로 작동한다.

- **통합적 혜안**

불교는 자기를 버리고 중생을 제도하라는 무아(無我)·자비(慈悲)를 설하고, 그리스도교는 이웃 사랑과 하나님에 대한 믿음을 통해 구원을 말한다. 프로이트의 정신분석은 죽음 본능과 반복강박, 무의식적 갈등을 다룬다. 니체는 여기에 초인과 권력의지, 영원회귀, 운명애를 내세운다. 서로의 관점이 다르지만, 이 중 어느 것도 인간 삶에 대한 통찰을 무시할 수 없다.

오히려 종합적으로 이해하면 더 깊은 통찰과 지혜를 얻을 수 있을 것이다. 불교와 그리스도교가 제시하는 가치, 현대 심리학이 발견한 무의식과 본능, 그리고 니체의 권력의지와 초인 사상이 서로를 보완해 주기 때문이다. 어느 하나만을 절대화하기보다, 각 관점에서 배우고 통합하는 태도가 삶을 좀 더 깊이 이해하고 풍요롭게 만들어 줄 것이다.

- **진리는 진리의 반대인가?**

그의 철학에 대하여 개인적으로 제일 아쉬운 점이 있다. 부처가 되기 전 석가모니와 비교해 보자. 석가모니는 출가하여 육 년 만에 해탈한다. 그리고 제자들에게 자기를 부처라고 부르라고 한다. 부처님이 명예를 추구했다고 할 점은 하나도 없다. 단지 중생의 괴로움을 공감하고 외면할 수 없어서 부처님은 자신을 나투어 전법하기로 결심한다. 부처님은 자신이 해탈하였으며, 다른 사람에게 해탈하는 수행법을 가르쳐 주어 다른 사람들도 해탈할 수 있도록 하였다. 니체는 초인 짜라투스트라를 창조하였다. 그러나 자기는 짜라투스트라가 아니라고 하였다. 그리고 짜라투스트라는 다른 사람이 어떻게 초인이 될 수 있는지 설명하지 않았다. 일반인이 초인이 되기 위하여 건너는 다리는 없다. 짜라투스트라를 창조한 니체도 그 다리를 건너가지는 못했다.[51]

니체의 경우는 오랜 기간에 걸쳐 저서를 쓰면서 점차 자기의 철학을 완성하여 나간다. 그래서 이미 진리를 깨달은 사람이 설명하는 식이 아니고, 다른 가치를 파괴하는 과정에서 수많은 사람, 철학, 종교를 비판한다. 정신보다 육체, 이웃 사랑보다 자기애나 원인애[52], 약함보다는 강함, 선보다는 악함, 종족 보존 의지보다는 권력의지, 그리스도교보다는 반그리스도교의 강조가 그런 것들이다.

그가 기존의 진리를 부정할 때는, 반대편에 있는 사실이 진리인 것처럼 이야기하나, 사실은 양극단의 중간에서 중용을 이루는 것이 중요한 경우가 많다. 예를 들면 정신과 육체, 자기 사랑과 이웃 사랑은 모두 중요하며, 이러한 진리는 개인의 내부에서 균형을 이루고 조화를 이루어야 한다. 그에게는 어쩔 수 없는 과정이었지만, 그가 자기의

---

51) 이 부분은 204~205p와 일부 겹치는 내용이다.
52) 미래에 올 사람을 말한다.

철학을 이미 완성한 사람(짜라투스트라?)으로서 처음부터 그의 진리와 지혜를 전했으면, 그의 독자들이 혼란에 덜 빠지고 그와 그의 철학을 더 쉽게 이해하였을 것 같다.

그는 기존의 가치를 버리고 새로운 가치를 찾았으며, 결국 초인을 창조한 니체는 인류와 지구상에 꼭 필요했던 한 사람으로 남을 것이다. 그의 글은 화려하고 힘이 있으며 독자가 직접 체험하는 것처럼 느끼게 하는 설득력이 있다. 일단 그의 책을 접하면 다른 책들은 재미가 없어서 읽고 싶지 않을 것이라고 니체는 말했다. 그의 말은 진실성이 있다. 니체의 저서는 한번 읽으면 매료되게 하는 힘이 있다. 생명력 넘치는 그의 글은 독자들에게 마음속에 거대한 파동을 일으키며 계속 읽게 하는 재미를 준다. 신 없이, 신을 부정하고 끝까지 자기와 자기 운명을 사랑하며 가장 멀리 방랑한 한 인간의 글이다. 그가 자신은 피로 쓰여진 책만을 사랑한다고 하였는데, 니체의 독자는 니체의 저서가 피로 쓰여진 책이란 것을 절감한다. 불교나 그리스도교는 자기부정을 넘어서 자기 긍정으로 가지만, 니체는 끝까지 자기 자신을 버리지 않았다. 그리고 그의 결론은 초인인 짜라투스트라이다.

니체는 독서는 말을 타고 등산하는 것이라고 했다. 그를 충분히 이해하는 것은 어렵다. 하지만 그가 말한 대로 말을 빌려 타고 등산하듯이 그의 글을 읽는다면 누구나 그의 철학을 조금 더 이해할 수 있다. 그리고 종교가 없이 허무감에 빠진 사람에게는 능동적 허무주의가 큰 용기를 준다. 인류에 공헌한 사람이 죽은 후에 지구에서 볼 수 있는 별로 다시 태어난다면, 그는 다른 별들과 함께 지구에서 볼 수 있는 아주 가까운 곳의 별이 되었을 것 같다.

- **상구보리 하화중생**(上求菩提 下化衆生)

니체는 자기를 사랑하였고, 자기 운명을 사랑하였다. 그는 약자에게 주어지는 동정심마저도 자기 극복과 자기실현을 위하여 방해되는 감정으로 보았다. 그는 신의 인간에 대한 사랑마저도 동정심으로 평가절하하여 바라보았다. 결국 신의 인간에 대한 동정으로 "신은 죽었다."라고 악마를 통해서 말한다. 옳다고 생각하는 방향으로 그가 생각할 수 있는 데까지 사고를 진전시키고, 통합된 자기 철학을 드러낸 것이 그의 철학의 매력이다. 하지만 아래에 자기애뿐 아니라 타인 사랑에 대한 동양적 사고를 비교하여 전달해 보고자 한다.

자리이타(自利利他)는 자기도 이롭고 다른 사람도 이로운 것을 이른다. 상구보리 하화중생(上求菩提 下化衆生)은 위로는 부처님의 지혜를 구하고 아래로는 중생을 제도한다는 것이며, 대승불교에서 보살의 수행하는 태도이다. 《금강경》에서 수보리가 부처님에게 어떤 마음으로 정진하면 수행하여 목표를 이룰 수 있는지 물었다. 그러자 부처님은 "모든 중생을 다 제도하겠다는 마음을 내라." 그러한 동기로 노력하면 깨달음에 이를 수 있다고 한다. 수보리 자신을 위하여 발보리심(發菩提心)[53]을 내라고 하지는 않는다.

자기의 수행이 부족한데 모든 중생을 제도하라고 하니, 제자들은

---

53) 깨달음을 구하려는 마음을 일으키다. 깨달음의 경지에 이르려는 마음을 내다. 깨달음의 지혜를 갖추려는 마음을 내다.

당황한다. 부처님은 "중생을 제도하되 실로 제도를 받은 자가 하나도 없다. 만일 보살이 아상, 인상, 중생상, 수자상이 있다면 그는 보살이 아니기 때문이다."라고 한다. 아상(我相)은 남과 구분된 나라는 존재를 고집하고, 모든 것을 내 중심으로 생각하는 것이다. 아상으로부터 두 가지 망상이 일어난다. 내 것이라는 소유 의식은 탐욕을 불러일으키고, 내 생각이 옳다는 고집은 분노를 일으킨다.

니체는 철학자의 진리에의 의지는 권력의지라고 주장하고, 이웃에 대한 동정을 극히 혐오한다. 불교에서 보살이 성불하기 위해서 발보리심을 내는 것은 중생이라는 타인을 제도하기 위해서 하는 것이다. 자기가 성불하는 데에 일차적 목표를 두지 않는다. 짜라투스트라는 이웃 사랑보다는 자기애를 강조한다. 자기를 사랑할 줄 아는 사람만이 올바르게 이웃을 사랑할 줄 알 수 있다. 그래서 그는 동정과 평등을 싫어하였으며, 자주 자기가 천재라는 것을 자랑스럽게 이야기한다.

하지만 대부분 사람은 교육받지 않아도 본능적으로 충분한 자기애를 가지고 살고 있으며, 타인을 위하는 이타심은 교육을 받고 일부러 노력해야지만 가능하다. 이웃에 대한 사랑은 이웃의 자기에 대한 사랑이 필요하기 때문이다. 철저하게 자기만을 위해서 산다고 자기가 잘 사는 것이 가능하다면, 그리 살아보는 것도 좋은 경험이 될 것이다. 니체는 천재가 자기를 끝까지 포기하지 않고 자기만을 사랑하면서 평생 살아본 사람의 예시가 될 수 있다. 인류 역사상 이런 사람이 한 사람은 있었던 것이 흥미로운 일이다. 대개 태어난 아이는 부모가 있으며, 자식은 부모가 이룬 가정에서 부모 형제인 가족을 자기처럼 사랑하는 것을 어려서부터 경험하고 배운다. 가정은 타인을 존중하고 배려하는 것을 배우는 출발점이다.

그렇다면 불교인은 극락을 믿거나 자기가 해탈할 것을 믿는가? 그리스도인은 죽은 후의 천국을 믿고, 자기가 천국에 갈 수 있다고 믿을 수 있는가? 믿는 것이 올바른 신앙인의 자세이다. 하지만 죽은 후의 사실에 대하여 인간은 알 수가 없다. 죽었다가 살아온 사람은 없다. 종교에 의지하는 것은 죽은 후의 약속도 믿지만, 현생에서 이미 믿는 이들의 아픔과 슬픔, 고통에 주어지는 종교의 공감성 때문이다. 아울러 종교에서 주어지는 진리를 현재의 삶 속에서 체험하고 있기 때문이다. 죽음을 모든 것의 종말로 가정한다고 하여도, 불교와 그리스도교는 현세에 사는 인간에게 이미 큰 울림으로 공감을 주고 있다.

많은 사람이 믿는다고 해서 종교가 진리임을 증명하지는 않는다. 그러나 많은 사람이 공감하고, 정신세계에 큰 영향을 미친다는 것은 그것이 인간의 사고와 가치관에 깊은 영향을 미친다는 사실은 부정할 수 없다. 불교와 그리스도교는 인간의 평등성과 공동체적 가치를 강조하지만, 니체는 개인의 차이를 인정하고 인간이 본질적으로 평등하지 않다고 주장했다. 그는 모든 인간이 같은 출발선을 가질 수는 없으며, 각자의 능력과 의지에 따라 다른 길을 걸을 수밖에 없다고 보았다. 이는 단순한 불평등의 강조가 아니라, 인간이 자신의 삶을 온전히 책임지고 능동적으로 살아야 한다는 의미였다. 표면적으로는 평등을 추구하지만, 실제로 사회는 불평등과 경쟁으로 가득 차 있다. 우리는 평등을 이상으로 삼으면서도, 개인적으로는 경쟁에서 이기기 위한 자기 성장과 발전을 멈출 수는 없다. 인간은 본질적으로 평등하지 않음을 체험하며 살아가기 때문이다. 니체는 이러한 불평등 속에 숨겨진 불편한 진실을 드러내고 있다. 그럼에도 불구하고, 우리가 포기할 수 없는 것은 모든 사람의 소중함과 평등이다.

4장

12단계와 위대한 힘

"우리가 이해하게 된대로, 그 신(神)의 돌보심에
우리의 의지와 생명을 맡기기로 결정했다."

회복과 '위대한 힘'

'위대한 힘'은 단주와 도덕적 회복을 이끄는 핵심 원동력이다. 이 책은 그 실천적 의미를 탐구한다. 이 책에 이 내용을 포함하는 이유는 첫째, 무신론자보다는 영적인 생활을 하는 유신론자가 단주하는 데 도움 된다는 것을 강조하기 위함이다. 둘째, 일반인에게 신이 있다는 유신론자적 생활을 하는 것이 삶에 여러 가지로 도움이 된다는 것을 강조하기 위함이다. 여기에서 유신론자란 신이 있다고 믿는 사람을 말한다. 영적인 삶이란 신이 있다고 믿고 생활하는 것을 말한다. 도움이 된다는 것은 단주의 가능성을 높이고, 이웃에게 도덕적으로 살고, 개인의 성격적 약점을 극복하게 해준다는 의미이다. 중독자들은 중독을 겪는 동안 본정신이면 하지 않을 비도덕적인 행동을 하게 되며, 이러한 행동을 합리화, 부정, 투사 등의 방법으로 정당화하려는 경향이 있다.[54] 마침

---

54) 합리화(rationalization): 자기가 음주한 이유를 합리적으로 변명한다.
부정(denial): 자기가 중독자라는 사실을 부정한다.
투사(projection): 자기가 음주한 이유를 남의 탓으로 돌린다.
결국 자신이 알코올중독자가 아니라고 부정하고, 음주한 이유를 합리화하며, 가족이나 주변 사람들에게 그 책임을 돌린다.

내 그의 도덕관념은 자기가 술을 마셨으나, 가족이 자기에게 잘못하여 음주하게 되었다고 거꾸로 믿는다. 해결책은 당연히 가족이 자기에게 잘 대해주면 자기가 술을 마시지 않을 수 있다고 생각한다. 음주를 멈추지 않으면, 이런 도덕적 혼란은 계속된다.

이미 성인인데도 중독자는 다른 사람의 조언으로 자신의 잘못을 납득하지 못한다. 그는 이미 술의 노예가 되어 자신의 생각을 옳게 바꿀 수 없다. 어릴 때는 부모가 잘못을 지적하여 주지만, 이미 성인이기 때문에 누구도 그에게 생각을 강요할 수는 없다. 그는 중독에 의해서 도덕적으로 황폐화가 되어 간다.

12단계 중 1단계에서 자기가 중독자이고 단주할 수 없음을 시인하게 한다. 12단계는 회복의 시작을 인간의 한계를 인정하는 것에서 출발한다. "제1단계에서 우리는 알코올에 무력하며, 우리의 삶을 수습할 수 없게 되었다는 것을 시인한다." 이는 단순한 고백이 아니라, 자신의 의지로 단주가 어렵다는 사실을 받아들이는 중요한 과정이다.

이어지는 2, 3단계는 '위대한 힘'에 대한 신뢰와 의지를 맡기는 것을 강조한다. 여기에서 '위대한 힘'은 특정 종교의 신이 아니라, 각자가 이해하는 초월적 존재 또는 도덕적 기준을 의미한다. "우리가 이해하게 된 대로, 그 신(神)의 돌보심에 우리의 의지와 생명을 맡기기로 결심했다."

이러한 결심을 통해 우리는 알코올중독에서 벗어날 뿐만 아니라,

도덕적이고 윤리적인 삶을 살아가야 한다는 책임도 함께 가지게 된다. 단주는 단순한 금주가 아니라, 도덕적, 인격적 성장을 위한 여정이기도 하다. 2, 3단계에서는 바로 신이 자기를 중독에서 벗어나게 해줄 것이라는 것을 믿고 자기의 의지와 생명을 맡기라고 권한다. 신은 특정 종교에 국한되지 않으며, 각자가 이해하는 '위대한 힘'을 믿고 의지함으로써 중독에서 회복되고 도덕적 변화를 시작할 수 있다. 이는 중독에서 벗어나게 하는 근본적인 전환점이 된다.

AA(Acoholics Anonymous)는 익명성을 기반으로 누구나 참여할 수 있는 안전한 공간을 제공한다. 회원들은 자신을 밝힐 필요 없이 단주에 대한 열망만으로 모임에 참여할 수 있으며, 이 포용성이 AA의 가장 큰 강점 중 하나이다. 과거에 알코올중독자이었으나 현재는 단주를 실천하고 있는 사람이 가장 많이 모여 있는 곳이 AA 모임이다. 모임에 참석할 수 있는 유일한 조건은 중독자가 단주에 대한 열망을 가지는 것이다. AA 모임에 참석하는 알코올중독자들은 익명성을 유지하며, 개인의 신분에 대한 구체적인 언급 없이 참여할 수 있다. 익명성은 AA의 핵심 원칙으로, 중독자들이 자신의 과거나 사회적 배경에 얽매이지 않고 동등한 회원으로 인정받는 환경을 제공한다. 이는 회원 간 신뢰와 솔직한 대화를 가능하게 한다.

AA는 경험 공유를 통해 중독으로 인한 고통을 나누고 치유를 촉진한다. 회원들은 자신이 겪은 창피하고 아픈 경험을 솔직히 이야기하며, 같은 고통을 겪은 다른 회원들로부터 공감과 지지를 받는다. 이러한 과정은 단순한 대화가 아닌 치유의 핵심 도구로 작용한다. 사람은 누구나 자기의 비밀을 남에게 털어놓기 어려운데, AA 모임에 참석하는 중독자들은 음주한 상태에서 자기가 저지른 창피하고 잘못된 행동에 대하여 고백해야 한다. 음주한 상태에서 한 행동에 대한 창피한 고백이니, 일반인의 비밀에 대한 고백보다 더욱 용기와 정직함이 필요하다. 고백 후에 창피함과 죄책감을 심하게 느낄 수 있다. 하지만 고백하는 이야기를 듣는 다른 중독자들도 비슷한 생활을 하였기에, 그의 고백에 충분히 공감하며 위로해 준다. 환자는 같은 경험을 하였던 다른 회원들이 공감해 주는 덕분에, 본인도 예상하지 못하게 고백 후에 위로와 편안함, 불편한 감정의 해소를 겪게 된다.

20세가 넘으면 의학적, 법적으로 성인이라고 하지만, 20세 이후에도 부모처럼 도덕적인 가치를 충고나 안내, 혹은 훈계할 수 있는 사람이 필요하다고 본다. 모든 사람의 도덕적 기준이 충분하거나 엄격한 것은 아니다. 이러한 경우에 중독자는 '위대한 힘'이라는 존재를 믿고 의지하면서 회복이 가능하다. 중독자뿐 아니라 모든 사람에게 도덕적 가치를 재고할 수 있게 해주는 존경하는 사람이나 신은 오랫동안 필요하다. 중독자뿐 아니라 성인이 된 후에도 도덕적 가치와 삶의 방향을 잃지 않기 위해서는 부모의 훈계가 아닌 더 큰 존재를 기준으로 삼는 태도가 필요하다. 이는 신이나 '위대한 힘'을 믿고, 스스로를 돌아보며 더 나은 삶을 살고자 하는 마음가짐으로 이어져야 한다.

영적 각성과 회복의 사례

AA 모임에는 《12단계와 12전통》이라는 교본이 있다. 12단계는 회복을 위해 회원들이 실천해야 하는 행동을 단계별로 정하였다. 12전통은 AA 모임이 지속되고, AA 회원이 중독자가 아닌 일반인이 사는 지역사회에서 적절한 관계를 유지할 수 있게 회원들이 알고 지켜야 하는 지침이다.

종교를 믿는 사람들은 종교를 통해서 개인적으로 특별한 체험을 하게 된다. 이러한 체험이 어떻게 다른지, 또는 체험한 사람들 사이에 어떠한 공통점이 무엇인지에 대한 연구는 흥미롭다. 중요한 점은 종교를 통해 개인적으로 도달할 수 없는 체험을 하게 된다는 것이다.

AA의 교본인 12단계와 AA 멤버들의 경험담은 인간이 종교를 가질 때만 이를 수 있는 경험, 즉 단주에 성공하는 현실적 체험을 이야기한다. 알코올중독자는 오직 '위대한 힘'에 자신의 의지와 생명을 맡길 때 단주에 성공할 수 있다. 무신론자나 불가지론자에게는 도저히 납득할 수 없는 일이다. 종교인이든 종교인이 아니든 자기보다는 '위대한 힘'이 존재한다는 믿음을 가지고 시작한다. '위대한 힘'은 종교적 신념과 관계없이, 자신보다 크고 본질적인 존재나 힘으로 이해된다. 이는 무신론자와 유신론자를 아우르며, 중독자에게 회복의 전환점을 제공한다. AA를 통해 회복된 중독자들 중 많은 이들이 본래 신앙을 회복하거나 새롭게 종교를 받아들인다.

AA가 종교에 대하여 중립적인 것은 《As you see it》이라는 책자에 쓰여진 AA 공동설립자 Bill의 의견을 보면 이해에 도움이 된다. "AA가 수천 명의 믿음이 빈약한 그리스도인들을 교회로 돌아가게 했고, 무신론자와 불가지론자들을 신앙인으로 만들었으며, 불교나 이슬람교, 유대교에 속한 사람 역시 훌륭한 AA 멤버로 만들었다. 예를 들어 만일 AA가 엄격하게 그 자체를 그리스도교 운동으로 공식적으로 인정했다면, 일본에 있는 우리 불교도 멤버들이, 이 사회에 합류했을지 우리는 심각하게 자문했을 것이다." "AA가 불교도들에게서 시작했고, 그들이 당신에게 당신 또한 불교 신자가 되지 않으면, 그들에게 합류할 수 없다고 말했다고 상상해 본다면, 당신은 쉽게 이것을 확신할 수 있을 것이다. 만일 당신이 이러한 상황에서 그리스도인으로서 알코올중독자였다면, 당신은 벽을 바라보며 죽었을 것이다."

AA는 종교적으로 중립을 유지하며, '위대한 힘'의 존재만을 믿도록 권장한다. 위대한 힘에 대한 믿음과 자기 의지의 포기로 요약될 수 있다. AA는 종교적 중립성을 유지하며, 모든 사람들이 각자 이해하는 '위대한 힘'을 통해 회복의 여정을 이어갈 수 있도록 돕는다. 이는 무신론자와 신앙인이 모두 참여할 수 있는 AA만의 독특한 접근 방식이다. 알코올중독자는 반복된 실패를 통해 자신의 의지로는 회복이 불가능하다는 사실을 인정하고, '위대한 힘'에 의탁하는 것을 강조한다. 중독자는 자신의 의지로 단주할 수 없음을 인정하고, '위대한 힘'에 맡길 때 비로소 회복이 시작된다. 이는 중독자뿐만 아니라 일반인에게도 적용되는 중요한 깨달음이다.

AA 모임 참석과 12단계 실천이 중독 회복의 유일한 방법은 아니다. 다른 의학적 치료 방법도 효과적일 수 있다. AA 나름의 장점이 있을 뿐이다. 장점은 이러하다. 첫째, 여러 번 재입원을 반복하는 환자는 AA 모임에 참석하는 것이 회복 가능성을 제일 높게 한다. 둘째, AA를 통해서 회복된 사람은 단주뿐 아니라 도덕적, 인격적으로 성숙하게 된다. 20세가 넘으면 누구의 조언이나 충고, 명령을 따르지 않아도 되는 성인으로 사회에서 인정해 준다. 만약 성인이 된 사람이 잘못된 생활을 한다면 어떻게 해야 하는가? 어려서 부모, 선생님에게 배운 것을 실천하여야 한다. 성인이 된 후에는 누구도 도덕적 지침을 강요할 수 없기 때문에, 스스로 더 높은 가치를 추구하며 삶의 방향을 정해야 한다. 부모로부터 배운 것을 실천하지 못하거나 혼란에 빠졌을 때, 자신을 초월한 '위대한 힘'을 기준으로 삼아야 한다. 이 힘은 도덕적 회복과 삶의 방향을 바로잡는 데 필요한 나침반 역할을 한다.

여기 있는 글은 중독자나 중독 치료 전문가가 아니면 이해하기 어려운 전문적인 내용이다. 그럼에도 불구하고 여기에 소개하는 이유는 유신론자와 무신론자의 사이에서 유신론적인 믿음을 강조하고 있기 때문이다. 꼭 하느님이나 부처님이 아니어도, 자기보다 '위대한 힘'을 믿는 것이다. AA 자체를 위대한 힘으로 믿어도 된다고 했다. 갑자기 무신론자가 유신론자가 될 수는 없다. 처음에는 위대한 힘이 존재한다고 가정으로 시작하여도 된다. 시간이 지나고 회복이 되어가면 '위대한 힘'의 존재를 체감한다.

12단계의 실천으로 회복된 중독자는 인격과 성격의 변화를 극복하고, 본래의 자기 모습보다도 더욱 건강한 사람이 된다. 회복자들은 일상의 모든 생활에서도 12단계의 원칙을 실천하려고 노력한다. 중독자란 누구의 말도 듣지 않는 사람이다. 과음으로 몸이 망가져도 가족뿐 아니라 의사, 다른 어떤 지인이 권하여도 입원하지 않는다.

12단계

제1단계: 우리는 알코올에 무력했으며, 우리의 삶을 수습할 수 없게 되었다는 것을 시인했다.
제2단계: 우리보다 위대하신 힘이 우리를 본정신으로 돌아오게 해 주실 수 있다는 것을 믿게 되었다.
제3단계: 우리가 이해하게 된 대로, 그 신(神)의 돌보심에 우리의 의지와 생명을 맡기기로 결정했다.
제4단계: 철저하고 두려움 없이 자신에 대한 도덕적 검토를 했다.
제5단계: 우리 잘못에 대한 정확한 본질을 신, 자신에게 그리고 다른 어떤 사람에게 시인했다.
제6단계: 신께서 이러한 모든 성격적 결점들을 제거해 주시도록 완전히 준비했다.

제7단계: 겸손하게 신께서 우리의 단점을 없애주시기를 간청했다.

제8단계: 우리가 해를 끼친 모든 사람의 명단을 만들어서 그들 모두에게 기꺼이 보상할 용의를 갖게 되었다.

제9단계: 어느 누구에게도 해가 되지 않는 한, 할 수 있는 데까지 어디서나 그들에게 직접 보상했다.

제10단계: 인격적인 검토를 계속하여 잘못이 있을 때마다 즉시 시인했다.

제11단계: 기도와 명상을 통해서 우리가 이해하게 된 대로의 신과 의식적인 접촉을 증진하려고 노력했다. 그리고 우리를 위한 그의 뜻만 알도록 해주시며, 그것을 이행할 수 있는 힘을 주시도록 간청했다.

제12단계: 이런 단계들의 결과, 우리는 영적으로 각성되었고, 알코올중독자들에게 이 메시지를 전하려고 노력했으며, 우리 일상의 모든 면에서도 이러한 원칙을 실천하려고 했다.

12단계는 1단계에서 삶의 절망을 이야기하며, 2단계에서 바로 신을 믿을 것을 전제로 한다. 이후의 과정은 신을 믿기 때문에 이루어지는 단계들이다. 신과의 의식적 접촉을 늘리는 영적인 생활에 더하여, 아직 회복되지 못한 알코올중독자에게 메시지를 전할 의무를 이야기한다. 이는 자기가 메시지를 전달받고 단주하였으니, 자기도 메시지를 전달해 주어 회복 중인 알코올중독자가 회복할 수 있게 책임을 다하는 모습이다. 무엇보다도 자신이 다시 음주하지 않기 위함이다.

"25년 이상 단주하는 AA 회원이 한 번도 쉬지 않고 매주 메시지 모임에 나온다. 개인적으로 알고 지내는데, 환자들에게 메시지를 전해주

어서 고맙다고 인사를 한다. 그러면 그는 하는 말이 있다. "술 마시고 너무나도 나쁜 짓을 많이 해서, 저는 메시지 모임에 참석하지 않으면 죽어요. 이렇게 회복자들을 위해서 조금이라도 봉사하지 않으면 괴로워서 살 수가 없어요. 20년 넘게 한주도 쉬지 않고 메시지 모임에 참석한 것이 저도 기적 같아요. 20년이 지났으니 신이 나의 죄에 대하여 정상 참작 정도는 해줄 것 같은 믿음이 생기네요."

12단계는 도덕적 검토와 성격적 결함의 인정, 영적 생활을 통해 인격적 변화를 이루는 것을 목표로 한다. '위대한 힘'을 믿음으로써 단주와 성숙이 자연스럽게 이어지며, 이는 행동적 실천과 지속적인 자기 성찰을 통해 유지된다. 알코올중독자는 자기의 의지대로 살아서 가장 많이 손해를 본 사람들이다. 12단계와 AA라는 모임은 종교를 떠나서 인간이 자기의 한계를 인정하고, 자기보다 위대한 힘의 뜻을 따르려 할 때 인간이 자기 의지로는 이룰 수 없는 단주를 경험하게 해준다.

'위대한 힘'을 받아들이는 과정은 전기를 사용하는 것과 비슷하다. 우리는 전기의 작동 원리를 완전히 이해 못 해도, 전등을 켜거나 전자기기를 작동시키는 데 문제없이 활용한다. 마찬가지로, 우리는 '위대한 힘'의 실체를 완벽히 알지 못하더라도, 그것이 우리의 삶을 변화시키고 단주를 가능하게 한다는 점을 경험할 수 있다.

AA의 12단계를 실천하면서 회복된 중독자들은 이러한 힘의 존재를 체감하게 된다. 처음에는 단순한 가정에서 출발하더라도, 시간이 지나면서 단주와 인격적 성숙을 통해 '위대한 힘'이 자신의 삶을 변화시킨다는 사실을 깨닫게 된다. 이는 종교를 가진 사람조차 이룰 수 없는 큰 성취를 가능하게 한다.

AA는 종교적 신념과 관계없이 누구나 '위대한 힘'을 인정하고, 회복이 가능하게 한다. 일주일에 한 번 이상 AA 모임에 참석하면서 12단계를 실천하여 단주에 성공하고, 자기의 중독과 회복 경험담을 아직 회복하지 못한 알코올중독자에게 전하는 것을 목표로 한다. 이는 그리스도교에서 복음을 전도 받은 사람이 자기의 경험을 다시 전도하는 것과 같은 이치이다. 알코올중독(기타 중독 포함)은 모든 신체 질환과 정신질환에서 유일하게 회복을 위해서 신을 믿을 것을 강조하는 질병이다.

5장

자유와 본능, 그리고 자연과의 조화

"자연에서 왔으니 자연으로 돌아간다"

자유와 본능, 그리고 자연과의 조화

자연인(自然人)은 종교를 가지지 않은 일반인을 의미한다. 자연인은 자유와 본능, 그리고 자연과의 조화를 추구하는 삶을 상징한다. 어린 시절 우리는 부모와 선생님의 가르침 속에서 성장하며 규칙과 사회적 기대를 배우고 이를 통해 사회에 적응할 준비를 마친다. 그리고 성인이 된 이후에는 스스로 삶을 결정할 자유를 얻는다. 각자의 삶은 시대와 환경에 따라 다르며, 부모가 살았던 시대와 우리가 살아가는 시대는 다르다. 따라서 자신에게 맞는 삶의 방식을 찾아야 한다. 이는 과거의 가르침을 단순히 따르는 것이 아니라, 배운 것을 자신의 방식으로 변형하고 실천하는 것을 의미한다. 성인은 자신의 가치관에 따라 스스로 선택하며 살아갈 자유와 함께 그에 따른 책임을 지는 존재다. 자유는 곧 책임을 동반하며, 이는 남에게 피해를 주지 않으면서 자신만의 방식으로 사회에 적응하는 것을 의미한다. 자연에서 온 인간으로서 스스로 삶의 기준을 세우고 자신의 방식대로 살아가는 것은 자유로운 자기 결정의 중요한 표현이다.

부모와 선생님의 가르침을 그대로 따르거나 이를 거부하거나, 자신만의 방식으로 재해석하며 새로운 길을 모색할 수 있다. 이는 인간이 본능에 충실하면서도 독립적으로 삶을 주도하는 방식을 의미한다. 자연과 연결된 인간으로서 자신의 본질에 충실하고, 스스로 선택한 길을 걸으며 삶을 만들어 가는 것은 매우 중요한 삶의 방향이다. 종교는 인간에게 지혜와 평온을 제공하는 또 다른 길이 될 수 있다. 종교적 가르침은 때로 무겁고 이해하기 어려운 경우도 있지만, 그 속에 담긴 진리를 믿고 실천하려는 노력은 삶의 의미를 찾는 데 큰 도움을 준다. 종교적 계율은 감수성이 예민한 젊은 시기에는 어려움으로 다가올 수 있지만, 이를 통해 얻는 내적 깨달음과 지혜는 삶의 방향을 잡는 데 큰 힘이 된다. 결국, 스스로의 기준을 세우는 자유로운 선택과 종교적 가르침에 의지하며 평온을 찾는 태도는 인간다운 삶의 길을 열어준다. 우리는 본능을 억압하기보다 이를 이해하고 조화를 이루는 법을 배워야 한다. 본능 중 가장 중요한 것은 생존 본능과 성적 본능이다.

이는 물과 음식, 공기를 필요로 하는 것과 같다. 또한, 성 본능은 인간관계를 형성하고 발전시키는 중요한 역할을 한다. 그러나 억압된 성 본능은 좌절과 고통을 낳을 수 있다. 자연 속에서 살고자 한다면, 이러한 본능을 건강하고 적절하게 충족시키는 방법을 찾아야 한다. 스님이나 신부님과 같이 성적 욕구를 초월하는 삶의 선택은 커다란 결단을 필요로 한다.

하지만 모든 사람이 이런 금욕적 선택을 할 수 있는 것은 아니다. 자연인의 삶은 억압이 아닌, 본능의 적절한 만족과 자연의 흐름에 따라 살아가는 방식이다. 자연인으로 살기 위해서는 본능을 이해하고,

삶을 단순화하며, 감사와 균형을 유지하는 태도가 필요하다. 본능은 삶의 시작을 움직이는 에너지이며, 무(無)는 본능과 욕망의 모든 고리를 끊는 마지막 상태이다.

자신이 가진 본능을 부정하지 않고 이를 자연스럽게 받아들이는 것이 중요하다. 본능은 인간의 내면 깊은 곳에서 발현되는 자연스러운 충동으로, 이를 억압하기보다 건강하게 해소할 방법을 찾아야 한다. 어린 시절의 마음 상태를 떠올리거나 동물의 삶을 관찰하면 본능의 단순함과 순수성을 이해하기 좋은 방법이다.

이는 우리가 삶의 기본적인 욕구와 필요를 있는 그대로 인정하게 해준다. 욕망을 줄이고 삶을 단순화하는 태도는 자연인으로서의 삶에 필수적이다. 복잡한 사회적 규범과 타인의 기대에 매몰되지 않고, 자신의 필요와 본질에 집중해야 한다. 불필요한 물질적 욕구에서 벗어나 단순하고 소박한 삶을 선택할 때, 진정한 자유와 평화를 누릴 수 있다. 감사하는 마음과 균형을 유지하는 태도는 자연인의 삶을 완성한다. 매 순간 자신이 가진 것에 감사하며 욕망에 휘둘리지 않는 자세는 내면의 평화를 가져다준다. 신체적, 정신적 건강을 유지하려면 명상이나 자연 속 산책처럼 일상에서 단순한 기쁨을 찾는 습관을 기르는 것이 유익하다. 이러한 태도는 삶을 풍요롭게 하고, 조화로운 상태를 유지하게 한다. 자연인으로 산다는 것은 단순히 본능에 충실하거나 자유롭게 사는 것이 아니다. 이는 자신의 본능과 사회적 책임 사이에서 균형을 맞추며, 자신만의 방식으로 자연과 조화를 이루는 삶이다. 현대인의 삶은 복잡하고 선택의 폭이 넓지만, 단순하고 자연스러운 삶의 본질을 다시 떠올리는 것이 우리의 내면을 자유롭게 하는 첫 걸음이다. 인간 본능과 자유, 그리고 자연과의 조화를 통해 삶의 방향성을 찾아야 한다.

생명 순환과 가족의 의미

태어났으니 살고, 살다 보면 아프고 늙어서 죽게 된다. 어디에서 와서 태어났는지 모르니까 죽어서 어디로 갈지 모른다. 태어나서 보니, 내가 자연 속에 자연의 이치로 태어나 있다. 죽으면 어디로 갈지 저절로 알게 될 것이니 죽기 전에 알려고 하지 않아도 된다. 죽으면 자연의 이치가 정해놓은 데로 갈 것이다.

인간은 부모로부터 태어나 자연의 일부로 성장하며, 가정을 이루고 자식을 낳는 과정을 통해 생명의 순환을 이어간다. 부모와 자식, 형제 관계는 삶의 기반이 되어 서로를 의지한다. 시간이 지나면 세대는 자연스럽게 교체된다. 이는 삶과 죽음의 순환 속에서 인류의 본질적 생존 방식을 보여준다.

나이 든 부모는 원가정을 여전히 유지하고 있으며, 부모에게는 자식이 손자를 낳아서 이룬 새 가정이 있기에, 가족과 가정이 주는 행복은 나이가 들어도 삶을 지속하는 것에 대한 희망이 된다. 자식과 손자는 부모와 같은 가족이며, 자식과 손자의 건강하고 어린 모습을 보는 것은 부모가 삶에서 죽음으로 이어가는 시기에도 줄곧 보람이 된다. 사람은 태어나서 부모를 만났으며, 가족이 있으니 죽음에 이르러서도 외로움을 위로받는다.

그렇다면 부모는 자식을 위해서 살고, 자식은 또 자기 자식을 위해서 무수히 반복하여 산다면 사람이 살아가는 의미는 무엇인가? 자식이 아니고 자기 자신만을 위하여 사는 것이 진정한 자기 긍정이고 자기 사랑이 아닐까? 자기가 쏜 운명의 화살은 혼자 살면서 자기 자신만을 위할 때 가장 멀리 날아갈 수 있는 것이 진실이 아닐까? 스님이나 가톨릭 사제처럼 금식, 금욕, 금육을 할 때 비로소 자기를 알게 되고, 진리를 깨닫게 되는 것은 아닌가? 철학자처럼 남녀의 사랑이 어리석은 행동이라는 것을 젊은 날 깨닫고, 결혼하지 않고 자식을 낳지 않는 것이 현명하게 인생을 사는 것 아닐까? 스님이나 사제들은 자기의 몸과 마음을 죽을 때까지 부처님과 예수님의 가르침에 따르고 실천하고자 한다. 스님이나 사제가 되는 결심을 한다는 것은 진리에 자기를 투신하는 진정한 결단이 아닐 수 없다. 그렇지만 가족이 있는 사람은 가족보다 소중한 것이 있다고 생각하지 않는다.

이성을 사랑하고 결혼하여 자식을 낳은 사람은 가족과 가정을 가지게 된다. 남녀 모두 결혼생활이 힘들다는 것은 알지만, 결혼하지 않는다고 해서 행복이 보장되는 것은 아니다. 자식을 낳으면, 부모의 유전자는 자식에게 전달되며, 자식은 자기의 자식에게 유전자를 전달한다. 죽을 수밖에 없는 자신의 일부가 유전자의 전달만큼 확실하게 생명체로서 살아남는 방법은 없다. 자식과 자손이 대대손손 이어간다는 것은 구체적인 사실이며 현실이다. 이는 죽음으로 인한 자기 소멸이 완전한 무(無)가 아님을 보여준다. 자식을 낳는 행위는 유전자를 통해 생명체로서 자신의 일부를 이어가는 가장 확실한 방법이다.

　죽을 수밖에 없는 인간이 유일하게 영멸에 대항할 수 있는 것은 자식을 낳는 것이다. 체세포는 죽는다. 하지만 자기의 생식 세포는 배우자의 생식 세포와 결합하여 죽지 않고 다시 재생된다. 그리고 자식의 자식도 그렇게 유전자를 전달할 것이다. 영원할 수는 없으니, 언젠가 생식 세포에 의한 유전자 전달도 중단될 것이다. 부모는 자식이 결혼하고, 손자가 태어나는 것에 만족을 느낀다. 자손 대대로 유전자의 전달이 가능하지 않다는 사실에 부모가 좌절감을 느끼지는 않는다. 단지 자기의 일부가 현재 계속하여 살아남는다는 사실에서, 현실적 만족감을 느낀다. 자식이란 영혼불멸의 씨앗을 남겨두는 것이며, 죽은 이후에도 자손의 번성에 의해 부모는 영생을 살게 된다.

　자식이 자식(손자)을 낳는 것은 부모의 인생에서 최고로 행복한 순간이다. 손자의 탄생은 부모의 인생을 긍정하는 것이며, 자식도 자신의 인생을 긍정하는 것이기에 자식(손자)을 낳는다. 하지만 부모가 자식을 낳아서 가장 마음 아픈 순간이 있다면, 자식이 부모에게 "왜 저를 낳으셨나요?"라고 원망할 때다. 자기의 인생을 긍정적으로 받아들이지 못하는 자식이 있으면, 부모가 자신의 인생을 긍정적으로 바라볼 수는 없다. 또는 사고로 부모가 자식을 잃는 것처럼 큰 슬픔은 없다. 부모가 자식을 사랑하고 자식이 부모를 공경할 때와, 자식이 손자를 낳아 사랑할 때 부모와 자식은 서로의 인생을 긍정적으로 바라볼 수 있다.

성 본능, 애착, 그리고 인간관계의 본질

프로이트가 말한 쾌락 원칙[55]은, "정신 기관의 작업이 흥분의 양을 낮은 상태로 유지하려는 방향으로 이루어진다면, 그 양을 증가시킨다고 생각되는 것은 어떤 것이나 그 기관의 기능에 역행하는 것으로, 다시 말해서 불쾌한 것으로 느껴질 것이다. 쾌락 원칙은 항상성(homestasis)[56]의 원칙에서 나온다." 성적 욕구는 단순한 생리적 충동이 아니라, 인간관계를 맺고자 하는 본능적 욕망과 깊이 연결된다. 인간은 단순한 성적 해소를 넘어, 정서적 교감을 통해 친밀감을 형성하며 관계를 맺는다. 성적 만족은 단순한 육체적 해소가 아니라, 상대와의 유대감을 강화하고 정서적 안정을 가져오는 역할을 한다. 반대로 성적 욕구가 오랜 기간 충족되지 않거나, 친밀한 관계 속에서 해소되지 못하면, 내면의 긴장과 심리적 불안이 커질 수 있다.

성욕은 본능적이고 자연스러운 욕구로, 적절한 해소를 통해 긴장을

---

55) 프로이트. 《쾌락 원칙을 넘어서》. 열린책들. 1997. p.12
56) 항상성은 체온, 혈당, 수분, pH 등이 일정하게 유지되는 것을 말함.

줄일 수 있다. 이외에도 정신적으로 승화(sublimation)시키는 방법이 있다. 성적 에너지를 느끼지 않을 정도의 운동이나 취미, 정신적 활동을 하는 것이다. 작고 크고를 떠나서 정신적 성취를 꾸준히 이루어 나가는 것이 대안이 될 수 있다. 남녀는 성적인 결합을 통한 만족이 아니더라도 이성에게만 얻을 수 있는 것이 있다. 남녀가 서로 가진 것을 나누는 것이 사랑이다. 남자만이 여자에게 줄 수 있는 만족이 있고, 여자만이 남자에게 줄 수 있는 만족이 있다. 사랑과 성적인 만족은 남녀가 상대를 통해서만 만족을 얻을 수 있다.

결혼한 부부가 누리는 관계에서 사랑이나 성적인 만족과 별개로 부부는 서로를 애착 대상으로 삼는다.[57] 남녀를 떠나서 사람은 혼자 살기가 어렵다. 이성이 아닐지라도 사람은 애착 대상이 필요하기 때문이다. 애착을 가질 수 있는 대상이 배우자이고 이성이면 제일 좋다. 이성이 아니어도 친구나 타인이 애착의 대상이 될 수도 있다. 이성이 아니어도 말벗이 되는 동성의 친구가 있으면 충분하다. 이야기를 나눌 친구가 한 명 있다는 것과 한명도 없다는 것은 하늘과 땅 차이이다. 특히 나이가 들면 그렇다. 혼자 살면서 애완동물을 기르는 것도 애착의 대상을 가지는 것이다. 사람이 아니지만 동물, 자기가 사는 장소도 애착의 대상이 될 수 있다.

---

57) 존 볼비(John Bowlby)의 애착 이론은 아동과 주요 양육자(보통 부모) 사이의 정서적 유대 관계가 아동 발달에 중요한 영향을 미친다는 이론이다. 아동과 부모 사이에 생기는 애착심이 부부 사이에도 생긴다는 이론(《정서중심 부부치료》, Susan M. Johnson 저, 박성덕, 안강호, 이지수, 정유리, 김기원, 한승민 공역. 학지사. 2006.).

아이가 태어나서 2세경까지 두드러지게 보이는 애착 반응은, 성인이 되어도 대상이 필요하다. 남녀를 떠나서 사람은 누군가와 애착 관계를 맺고 사는 것이 다른 정신적 본능의 만족처럼 중요하다. 사람이 누구에게도 애착을 가지지 않고, 누구도 자기에게 애착을 가지는 사람이 없다는 것은 끔찍한 일이다. 사랑과 성적 만족을 떠나서 사람은 죽을 때까지 누군가와 애착 관계를 유지해야 한다. 나이가 들어도 부부가 가능하면 같이 살려고 한다. 부부와 자식을 위해서 필요하기 때문이다.

결혼하지 않아서 가족을 만들지 않은 사람은 가족이 없이 노년까지 혼자 지내게 된다. 가족도 없고, 사랑하는 사람도 없고, 성적인 만족도 없고, 애착을 가질 대상도 없이 혼자 지낸다는 것은 외롭고 허무한 일이다. 사람이 자연에 따라 산다면, 남녀가 사랑으로 결합하고 성적인 본능에서 적절한 만족을 얻을 수 있어야 한다. 남녀의 결합에 따른 자식의 탄생은 자연스러운 결과이다. 일반적인 사람에게 자기 자식을 낳는 일은 일생에서 가장 큰 성취이자 보람이며, 무엇과도 비교할 수 없는 창조이다. 사람에게는 사람이 가장 소중하며, 자기 자식보다 귀중한 존재는 이 세상에 있을 수 없다.

욕망의 불만족과 애착 대상의 상실은 긴밀히 연결될 수 있다. 욕망은 단순히 물질적 충족을 넘어, 사랑하는 관계 속에서 존재를 인정받고자 하는 심리적 충족을 포함한다. 특히 부부간의 애착은 성적 만족 이상의 깊은 유대감을 통해 삶의 안정감을 제공한다. 가족 구성원 간의 애착은 서로에게 정서적 버팀목이 되어, 욕망의 불만족으로 인한 좌절과 고립감을 완화시킨다. 부부나 가족과의 애착 관계가 깊을수록, 개인은 내적 또는 외적인 불만족에도 불구하고 내면의 평온을 유지할 수 있다. 이는 단순한 관계를 넘어, 인간 본연의 욕구를 충족시키는 본질적 힘이 된다.

삶과 놀이, 균형 잡힌 행복의 길

삶, 욕망, 그리고 웃음

이제 인간관계에서 한발 더 나아가, 욕망과 기억을 다루는 자세로 눈을 돌려 보자. 본능과 욕망은 인간을 움직이는 동력이며, 삶의 성장을 이끄는 에너지다. 그러나 욕망은 결핍에서 출발하며, 충족이 반복될수록 새로운 결핍을 낳는다. 이러한 순환은 삶의 동력이자 고통의 원인이 된다. 욕망은 인간의 내면을 무겁게 만들지만, 이를 초월하면 삶의 자유를 찾을 수 있다.

갈증을 해소하려 단순히 물을 마시는 것은 생리적으로 필요하다. 그러나 우리는 점차 단순한 물에 만족하지 못하고, 여기에 커피, 차, 탄산수, 알코올 같은 첨가물을 더하기 시작한다. 이제 물은 갈증 해소의 도구가 아닌 욕망을 만족시키는 수단으로 변한다. 단순한 만족에서 시작된 욕구가 더 화려하고 자극적인 것으로 확대되는 것이다. 이는 욕망의 본질이 무엇인지 잘 보여준다.

욕망과 애착은 인간의 본질적인 요소지만, 선택이 많아질수록 만족보다 후회가 커질 수도 있다. 이는 인간관계에서도 마찬가지다. 이 욕망의 속성은 선택에서도 드러난다. 한 마을에 세 가지 종류의 아이스크림만 파는 가게가 있었다. 손님들은 단순히 한 가지를 선택하고 별다른 후회 없이 만족했다. 하지만 열두 가지 종류의 아이스크림을 파는 새로운 가게가 들어서자 손님들은 모두 그 가게로 갔다. 손님들은 선택지가 많아진 만큼 더 깊이 고민했고, 자신이 고른 아이스크림보다 더 나은 것이 있었을지 모른다는 생각에 자기가 선택한 아이스크림에 대한 후회도 잦았다. 이는 선택의 폭이 넓을수록 더 행복할 것이라는 우리의 기대가 실제로는 반대의 결과를 초래할 수 있음을 보여준다. 선택지가 많아질수록 만족감은 줄어들고, 후회와 불안은 커진다. 다양성과 풍요로움이 반드시 행복으로 이어지지 않는 이유이다.

이러한 욕망은 먹고 마시는 것뿐만 아니라 삶의 다른 영역에서도 우리를 끊임없이 유혹한다. 새 옷을 사고 싶고, 더 넓은 집을 원하며, 더 나은 기회를 갈망한다. 이는 더 나은 삶을 향한 욕망으로 포장되지만, 사실 끝없이 새로운 것을 요구하며 우리의 정신적 균형을 무너뜨린다. 과거에는 하나의 옷을 몇 년간 입으면, 그 옷의 품질에 감사하며, 절약하면서 살아온 데에 대하여 주인은 자부심을 느꼈다. 오늘날 해마다 새 옷을 사야 행복감을 느낀다면 자신을 돌봐야 한다.

욕망의 무게에서 벗어나기 위해 우리는 무엇을 할 수 있을까? 우선, 텅 빈 마음 상태를 지향해야 한다. 이는 단순히 욕망을 억누르는 것이 아니라, 욕망을 바라보는 태도를 바꾸는 것이다. 마음속 잔을 끊임없이 채우려고 애쓰는 대신, 잔이 비어 있는 상태에 익숙해지는 연습을 해야 한다. 텅 빈 마음 상태란 욕망을 느끼되 그것에 매몰되지 않는 균형을 의미한다. 선택의 순간에는 더 많은 것을 고민하기보다는 본질적인 필요에 집중하고, 단순한 선택에서 행복을 찾으려는 노력이 필요하다. 선택의 폭을 줄이고, 소유에 대한 욕망을 단순화할 때 우리는 더 가볍고 평온한 삶을 누릴 수 있다. 욕망은 인간의 본능이지만, 그것을 어떻게 다루느냐에 따라 삶의 무게와 방향이 달라진다. 단순함과 균형 속에서 우리는 욕망의 미로를 벗어나 진정한 자유를 경험할 수 있다.

10년 전, 한 사람이 웃고 있었다. 10년 후 다시 만났을 때 그는 여전히 웃고 있었다. 반면, 10년 전에 울던 사람은 10년이 지나도 여전히 울고 있었다. 그는 말했다. "인생은 슬픔이다. 인생이 기쁘다는 것은 거짓말이다." 그렇게 믿으며 그는 계속 울었다. 그러나 웃는 사람은 안다. 인생은 기쁨이 넘치는 샘이라는 것을. 세상과 인생이 웃거나 슬프게 하는 것은 자기 마음에 달려 있다. 일체유심조이다. 슬픔을 부둥켜안고 울지 마라. 자신을 웃게 하지 않는 사실은 진리가 아니다. 죽기 전에 웃자. 아니, 죽을 때까지 웃어보자. 온갖 슬픔과 불행, 그리고 고통도, 결국 웃지 못할 이유가 되지는 못한다. 지금 나의 수호신이 지켜보고 있다. 그는 나의 귀에 속삭인다. "네가 겪는 불행은 그리 심각한 문제가 아니다. 소금쟁이가 물 위를 가볍게 지나가듯, 그대도 슬픔과 불행을 사뿐히 건너가라." 수호신이 응원할 때, 그대는 어떤 어려움도 초월할 수 있다. 삶에 한 발을 디디고 있다면, 그 발을 떼어 다른 발에 무게를 실을 때, 그대는 죽음에 이른다.

그러나 그 순간, 깨닫게 될 것이다. 그대는 자기의 수호신이 되었고, 과거가 되어버린 인간의 슬픔과 불행은 결국 하찮은 것이었음을. 그러니, 이제 즐겁게 살아야 한다. 웃으며, 비행하는 새처럼 가볍고 자유롭고 짜릿함을 느낀다. 기쁨이 있는 곳에 머무르며, 놀이를 삶의 일부로 삼아야 한다. 죽음을 극복한 삶이라면, 웃음과 놀이 속에서 결국 빛나는 것이다.

일과 놀이,
조화로운 삶을 위하여

우리는 무엇을 위해서 살까? 나는 '놀기 위해서 산다'는 답이 제일 마음에 든다. 우리는 사랑하고 일하면서 살아야 한다. 사랑하는 가족이 있기 때문이다. 이는 당연히 해야 할 일이지만, 힘든 것은 사실이다. 그리고 우리의 하루 시간 중 일이 많은 부분을 차지할 수밖에 없다.

대신 일과 후나 주말, 휴가를 이용하여 자기가 원하는 취미나 운동, 휴식을 취하면서 즐거움을 찾아야 한다. 일과 놀이하는 시간의 균형을 맞추어야 한다. 일은 내가 의무적으로 해야 하는 일이고, 놀이는 내가 원해서 하는 일이다. 의무적으로 하는 일과 원해서 하는 일이 균형을 이루면 줄곧 일하고 놀이를 즐길 수 있다.

우리는 일에도 놀이에도 바라밀을 실천할 수 있으면 좋다. 바라밀은 불교 용어로 '애씀이 없이 다함이다.' 즉 노력하지만 그것에 얽매이지 않는 상태이다. 등산 중에 자기가 등산한다는 생각도 없어야 등산이 더 수월하다. 자기가 등산하는 데만 집중하기 때문이다. 수영을 좋아하는 사람은 물에 들어가면 모든 생각을 잊어버린다. 단지 자기의 페이스에 집중한다. 탁구나 배드민턴 등 다른 운동도 마찬가지이다.

놀이나 취미는 다른 사람을 자연히 만날 기회를 제공한다. 놀이는 혼자서 할 수 없다. 다른 사람이 필요하며, 놀이를 통해서 상대와 친밀해질 자연스러운 기회가 생긴다. 동호회 회원과 어울리다가 보면 내성적인 사람도 자연스럽게 다른 사람과의 만남을 즐길 수 있다. 같은 취미를 가진 동호회 회원들은 서로를 아끼고, 놀이를 통해서 자연스럽게 친밀하게 된다.

잊는다는 것이 스트레스를 이겨내기 위해서 필요하다. 그러나 가만히 혼자 시간을 보내면, 기분이 저절로 좋아지지는 않는다. 잊혀지지도 않는다. 뭔가를 해야 외로움과 권태로움은 사라진다. 우리는 운동을 포함한 놀이를 통해서 적극적으로 자기 기분의 변화를 이끌어야 한다. 놀이는 어린 시절에 놀던 순수성으로 돌아가는 것이다. 어른들의 놀이에는 어린 시절로 돌아가는 퇴행(regression)이 있다. 어린이가 되어 순수하게 놀고 해맑은 웃음을 지을 수 있다. 놀이는 스트레스를 적극적으로 잊고, 다가올 스트레스에 대처할 수 있는 면역력을 길러 준다. 어린 시절 놀 때가 일생 중 가장 행복한 시절이다.

어린 시절에 다른 친구와 노는 시간을 갖는 것은 중요하다. 친구와 어울리면서 사회성을 기르고, 의사소통 능력을 기른다. 아이들 사이에서 감정이 생기며 감정을 조절하는 방식을 익히게 된다. 노는 데는 어떻게 놀아야 할 것인지를 찾는 창의성이 필요하다. 아이들이 서로

밀고 당기면서 힘을 사용할 수 있으며, 이는 자연스러운 신체 발달로 이어진다. 축구나 농구 같은 단체 운동은 협동심을 기르고 동료들과 어울리는 즐거움을 준다. 아이에게 다른 친구와 자연스럽게 놀 기회를 주는 것은, 아이의 신체와 정신 발달에 지대한 영향을 미친다.

우리말에는 "노세, 노세! 젊어서 노세. 늙어가면 못 노나니."라는 말이 있다. 젊을 때 충분히 놀아야 한다. 나이가 들어도 어린 시절 놀던 때의 마음으로 돌아가야 한다. "언제 놀 수 있나? 어떻게 하면 놀 수 있나? 놀 수 있으면 어떻게 놀까?" 이는 삶 전체를 흐르는 큰 주제이다. 놀이는 삶의 질을 높이는 데 기여한다. 일하기 위해서 놀고, 놀기 위해서 일하여야 한다.

자연, 예술, 그리고 삶의 풍요로움

계절의 순환과 삶의 풍경

시골의 하루는 도시 아파트와 상당히 차이가 있다. 아침에 일어나면 햇살이 집안을 가득 채워 나간다. 밝아진 창문을 통해서 산과 나무, 땅에서 그날그날의 풍경을 보고 느끼게 된다. 문을 열고 조금만 나가 보아도 맑은 공기, 청명한 하늘, 싱싱한 나무와 이슬을 볼 수 있다. 하늘이 보이고 구름이 보이면 그날 하루 자연의 생활을 미리 숨쉬어 보게 된다. 봄에는 개나리와 진달래, 그리고 철쭉이 피어난다. 집 근처 산에는 이름 모를 야생화들이 침묵의 아름다움으로 자기의 존재를 소리 내며 알리는 듯하다. 봄에는 들꽃이 피어나고, 여름에는 초록빛이 강렬하며, 가을에는 단풍이 물들고, 겨울엔 눈이 덮여 고요함이 감돈다.

봄에 피었던 다양한 꽃들은, 여름에 피는 꽃들에게 자리를 내어주고 물러간다. 여름에는 꽃의 아름다움에 이어 초목의 푸르름이 더욱 짙어지며, 자연은 생명력으로 가득 찬다. 겨울의 한복판에서 숨죽이고 있던 나무들은 다시 왕성한 모습으로 산과 들을 채운다. 인간의 삶도 이와 다르지 않다. 한때 활기찼던 청춘이 지나고, 조용히 성숙의 계절을 맞이하며, 다시 자연의 품으로 돌아가는 것이 인생이다. 그러므로 우리는 계절의 흐름 속에서 삶의 의미를 되새길 수 있다. 자연은 인간에게 변화와 순응을 가르쳐 주며, 삶의 무상함을 깨닫게 한다. 죽은 것처럼 보였던 초목이 여름 한복판에서 다시 푸르게 살아나듯, 우리 삶도 때론 정체된 것처럼 보여도 새로운 활력을 되찾을 수 있다. 여러 해를 살아서 그럴 줄 알았지만, 나이가 들수록 어김없이 찾아오는 봄꽃, 여름 초목이 마술처럼 신기하기만 하다.

여름에는 빼놓을 수 없는 즐거움이 있다. 바로 정성 들여 가꾼 채전 밭에서 갖가지 채소들을 거두어 싱싱한 맛을 즐길 수 있다는 것이다. 호박, 가지, 오이, 상추, 부추, 깻잎 그리고 고추 등의 작물들이 크게 자랐기 때문이다. 방금 거두어 바로 먹는 채소는 이 세상에서 제일 맛있는 음식이다. 지금 아침에서 저녁으로 순환하는 하루를 느끼고 있으며, 자연을 보면서 오늘 하루가 결국 봄 여름 가을 겨울로 순환하는 일 년이 될 것을 실감할 수 있다.

더운 날 뙤약볕에 있는 것은 참을 수 없다. 그러나 더운 날 그늘에 앉아 있을 때 부는 바람은 더욱 시원하게 느껴진다. 인생으로 따지면 모든 것이 다 갖추어진 것이 가장 행복한 것이 아니고, 부족한 것을 메꾸어 나가는 생활이 인생의 진수라는 것을 느끼게 된다.

어느 더운 여름에 대전의 장태산 황토길 14km를 걸은 적이 있다. 가장 더운 대낮이었다. 14km를 걸으면서 휴양림 덕분에 햇빛이 전혀 부딪쳐 오지 않았다. 그리고 더운 여름날 산그늘을 선선하게 체감하면서 걸었다. 더위는 없었고 가슴속에 시원한 공기만 느껴졌다. 고통과 고난이라는 좁은 문에 자기를 던지면 행복이 계속 찾아온다. 그러나 행복과 편함을 계속 찾으면 불행이 찾아온다. 더위와 추위를 이기는 것도 마찬가지이다. 장태산을 걸을 때보다 하산하였을 때 도리어 더위를 견딜 수 없어서, 에어컨이 나오는 카페에서 아이스크림을 먹게 되었다. 하지만 누군가에게 여름날 숲이 우거진 산을 등산 체험해 보라고 권하고 싶다.

가을이 되면 마당과 집 주변 야산이 옷을 갈아입는다. 계절별로 주변의 자연이 달라진다. 가을에 강하고 질기게 매달렸던 나뭇잎은 색깔이 바래고, 겨울의 문턱을 넘지 못하고 땅에 떨어진다. 시골에서의 가을은 수확의 풍요로움을 주는 시기이다. 그러나 기온이 차가워지고 늦가을에 나뭇잎의 변색과 낙엽은 마음 깊숙한 곳이 시려오게 한다. 겨울이 지나면 다시 봄이 올 거라는 사실을 확신하지만, 사실보다는 감정이 먼저 인생이 나뭇잎과 같이 종결된다고 말한다. 아니 감정을 느끼기도 전에 마음속에서 허전함이 자리 잡고 있다. 특히 의과대학의 가을 중간고사는, 나뭇잎이 단풍이 들기 시작하면 준비하기 시작해서, 단풍이 다 지고 나면 시험이 끝난다. 단풍놀이를 갈 여유는 없지만, 학교 운동장 한쪽에 서 있는 커다란 은행나무가 해마다 가을의 깊이를 알려주었다.

가을이면 우울해지던 마음은 전혀 비논리적인 경험에 의해서 끝이 났다. 어느 가을 단풍이 최고조에 이른 백암산에 등산을 갔다. 백암사를 들러 상왕봉 백학봉 사자봉 정상을 둘러보고 내려왔다. 올라갈 때처럼 내려올 때도 단풍이 아름다웠다. 내가 잠시 단풍에 빠져 있는 순간에 갑자기 단풍이 꽃으로 보였다. 단풍이 물든 것이 아니고, 꽃들이 산을 덮고 있다는 황홀경에 빠졌다. 그리고 순간 꽃들이 터지면서 화려한 불꽃놀이를 하는 모습을 구경하였다. 가을 등산의 마무리 코스에서 단풍이 마음속에 자리 잡았고, 가을에 피는 꽃들을 보았고, 꽃들이 다시 불꽃놀이 하는 불씨로 변했다. 묘한 기분과 함께 순간 가을과 봄을 착각하였다.

지금이 봄이다. 그리고 내년 봄은 가을이다. 30년 이상을 착각하던 꿈에서 깨어났다. 가을에 단풍꽃을 보면서 깨달음을 얻었다. 지금 화려하게 핀 봄꽃들 사이로 지나온 것이다. 꽃들의 환영을 받으면서 나는 봄 길을 내려오고 있었다.

한 해의 시작이 1월이 아니고, 사람마다 시작하는 달이 다르다. 계절의 시작도 봄이 아니다. 가을이 계절의 시작일 수 있다. 자기가 정하고 느끼는 대로 다를 수밖에 없다. 가을이면 낙엽과 단풍을 보면서 우울해졌다. 그리고 가을에 느끼는 우울한 기분은, 봄에 느끼는 생동감과 대조를 이루었다. 하지만 가을의 쓸쓸함은, 사람을 스스로 더 깊은 우울로 몰입하게 된다. 나쁘지만은 않았다는 것이다.

그날 이후로 생각의 틀이 껍질처럼 벗기어져 떨어져 나가고 있었다. 모든 계절이 한 해의 시작일 수 있고, 모든 달이 한 해를 시작하는 달이었다. 그리고 모든 오늘이 한 해의 시작일 수 있다. 그리고 바로 지금은 항상 인생의 시작이자 끝일 수 있다. 나는 이제 가을을 기다린다. 단풍이 곱게 물들듯, 삶도 어느 순간 가장 빛날 수 있다는 것을 알기에.

이중섭: 자연과 인간 정서의 표현

화가 이중섭의 그림은 우리가 체험한 자연을 느끼게 해주며, 경험하고 싶은 자연 속의 시골과 가족 사랑을 전해준다. 그의 그림을 볼 때마다 시골에 살고 싶은 충동을 느끼지 않을 수 없다. 자연을 누리고 싶은 마음을 그의 그림에 대한 감상으로 대신하려 한다.

서울에 있는 국립현대미술관에서 2016년 화가 이중섭 탄생 100주년 기념으로 그의 전시회가 있었다. 당시 대전에 살고 있었는데 그의 그림을 직접 감상하기 위해 서울의 국립현대미술관을 세 번 방문하였다. 이중섭은 1916년에 태어나 1956년 40세에 세상을 떠날 때까지 무척 짧은 삶을 살았다. 평소 이중섭의 작품을 좋아했지만, 그동안은 그의 그림을 직접 볼 기회가 없었다. 그런데 이중섭의 원본 그림을 직접 볼 수 있어서 좋았다. 마음 한편으로는 이번 기회가 아니면 다시는 이렇게 많은 그의 원본 그림을 볼 수는 없다는 아쉬움을 감상하는 동안에도 느끼고 있었다.

이중섭의 화보들을 본 적은 있지만, 그의 생애나 작품의 평론에 대하여 전혀 들은 적이 없던 저자가 전시회 그림들을 보고 가장 놀랐던 점은 그림 자체가 아니었다. 그리 오래 보아왔던 〈황소〉를 그린 그림은 종이 위에 유화물감으로 그린 것이었다. 직접 보기 전에는 유화 캔버스에 그린 그림으로만 생각하고 있었다. 대부분의 작품을 유화물감으로 종이 위에 그림을 그렸다. 미래에 오래 보관하는 데 어려움이 있을 것으로 짐작되었다. 유화물감, 수채화용 물감, 연필, 숯, 잉크 등의 소재를 사용하여 그렸다. 또 종이에만 그린 것이 아니고, 전에 담뱃갑 안에 많이 사용하던 은박지 위에 그린 은화가 많았다. 다행인 것은 가족에게 보낸 엽서와 편지에 그려진 그림도 상당한 양 보관되어 전시되고 있었다.

그는 해와 달, 산천초목, 물고기와 게, 새와 닭 등을 그려왔다. 그리고 제일 유명한 〈황소〉 그림들을 그렸다. 그의 그림에는 과거 농촌이나 어촌 바닷가에서 볼 수 있는 풍경들이 있었다. 그가 살면서 같이 사는 외부의 대상들을 그는 그렸다. 그들과 같이 살며, 그들을 곁에 두고 놀고 즐기는 모습들이 있다. 아이들끼리 어울리는 모습들도 다양하게 그렸다. 아이들, 자식, 부부, 부모를 그린 그림에서는 그가 마음속에 지닌 사람에 대한 진한 정(情)을 느끼게 한다. 사람들이 서로 정을 느끼며 살아가는 배경에는 항상 자연이 있다.

'소'에 대한 그림이 등장하면서 화가의 마음은 살아온 세상에 대한 화가의 마음이 표출된다. 집이든 산천초목이든 시간이 지나면 정을 느끼는 게 우리 민족의 정서였다. 시간이 지나면 고향을 그리워하게 되고, 그 고향은 대부분 시골이었다. 같이 살던 닭, 돼지, 개, 소

등에도 정을 느끼는 것이 당연한 감정이었다. 그런데 그중에서도 소는 특히 중요했다. 소는 농사짓는 데 없어서는 안 될 소중한 존재였었다. 소는 쟁기를 메고 논과 밭을 갈아 일구어서 여러 사람이 할 일을 대신했다. 소가 없으면 사람의 힘만으로는 도저히 농사를 지을 수 없었다. 그래서 겨울에도 소에게 여물을 끓여서 먹이고 죽지 않게 하는 것은 농갓집의 큰 숙제였다. 소는 먹는 양이 많아서 집에서 제일 큰 가마솥에다 여물을 아침저녁으로 끓여서 먹여주었다.

소는 초식동물이라 온순하지만, 크고 힘이 세서 농부의 큰 일꾼이다. 이중섭이 그린 그림은 강한 아버지의 상징이며, 자기의 분신의 모습으로 나타난다. 이중섭은 소를 유심히 관찰하는 시간이 길어져서 소도둑으로 몰리기도 했다고 한다. 집에서 기르는 여느 동물처럼 사람이 정을 느끼는 짐승의 단계를 넘어서 소에게는 가족들이 모두 큰 의존을 하게 된다. 소가 아프거나 죽으면 안 되는 소중한 존재이다. 이중섭의 그림에서는 그런 대우를 받는 소가 서로 마음을 통하는 존재가 된다. 주인이 화를 내면 소도 주인과 같이 화를 내고, 소가 화를 내면 주인도 같이 화를 내주는 존재처럼 그렸다. 감정이입이 되어서 사람과 소가 서로에게 의존하고 소통하고 공감하는 존재로 관계가 격상된다.

그는 가장으로서 돈을 벌어 가족을 부양하지 못하고, 그림을 그리고 있다는 것에 대하여 심한 죄책감을 느끼고 있었다. 아울러 가족을 만날 수 없는 현실에 괴로워했다. 자신이 지닌 죄책감은 바로 자신이 지닌 분노가 아니고 무엇일 수 있겠는가! 세상과 자신에 대하여 그의 분노는 엄청나게 컸을 것이며, 그는 사람의 모습으로 그려서는 표현할 수 없는 분노를, 자신보다 힘이 세고 체격이 큰 〈황소〉의 모습을 그림으로써 표현했다. 자기와 아버지의 분노이며, 당시 살던 우리 민족이 겪었을 분노를 짐작하게 한다. 빨간 배경에 화가 난 〈황소〉라는 작품을 보면, 순간 사람의 분노가 폭발하는 듯 잠시 보는 사람을 움츠리게 한다. 화가 뭉크의 〈절규〉라는 작품이 인간의 절망감을 소름 끼치게 잘 표현하였다면, 인간의 분노를 이중섭의 〈황소〉만큼 잘 표현한 작품이 있을지 궁금하다.

〈황소〉에 표현된 분노는 〈싸우는 소〉로 그려져서 인간의 분노, 공격성, 파괴성 본능으로 나타난다. 〈투계〉로 닭들이 싸우는 모습도 그려진다. 오래된 분노는 우울증으로 나타난다. 〈황소〉, 〈싸우는 소〉, 〈투계〉 등으로 표현되는 분노는 깊은 우울감으로 다가온다. 〈돌아오지 않는 강〉은 오래된 분노와 그리움을 자아낸다. 〈노란 태양과 가족〉은 암울하며 우울증으로 화가의 내면적 정신세계가 무너지는 것처럼 보인다.

이중섭이 원하는 부부의 모습은 〈부부〉라는 작품들에 잘 나타나 있고, 그가 원하는 가족의 모습은 〈길 떠나는 가족〉, 〈닭과 가족〉, 〈해변의 가족〉 등에 잘 나타나 있다. 〈길 떠나는 가족〉은 그가 가족에게 보내는 편지에도 그렸으며 그는 편지에 이렇게 썼다. "아빠가 엄마, 태성이, 태현이를 소달구지에 태우고 아빠가 앞에서 황소를 끌고 따뜻한 남쪽 나라로 함께 가는 그림을 그렸다. 위에 하얗게 있는 것은 구름이다." 지금 시대의 아버지도 그렇지만, 당시에도 가장은 황소처럼 센 힘이 필요했었던 것 같다.

정(情)이라는 감정은 살면서 물질로 이루어진 세상에 애착을 가지며, 세상 속에서도 특히 자기가 살던 자연 속의 집, 마을, 고향에 애착을 가지게 되는 것이다. 애착은 가족에 대한 애착이 가장 크다. 가족끼리는 부모 자식과 부부 간의 애착이 있으며, 형제자매 간의 애착이 있다. 가족뿐 아니라 친척들에게도 가족과 같은 정을 서로에게 느낀다. 이중섭은 자연과 사람에 대한 애착을 그렸다. 그러나 그가 가족과 오랫동안 만나지 못하는 데서 느끼는 그리움, 외로움, 슬픔, 억울함 그리고 어쩌면 심한 분노는 그의 그림과 편지 등에 고스란히 남아 있다.

〈서귀포의 환상〉이라는 작품은 사람들이 자연과 더불어 즐겁게 놀고 살아가는 모습을 느끼게 해준다. 그가 살아서 사랑하는 가족들과 함께 '서귀포의 환상'이라는 작품에 나오는 자연(세상) 속에서 살았었다면 좋았을 것이다. 그럴 수 있었다면 〈과수원의 가족과 아이들〉 같은 분위기의 가정을 이루고 살았을 것 같다. 그는 더 오래 살아야 했고, 누구보다도 행복할 자격이 있었다. 그러나 그는 살아서 그의 작품이 인정받는 것을 경험하지도 못하고, 너무 젊은 나이에 세상을 떠났으니 안타깝기만 하다.

사람은 행복하기 위해서 가족이 필요하고, 가족이 가장 중요하다는 것을 그의 이력과 엽서화를 포함한 모든 작품은 보여준다. 그의 작품이 문학이나 철학으로 표현되었으면 어땠을까? 아니면 음악으로 표현하였다면 어떤 음악이 작곡되었을까? 상상해 보게 된다.

음악: 영혼을 울리는 언어

쇼펜하우어는 음악은 의지에 직접 작용하기 때문에 모든 사람이 쉽게 이해할 수 있다고 하였다. 그러나 그림은 지성의 직관을 통한 이해가 있어야 의미를 알 수 있다. 그래서 미술은 음악보다 이해가 어려울 수 있다. 음악은 형상이나 현상의 간접적 재현이 아닌, 인간 의지의 직접적인 표현으로 작용한다고 설명한다. 이 때문에 음악은 감정과 감각에 직접적으로 호소하며, 듣는 사람의 내면에 즉각적이고 직접적인 영향을 미친다. 음악은 오디오 기술의 발달로 원곡을 본래의 악기에 가까운 음으로 재생할 수 있어, 연주회에 직접 가지 않아도 음악이 주는 감동에 접근하기가 수월하다. 그러나 그림은 사진이나 복제화를 통해서는 원화가 주는 느낌을 충분히 파악하기 어렵다.

음악은 하나의 언어이다. 주로 사람의 마음을 움직이는 힘을 가졌다는 점에서 사람이 말로 주고받는 언어와는 다른 언어이다. 음악은 사람의 마음속에서 공명을 일으키며, 사람의 감정에 공감을 준다. 슬픈 사람이 슬픈 음악을 듣고 슬픔이 위로되면, 기쁜 사람이 기쁜 음악을 듣고 더욱 기분이 좋아진다. 위대한 음악가들은 우리가 평상시에 느낄 수 있는 감정을 재생하여 아름답게 표현해 준다. 더욱 나아가 우리가 느끼지 못했던 감정을 느껴서 알 수 있게 해준다. 그들이 새롭게 느끼게 해주는 음악에는 기쁨과 슬픔은 물론이고 아름다움, 고귀함, 신비로움, 절망감, 비통함, 애절함 등이 나타난다. 평소에 우리가 말로 표현할 수 없는 감정이 그들에 의해서 듣는 사람의 마음속에서 새롭게 피어나고 자라난다. 그리고 듣는 사람의 마음을 정화한다. 음악이 표현하는 것을 언어로 다시 표현할 수는 없다. 음악을 이해한다는 것은 다른 나라의 언어를 하나 더 알고 있다고 할 수 있다. 그 언어는 영혼과 소통할 수 있는 언어이다. 음악을 통해서 영혼을 표현하고, 영혼을 통해서 음악을 작곡할 수 있다.

음악은 영혼의 목소리로 신과 소통할 수 있게 해주는 언어이다. 인생의 중요한 순간마다 음악은 등장한다. 출생, 결혼식, 축제, 제사, 장례, 종교의식 등에서 음악은 분위기를 이끌어 인간의 감정을 깊이 느끼게 한다. 인간은 평소에 생각하는 것보다 더 많은 감정을 느끼며, 자기가 느끼고 있는 감정보다도 더 심오한 감정을 음악을 통해 깨닫게 된다.

베토벤은 음악을 더 높은 계시라고 표현하였다. 모든 지혜와 철학보다도 높은 계시라고 했다. 그는 음악이 인간의 고통을 위로하고, 영혼을 높은 차원으로 이끌며, 궁극적으로는 인간 삶의 의미와 목적을 이해하는 데 도움을 줄 것이라고 믿었다. 그는 또 "음악을 통해 말할 수 없는 것을 말하고, 침묵해야만 하는 것을 노래한다."고 했다. 음악은 말로 표현할 수 없는 감정이나, 정신적·영적 경험을 전달하는 독특하고 강력한 수단이 된다. 특히 제2차 세계대전 중 레닌그라드 포위전(1941~1944년)동안, 극심한 식량 부족과 폭음 속에서도 차이코프스키의 5번 교향곡이 연주되었으며, 청중들은 끝까지 자리를 지켰다. 교향곡 5번은 운명과 극복, 희망을 상징하는 듯한 구조를 가지고 있어, 당시 전쟁의 어려움을 겪던 소련 시민들에게 강한 감동을 주었다. 음악보다 영혼의 목소리를 더 잘 표현하고 전달하는 언어는 있을 수 없다.

군대에서 군악은 병사들의 사기를 진작시킨다. 군대의 중요한 행사에는 군악대가 반드시 등장한다. 길고 힘든 훈련으로 지친 장병들이 임명식을 가질 때, 군악대의 연주는 지난 훈련의 고통을 잊게 해주고 어깨를 으쓱하게 하며 가슴을 뭉클하게 한다. 실제 전쟁터에서도 소대보다 적은 군악대가 일개 사단보다 더 큰 힘을 발휘한다고 한다. 사기가 오른 군인들은 사기충천하여 적을 맞이해 싸울 용기를 가지게 된다. 훌륭한 지휘자는 군악대의 중요성을 잘 알고 있다.

결국, 그림 · 음악 등 예술을 통해 우리는 자연과 삶, 그리고 죽음이 서로 긴밀히 이어져 있음을 새삼 깨닫는다. 예술은 인간이 가진 본능적 에너지를 승화할 통로가 되며, 그 과정에서 자연과 자유 그리고 삶의 본질을 더욱 풍요롭게 느끼게 해준다. 자연과 예술, 그리고 기억을 다루는 인간의 노력은 삶을 더욱 풍요롭고 자유롭게 만든다. 이 모든 요소는 결국 인간이 삶의 의미를 찾고, 죽음을 초월하며 내적 평화를 이루는 데 기여한다.

죽음: 영점(零點)으로의 귀환

죽음의 본질

타인의 죽음, 나의 죽음

사람들은 보통 자기의 죽음보다도 타인의 죽음을 먼저 경험하게 된다. 자기 주위의 부모, 친척, 이웃의 죽음을 경험하게 된다. 소아의 경우 나이에 따라 죽음을 해석하는 방법이 변화하게 된다. 아이는 9~12세는 지나야 죽음을 더 현실적으로 이해하고, 죽음이 영원하며 모든 사람에게 일어날 수 있는 일이라는 사실을 받아들인다. 아이들은 죽음에 대한 감정적 반응을 더 복잡하게 표현할 수 있으며, 슬픔, 두려움, 분노 같은 감정을 명확히 경험할 수 있다. 어린 나이에 부모의 죽음을 겪는 아이가 있다면, 부모의 죽음은 아이에게 지대한 영향을 미치게 된다. 부모는 존재한다는 자체만으로도 아이에게 필수적인 도움이 되기 때문이다. 어린 시절, 죽음은 단순히 막연한 두려움으로 다가오지만, 시간이 지나며 타인의 죽음을 경험하고 상실을 겪으면서 인간은 점차 자기 죽음의 불가피성을 이해하게 된다. 이러한 과정은 단순한 두려움을 넘어, 삶의 유한성과 의미를 성찰하는 성숙한 죽음 인식으로 이어진다.

여기서 이야기하려고 하는 것은 타인의 죽음을 통해서, 사람들은 자기의 죽음에 대해 알아가기 시작한다는 것이다. 그리고 사람은 자기의 죽음보다 타인의 죽음을 먼저 겪고, 죽음에 대하여 생각하기 시작하고, 죽음에 대하여 막연한 두려움을 느낀다. 우리나라의 평균수명인 남자 85세 여자 90세 정도의 평균수명을 살다 죽는 사람의 대부분은 점차 더 많은 사람의 죽음을 겪게 된다.

타인의 죽음에서 비롯된 두려움은, 자기 죽음에 대한 막연한 두려움을 느끼게 한다. 현실에서는 대부분 이웃이나 조부모의 상을 먼저 겪고, 부모상을 겪게 된다. 그래서 자기 죽음에 대한 두려움은 여전히 막연하고 현실감이 느껴지지 않는 것일 뿐이다. 자기 가족이나 친척의 죽음은 죽은 사람과의 인연이 단절되는 데서 겪는 슬픔으로 괴로워한다. 어린이라면 죽음에 대한 개념이 없어서 죽음으로 인한 슬픔을 충분히 못 느낄 수도 있다. 어른도 처음에는 사랑하는 사람의 죽음을 부정하고 실감이 나지 않을 수 있다. 하지만 장례식과 발인의 과정을 지켜보고 삼우제, 사십구재, 제사를 지내면서 사랑하는 사람의 죽음이 자기에게 어떤 의미이고 영향을 주었는지 점차 느끼게 된다.

사실 사람은 모두 태어나서 한 번밖에 죽지 않는다. 결국 죽기 전까지는 자기의 죽음이 아닌 가족이나 친척, 즉 사랑하는 사람들의 죽음을 더 많이 겪게 된다. 자기의 죽음은 죽기 전에 두려워도, 죽고 나면 자기에게 더 이상 고통을 줄 수 없다. 그러나 살아가며 겪게 되는 타인의 죽음은 일평생 동안 사랑하는 사람의 죽음으로 인한 이별의 고통을 안겨준다.

노년이 되면 부모, 친구, 형제, 때로는 자식을 잃게 된다. 오래 살수록 건강하고 장수하는 복을 누리지만, 외로움과 권태 혹은 장애와 여러 가지 질병으로 시달리게 된다. 노년은 상실의 시기이다. 지인, 지식, 재산, 건강 등 모든 것을 잃게 된다. 먼저 죽는 사람은 노년에 사랑하는 사람들을 잃는 상실의 슬픔을 경험하지 않을 수 있다는 점에서 행운(?)이라고 할 수도 있다.

일생에 걸쳐 가족과 친척, 친구 등의 죽음은 우리에게 슬픔, 분노, 괴로움, 그리움, 죄책감 등의 힘든 감정을 겪게 한다. 정상적인 애도 반응을 겪고 극복해 내는 사람도 있지만, 사랑하는 대상의 상실로 우울증이나 외상 후 스트레스 반응 등 정신적 질환을 오래 앓게 되는 사람도 적지 않다.

타인의 죽음도 중요하지만, 모든 사람에게 자신의 죽음은 가장 큰 관심사인 것은 당연하다. 누구나 죽는다는 것은 사실인데, 자기 죽음을 전혀 생각하지 않고 사는 사람이 있을 수는 없다. 그렇게 살 수는 없으며, 자기의 죽음은 자기에게 평생 가장 중요한 사색의 주제가 된다. 그러한 이유는 무엇보다 죽음 자체가 주는 두려움이다. 생각할수록 죽음에 대한 염려는 커지지만, 사람이 늘 죽음 자체에 대한 두려움에 사로잡혀 살지는 않는다.

죽음 자체가 두려운 것 외에도 죽음이 주는 중요한 의미가 존재한다. 오래 살아도 삶은 짧은 순간이며, 죽음은 길고도 길어 영원한 것이기 때문이다. 인간은 불멸을 원하지만 죽음은 사람의 영생을 영원히 불가능하게 한다. 사는 것이 몹시 힘든 불행한 사람도 있지만, 순간순간을 넘기며 우리는 불행을 이겨나간다. 그러나 죽음은 영원한 상태이니, 두려운 것이며 중요한 문제다. 누구든 죽음의 순간을 맞이한다면, 그동안 살아온 인생을 회상하게 된다. 그래서 아무것도 남지 않는 무로 돌아가는 것이 죽음이어도, 우리는 끊임없이 죽음에 대하여 생각해 볼 수밖에 없다. 죽음은 피할 수 없고, 불멸의 희망을 영원히 좌절시키기 때문이다.

새로운 시각으로 본 죽음과 삶

- 죽음은 고통의 끝인가?

신약성경 마지막에 있는 요한묵시록에는 죽지 못하고 고통을 당하는 죄인의 모습이 나온다. 만약 하느님이 있다면, 대죄를 지은 사람에게 참지 못할 통증과 고통을 겪게 하고 영원히 죽지 못하게 할까? 그렇게 된다면 이는 징벌을 넘어서, 인간으로서 참을 수 없는 고통이 될 것이다.

> "그들에게는 사람들을 죽이지는 못하고 다섯 달 동안 괴롭히라는 명령이 내려졌습니다. 그 괴롭히는 고통은 전갈이 사람을 쏠 때의 고통과 같았습니다. 그때에는 사람들이 죽음을 구하여도 얻지 못하고, 죽으려고 하여도 죽음이 그들을 피하여 달아날 것입니다."
>
> 요한묵시록 9, 5-6

이런 구절은 심판의 두려움과 동시에 회개하고, 하느님께 돌아가야 할 필요성을 강조하며, 이러한 고통은 단순한 벌이 아니라 하느님과의 관계 회복을 위한 최후의 경고로 이해된다.

요한묵시록은 로마시대에 박해받던 교회를 위로하고 신앙을 북돋기 위해 쓰인 상징적 기록이다. 이 책은 상징과 비유를 통해 메시지를 전달하며, 당시의 역사적 상황에서 그리스도교인들이 신앙과 희망을 잃지 않도록 하는 데 목적이 있었다.

종교적 주장을 떠나서 과연 지옥은 있을까? 전지전능하면서 거칠고 가혹하고 잔인하며 인간의 고통으로 재미를 느끼는 신, 아니면 죽음 후에도 고통을 연장하는 지옥이 있을 것인가? 죽음 후에 그런 징벌이나 지옥은 그리 믿기지는 않는다. 세상을 살면서 큰 불행을 겪고, 절망감에 시달리면서 괴로움을 느끼고, 타인에 대한 극단적인 적개심을 가지기도 하면서 지옥은 인간이 환상으로 만든 세계이다. 인간이 자기가 지닌 슬픔, 두려움, 잔인함, 적개심을 외부로 투사하고 상상이 곁들여져 지옥을 만든 것이다. 사람이 천국을 믿고 착하게 살 수 있지만, 지옥이 무서워서 착하게 살지는 않는다.

"인간은 지옥을 발견하고 손뼉을 치며 기뻐하였다." 지옥은 인간이 자기 본능의 만족을 위하여 만들어 놓은 창작물이다. 인간은 군중심리에 편승하여 남을 악마로 자주 상상하지만, 자기가 만든 악마가 사실은 자기의 모습일 수 있다고 직시하기는 어렵다.

• **수면과 마취로 본 죽음**

　사람은 매일 밤에 잠을 잔다. 아침이면 잠이 깬다. 잠이 깨지 않으면 이것을 영면이라고 한다. 어느 날 잠들었는데 아침에 안 일어나서 가보니 죽은 사람들도 있다. 자연 수면에서 영원 수면으로 바뀐 것이다. 죽음을 이렇게 생각할 수 있다. 나는 잠들 듯이 눈을 감는데 다시 잠이 깨지는 않는다. 매일 잠들 때 다음 날 아침에 깨지 않을까 걱정하지 않는데, 어느 날 잠들었는데 다음 날 깨지 않는다면 고통 없이 죽는 것이다. 죽은 상태에서 깨지 않는다고 괴로워할 리는 없다.

　나이가 들면 누구든 마취를 경험할 수 있다. 요즘은 수면 내시경 검진으로 잠시 잠드는 경험을 할 기회가 많다. 수면 내시경을 할 때 한순간 잠이 들고, 모든 절차가 끝나면 침대에 누워 있는 자신을 경험하게 된다. 수면 유도하는 것을 두려워하지 않았고, 마취제에서 깨어나면 잠을 푹 자고 일어난 것과 같다. 전신 마취를 할 때도 마찬가지이다. 수술하려고 대기 중인 사람은 통증으로 괴로움을 당해온 경우가 많으며, 마취하는 순간이 기다려진다. 산소마스크로 숨을 크게 두어 번 호흡하고 의사의 마취한다는 말을 들으면, 이후로 회복실에서 깨어나서 아무것도 기억나지 않는다. 죽음은 마취된 상태와 비슷하지 않을까?

• **인생은 순례 여행의 끝**

　인생은 순례 여행의 끝이다. 키에르케고르의 《이것이냐 저것이냐》에는 이런 말이 있다. "결혼하는 것이 좋다. 그러면 자네는 후회할 것이다. 결혼하지 않는 것이 좋다. 그러면 자네는 역시 후회할 것이다.

결혼을 하나 안 하나 자네는 어느 편이든 후회할 것이다. 세상에서 벌어지는 어리석은 일을 보고 웃는 것이 좋다. 그러면 자네는 후회할 것이고, 웃거나 울거나 자네는 후회할 것이다." 결국 인간은 어떤 선택을 하든 후회에서 벗어나기 어렵다. 이러한 현실을 마주한 우리는 '적절한 삶'이란 과연 무엇일까 질문하게 된다.

어떤 이들은 모든 것을 해보고 모든 사람처럼 살아본다면 후회를 줄일 수 있으리라 생각할지도 모른다. 세계 백 개국 이상을 여행한 사람도 있다. 누구나 부러워할 것이다. 그렇지만 남들보다 많은 곳을 여행해서, 반드시 그 사람이 남들보다 더 행복할 수는 없다. 삶의 가치는 양(量)으로 대체할 수는 없다. 삶은 "얼마나 많이 경험했느냐."보다 "어떤 의미를 가지고 살 수 있느냐."가 중요하다. 즉 삶은 질(質)의 문제다. 많은 경험도 좋지만 우리는 인생의 핵심 주제, 예를 들면 죽음과 같은 본질적 문제를 직시하지 않을 수는 없다. 쇼펜하우어는 "천재는 수레바퀴의 안쪽을 돌기에 짧은 거리만 이동해도 인생을 잘 알 수 있지만, 일반인은 수레바퀴의 바깥쪽을 돌기에 긴 거리를 이동해도 인생을 잘 알지 못한다."고 했다. 이는 인생을 어떻게 바라보고 체험하느냐가 중요함을 시사한다.

죽음을 앞둔 순간, 전능한 신이 다시 젊은 시절로 돌아가고 싶으냐고 묻는다면, 젊음의 혈기와 노년의 지혜가 어우러진 완전한 삶의 조화를 떠올리며, 예스라고 답할 수 있다. 마치 천상병 시인의 '귀천'에서 노래하듯 인생이라는 소풍을 마친 뒤 "아름다웠다."고 말할 수 있다면 그보다 더한 축복은 없을 것이다.

무(無)에서 와서 무(無)로 돌아간다

- **육체와 정신의 해방: 오온의 공성(空性)**

태어날 때 어디서 왔는지 모르지만, 몸뚱이 하나 가지고 태어났으니 죽을 때는 내 몸을 버리고 떠남이 당연하다. 내 몸을 잃으니 나를 괴롭히는 육체의 고통이 사라지며, 육체에서 발하는 내 정신도 사라지니 정신적 고통도 사라진다. 만약 육체가 사라져서 오각을 통해서 세상을 인식할 수 없는데 정신이 살아 있다면 이는 무지 불행한 일이다. 내 정신이 살아서 외부 세상을 보지도 듣지도 못한다면 이보다 더 큰 고통은 없으리라. 컴컴한 방에 아무것도 안 보이고 아무것도 안 들리게 하고, 며칠 동안 사람을 텅 빈 공간에 두면 자극 박탈(sensory deprivation)[58]로 정신병적인 상태에 빠진다. 육체가 죽었는데 정신이 살아 있다면, 그것보다 괴로운 일은 없을 것이다.

그런데 사람들은 육체가 죽은 후에도 정신이 살아 있는 것을 영혼이라고 부른다. 오각을 통해서 입력되는 감각이 사라지고 정신만 불멸한다면, 영혼 불멸은 그리 바람직하지는 않다. 불교에서 오온개공(五蘊皆空)이라고 말하는 것은, 사람이 죽는 경우에 오온(색·수·상·행·식)을 통한 행복을 잃는 것을 고통으로 받아들일 수 있으나, 오온이 공(空)함을 알고 죽는 사람 입장에서는 죽음을 통해서 사람은 신체와 정신적 고통으로부터 자유롭게 된다고 볼 수 있다.

---

58) 자극 박탈로 생기는 현상은 환각, 불안 및 초조, 인지 기능 저하, 시간 감각 왜곡, 우울감 및 무기력감, 자아 붕괴 경험 등이다.

- **무색성향미촉법(無色聲香味觸法)과 공(空)의 의미**

무색성향미촉법(無色聲香味觸法)은 반야심경의 한 구절에서 나오는 말로, "무색 · 무성 · 무향 · 무미 · 무촉 · 무법"을 뜻한다.[59] 이 구절은 세상의 모든 현상들이 본질적으로 공(空)하다는 것을 강조한다. 색성향미촉법을 합한 '색(色)'은 물리적인 몸, '수(受)'는 감각을 통한 경험(감정 · 느낌), '상(想)'은 감각 정보를 인식하고 분별하는 과정(생각 · 이미지), '행(行)'은 의지 또는 행동을 일으키는 동기 · 의도, '식(識)'은 의식이나 인식 과정을 의미한다. 이 모든 것을 합해 색수상행식, 즉 오온이라 하며, 여기에서 오온은 개공(五蘊皆空)하니, 모든 존재는 공(空)하고 집착할 필요가 없다는 가르침이다.

종합적으로 보면, 그리스도교와 불교 모두 죽음을 단순히 '끝'이 아니라 또 다른 시작으로 본다. 죽음을 통해 우리는 삶의 가치를 더 깊이 마음 속에 새기고, 남겨진 이들이 고인의 삶을 기억하며 더 충실히 살아가는 계기가 될 수 있다. 죽음의 보편적 의미는 다양한 종교와 철학적 관점에서 성찰되어 왔다. 이러한 관점은 인간 존재의 깊이를 이해하는 데 중요한 통찰을 제공한다. 죽음이 단순히 해방으로 끝나는 것이 아니라, 남은 이들에게 전하는 의미와 교훈은 삶의 가치를 묵직하게 조명하는 기회가 될 수 있다. 이러한 죽음의 의미는 단순히 개인적인 경험에 머무르지 않으며, 다양한 종교와 철학적 관점에서 삶과 죽음의 본질을 성찰하도록 이끈다. 예를 들어, 그리스도교와 불교는 각각 영생과 공(空)의 개념을 통해 죽음을 새로운 시작으로 해석한

---

59) 이 책의 앞부분 불교에 대한 기본 용어에 대한 설명을 참조.

다. 그리스도교는 죽음을 영생으로 가는 전환점으로 보고, 신과의 영원한 관계를 중심으로 설명한다. 불교는 죽음을 오온의 공성(空性)으로 돌아가는 과정으로 해석하며 집착에서의 해방을 강조한다. 두 관점은 죽음을 삶의 의미를 재조명하는 기회로 바라보며, 이를 통해 인간이 더 높은 차원의 상태로 나아갈 수 있는 길을 제시한다.

죽음의 공포와 인간의 본질

땅에서 풀과 나무가 자라나듯이 육체에서 정신이 발현한다. 육체는 늘 정신에 신호를 보낸다.

- **육체와 정신**

육체는 늘 정신에 신호를 보내며, 정신은 이러한 신호에 반응하여 삶의 방향을 결정한다. 그러나 육체의 요구에만 의존하면 인간은 욕구의 노예가 될 수밖에 없다. 정신이 육체의 지배를 받으면서도 동시에 그것을 관리하고 조절하려는 이유는, 인간이 육체적 본능을 넘어선 의미 있는 삶을 추구하기 때문이다. 사람이 아무것도 안 하고 있으면 시간이 지남에 따라 육체가 정신에 말한다. 갈증이 난다. 배가 고프다. 쉬고 싶다. 잠을 자고 싶다. 성관계를 하고 싶다 등등. 육체가 정신(의식·무의식)에 말하는 것은 요구이다. 이러한 요구를 평생 충족시켜 주어야 하며, 만약 몸이 아프면 아픔을 해결해야 하고, 마음이 아프면 정신이 그 고통을 극복하게 애써야 한다. 그런 점에서 사람은 육체의 노예이고, 사람의 정신도 육체와 자기 정신에 대한 노예라 할 수 있다.

사람의 정신은 육체의 지배를 받지만, 동시에 정신도 육체를 관리하고 조절하려고 한다. 마음이 즐거우면 피로를 덜 느끼고 잠을 적게 자도 큰 문제 없이 버틸 수 있지만, 화가 나면 심장이 두근거리고 근육이 긴장되어 피곤이 오히려 가중된다. 마음을 편하게 하여 육체적인 스트레스를 줄이려고 한다.

- **죽음의 공포: 자아와 초자아의 갈등**

프로이트는 인간의 정신을 이드(id), 자아(ego), 초자아(superego)세 가지로 나누었다.[60] 프로이트에 따르면, 죽음의 공포는 단순한 본능적 반응이 아니라, 인간의 내면에서 발생하는 심리적 갈등 때문이다. 이드가 원하는 욕망과 초자아가 요구하는 도덕적 기준이 충돌하면서, 자아는 이를 조율하려 한다. 하지만 죽음 앞에서는 이 갈등이 극심해진다.

특히 어린 시절 부모와의 관계는 이러한 공포를 형성하는 데 중요한 역할을 한다. 예를 들어, 아이는 성장하면서 아버지를 강한 존재로 인식하며, 때로는 어머니를 놓고 아버지와 경쟁하는 듯한 감정을 느낀다. 하지만 결국 아버지가 더 강하다는 사실을 깨닫고, 어머니에 대한 사랑을 포기하고 어머니 같은 여자를 만나기 위해 아버지를 닮으려 노력한다. 이를 동일시(identification)'라고 한다.

이 과정에서 아이는 무의식적으로 '아버지가 나를 벌할 수도 있

---

60) 이드, 자아, 초자아에 대한 설명은 224p에 있음.

다'는 불안을 느낄 수 있으며, 이를 프로이트는 '거세 공포(castration anxiety)'라고 설명했다. 즉, 아버지의 권위에 대한 두려움이 무의식적으로 내면화되면서, 초자아는 더욱 엄격한 도덕적 기준을 형성하게 된다.

이러한 심리적 과정은 죽음에 대한 두려움과도 연결될 수 있다. 우리가 죽음을 생각할 때 느끼는 불안은 단순한 생물학적 본능이 아니라, 우리 내면에서 발생하는 복합적인 심리적 반응의 결과이다. 죽음이라는 피할 수 없는 현실 앞에서 자아는 이를 받아들이려 하지만, 초자아의 도덕적 기준과 삶의 의미를 찾으려는 욕구 사이에서 갈등을 겪게 된다.

요약하자면
이드: '나는 살고 싶어!' (본능적 욕망)
초자아: '하지만 죽음은 피할 수 없어.' (도덕적 판단과 현실 인식)
자아: '그럼 어떻게 이 두 가지를 조화롭게 받아들일까?' (균형 잡기)

이러한 내면의 갈등이 극심해질 때, 죽음의 공포는 더 강하게 다가오며, 우리는 이를 극복하기 위해 신앙, 철학, 혹은 자기 성찰 등의 다양한 방법을 찾게 된다.

• **죽음 공포의 철학적 · 종교적 성찰**
리비도(인간의 본능적 에너지)가 다량 집중되어 죽음에 대한 공포가 생긴다는 프로이트의 말은 이해할 수 있다. 프로이트는 죽음 공포를 심리학적 관점에서 자아와 초자아 간의 갈등으로 설명하며, 이는 삶의 유한성을 깨닫는 인간의 내면적 갈등을 드러낸다. 거세 공포증이 있는 사람이 평소 죽음에 대하여 더 두려워한다는 것은 흥미로운 연결이다. 그러나 프로이트가 죽음에 대한 공포를 생물학적 원인을 무시하고 심리적으로만 해석하는 데는 무리가 있어 보인다.

프로이트는 죽음의 공포를 자아와 초자아 간의 갈등으로 설명했다. 즉, 초자아가 설정한 도덕적 기준과 집착을 내려놓을 때 죽음을 둘러싼 두려움도 자연스럽게 해소된다는 것이다. 그러나 불교에서는 오온(五蘊)이 모두 공(空)하다는 깨달음을 통해 죽음의 공포에서 벗어날 수 있다고 본다. 오온에 대한 집착은 죽음의 두려움을 키우지만, 그 실체를 이해하고 놓아버리는 순간 삶과 죽음은 단절이 아니라 자연으로 돌아가는 과정이다.

삶과 죽음의 순환

눈 감고 죽을 수 없는 사람들

부모의 자식에 대한 사랑은 자식이 성장함에 따라 줄어든다. 보통 동물들은 사람보다 평균수명이 짧기도 하지만, 혼자 독립하게 되는 시기도 빠르다. 이 독립하는 속도에 맞추어 어미의 새끼에 대한 헌신적 사랑은 줄어든다. 동물마다 정도 차이는 있다. 사람은 의학적으로 여자는 18세, 남자는 20세 이후를 성인으로 본다. 사람의 자식에 대한 사랑도 자식의 성장 속도에 맞추어서, 점차 자립심을 기르고 관심과 간섭을 최소화하게 된다. 자식마다 성장 속도가 다르고 자립심이 다르기 때문에, 부모는 계속하여 자식의 발달 정도에 맞추어 독립하도록 도와주게 된다.

이 세상에는 부모의 부재나 학대로 잘못되는 아이도 있지만, 부모의 과잉보호로 자녀의 성숙을 그르치는 경우도 흔하다. 과잉보호 혹은 과잉 간섭하는 부모는 자기가 자식을 과잉보호하는지를 의식하지 못한다. 부모가 자기 불안을 스스로 조절하지 못하면 과잉 걱정과 과잉보호로 나타난다. 성숙해 가는 자식이 부모에게 가장 듣고 싶어 하는 말은, "너를 믿는다."라고 인정해 주는 것과 "잘했다"고 칭찬해주는 말이다. 간단한 말이지만, 평생 부모에게 자기를 믿는다는 말이나 칭찬을 한 번도 듣지 못한 자식은 의외로 많다. 일반적으로 부모가 자식을 걱정하는 이야기를 많이 듣고 산다. 부모에 따라 잘한 것을 칭찬하기보다, 잘못을 나무라는 데에 익숙하기도 하다. 그런데 모든 자녀가 성장하며 독립할 수 있는 것은 아니다. 신체적·정신적 장애를 가진 자녀를 둔 부모는 이러한 일반적인 흐름에서 벗어나, 전혀 다른 고민과 사랑의 형태를 경험하게 된다.

정신질환을 앓는 아들을 둔 한 아버지의 이야기는 이러한 부모의 사랑을 잘 보여준다. 아버지는 자기의 죽음 이후에도 아들이 잘 돌봄을 받을 수 있기를 바라며, 철마다 단감을 한 박스 선물하며 자신의 마음을 표현했다. 그분은 돌아가시기 전, 내가 주치의로서 아들을 끝까지 돌봐주기를 간절히 부탁했다. 그 요청이 담긴 선물은 단순한 부탁의 표시가 아니라, 자신의 사랑과 걱정을 담은 절실한 메시지였다. 이러한 경우는 정신의학과에서 드물지 않게 목격할 수 있다.

자녀가 성숙하지 못한 경우 부모의 마음은 자식에게서 멀어질 수가 없다. 신체적 장애, 지적 장애, 정신적 장애를 가진 자녀의 부모이다. 자식이 이미 성장하고 성숙하였으나 질병이나 사고로 독립이 불가능해진 경우들이다. 이런 경우의 부모는 생의 마지막 날까지 자식에 대한 걱정으로 마음을 졸이면서 살아간다. 오랜 자녀의 장애로 지친 부모는 한계를 인식하지만, 자식에 대한 사랑이 유한함을 인정하기가 어렵다. 자식이 독립할 수 없다는 것을 알고 있기 때문이다. 인간은 누구나 불완전하며 한계를 가질 수밖에 없다. 세월이 흐르면 자식에 대한 사랑만큼, 자식과 별개인 부모 자신의 인생에 대한 사랑도 필요하다. 자식이 독립하지 못한 부모들은 자기의 죽음보다 더 두려운 것이 있다. 자기 사후에 자식이 누군가의 돌봄을 받지 못할까 봐 두려워한다. 이러한 부모는 자식이 눈에 밟혀서 눈을 감고 죽을 수가 없다. 다행히 과거에 비해 현재는 돌봄이 필요한 사람에 대한 사회복지가 제도적으로 많이 마련되어 있다. 부모 대신에 장애인을 만족스럽게 돌보는 복지 단체들도 있다.

영점에서 얻는 자유

영점은 모든 욕망과 결핍에서 자유로운 가능성의 상태를 의미한다. 인간은 태어나기 전 아무것도 없는 영점의 상태에 머물다가 삶의 순환이 시작된다. 태어남으로써 인간은 이 영점에서 벗어나 몸을 움직이고 감각을 통해 외부 세계를 경험한다. 이 과정에서 욕망과 애착은 생의 동력이 되어 인간을 성장과 성취로 이끈다. 애착은 삶을 사랑하는 표현이며, 욕망은 인간이 더 높은 곳을 향해 나아가도록 하는 추진력이다. 이러한 욕구와 의지는 삶을 생동감 넘치는 현실로 이끌며, 성장과 발전을 통해 인류는 문화와 문명을 형성하고 발전시켜왔다.

하지만 이 모든 과정은 결국 채워지지 않는 갈망의 굴레에 갇힐 위험을 내포한다. 인간은 세상에서 부러워하는 것을 얻기 위해 부단히 노력하지만, 갈망이 삶의 중심이 되는 순간 새로운 부족함이 생겨나고, 이는 집착으로 이어져 인간을 괴롭히게 된다. 돈이 많은 사람일수록 더 많은 돈을 얻기 위해 시간을 쏟고, 가치관 없이 남들이 부러워하는 것을 쫓는 삶은 끝없는 궁핍의 굴레 속에 갇히게 한다. 욕망은 삶의 원동력이지만, 욕망이 인간을 지배하는지 인간이 욕망을 조절하는지에 따라 삶의 방향이 극적으로 달라진다. 욕망을 절제하고 조율할 수 있는 능력은 삶을 더욱 풍요롭게 만들지만, 욕망에 휩쓸릴 경우 인간은 끊임없는 결핍 속에서 방황하게 된다. 따라서 욕망을 어떻게 다루느냐에 따라 삶의 질과 만족감이 결정된다.

영점은 무(無)의 상태로 귀환하는 과정이며, 죽음은 이를 실현하는 통로가 된다. 영점은 삶을 긍정하는 태도에서 비롯되지만, 무는 생명과 의식이 완전히 사라지는 상태로, 더 이상 어떤 경험도 존재하지 않는 절대적 공허함을 의미한다. 죽음은 인간을 완전한 자유의 상태로 이끈다. 외부로부터 무언가를 구하지 않아도 되고, 자아가 원하는 것도 없으며, 어떤 외부의 강요도 인식할 수 없는 상태가 된다. 높아질 필요도 없고, 낮아질 필요도 없으며, 넓어질 필요도 없고 좁아질 필요도 없다. 힘이 필요할 일도 없고, 이를 의식하지도 못하는 상태가 영점으로 돌아간 죽음 이후의 모습이다.

그럼에도 불구하고 인간은 올림픽 구호처럼 "더 빠르게, 더 높이, 더 강하게"라는 삶의 동인을 추구하며 영점으로부터 멀어지는 일들을 반복한다. 느끼고 생각하고 활동하며 배우고 무언가를 가지려 하는 인간의 행위는 모두 살아 있기에 가능한 것이다. 이러한 과정에서 살아가는 인간은 각자의 분야에서 최선을 다하며, 반드시 최고가 아닐

지라도 주어진 일을 지속해나간다. 이와 같은 과정은 삶을 단순한 결핍과 집착의 반복이 아닌 의미와 성취로 가득한 여정으로 만든다.

욕구의 충족과 성취를 위한 의지는 삶을 부정할 수 없는 가치로 만든다. 만약 인간이 애착이나 욕망을 전혀 가지지 않는다면, 삶은 아무런 움직임 없이 정지된 상태에 머물 것이다. 애착은 삶에 애정을 심어주며 욕망은 발전을 위한 에너지를 공급한다. 올림픽 선수들이 한계에 도전하며 기록을 경신하는 모습은 인간이 가진 잠재력을 드러내고, 이를 통해 관중들은 자기의 한계를 간접적으로 체험하며, 같은 인간 존재가 가진 가능성을 확인한다. 이처럼 결핍과 욕망에서 완전히 자유로울 수는 없더라도, 이러한 생명의 활력은 삶에 의미를 부여하는 중요한 이유가 된다.

영점은 살아 있는 동안 경험할 수 있는 해방의 경지지만, 무는 삶이 끝난 후 더 이상 어떤 형태의 존재도 남아 있지 않는 절대적 소멸을 의미한다. 인간은 삶을 통해 욕구를 충족하고 자신의 가능성을 실현하며 성장과 성취를 경험한다. 이러한 노력과 과정은 영점에서 출발한 생명에게 의미를 부여하고, 언젠가 무로 돌아가 평온한 해방을 맞이할 수 있게 한다. 삶과 죽음의 순환 속에서 인간은 영점으로부터 시작하여, 결핍과 욕망을 통해 움직이며 마지막에 다시 무로 돌아간다. 이는 인간 존재의 근원적 순환이며, 생명력 넘치는 삶과 완전한 해방인 죽음이 서로 긴밀하게 연결된 본질을 보여준다.

무(無)가 되는 죽음

죽음 이후 천당과 지옥이 주사위로 결정된다고 가정해 보자. 주사위를 던져 홀수가 나오면 천당, 짝수가 나오면 지옥에 가야 한다. 이 경우, 아무리 착하게 살아온 사람이라도 짝수가 나오면 지옥에 갈 수밖에 없다. 더구나 누구도 자신이 완벽하게 선하게만 살았다고 확신할 수 없다. 그렇다면 어떤 사람은 천당과 지옥 중 하나를 선택하는 대신, 차라리 아무것도 없는 무(無)의 상태로 돌아가기를 원할 수도 있다. 결국 주사위라는 무작위의 결정은 인간이 운명 앞에서 얼마나 무력한 존재인지를 보여준다. 무(無)란 모든 흔적이 사라지고 존재 자체가 소멸한 상태를 의미한다.

무의 상태가 되면 신체는 분해되고 자기의식은 사라지며, 자아도 소멸한다. 죽음 후에는 내 몸이 조각나고 분해되어 분자까지 나누어지고, 분자는 전자까지 나누어져 있을 것이다. 죽음 후에는 몸이 살아 있는 사람은 생존 본능이 있어서 죽음이 두렵다. 그러나 죽은 사람은 더 이상 살고 싶은 욕망이 남지 않아 죽음이 두렵지 않고, 두려운 줄도 모른다. 그럴 수야 없지만, 만약 죽은 사람이 살고 싶어 하는 소망을 품는다면, 거대한 괴로움에 몸부림칠 뿐이다.

의학적 발전으로 평균수명이 길어졌다. 평균수명이 길어지면서 생기는 문제는 노인이 죽음에 이르는 데 더 오랜 시간이 걸린다는 점이다. 고통의 시간을 짧게 하고 죽는다면 다행이지만, 죽지 않고 신체적 고통이 있거나 장애가 남은 상태에서 연명을 계속해야 하는 것은 자신뿐 아니라 가족도 두려운 일이다. 이는 나이가 들면 모두가 겪을 수 있는 문제이다. 죽지 못하고 연명해야 하는 시간은 개인에게 더 큰 불행이라고 봐야 한다. 그저 죽는 날만을 기다리는 사람들이 있다.

그러나 자살처럼 자기가 원해서 스스로 죽는 것을 선택하는 것은 남아 있는 가족에게 감당하기 힘든 정신적 고통이다. 존엄사는 무(無)로의 회귀가 아니라, 인간이 자신의 마지막을 스스로 선택하는 권리이다. 생명을 연장할 수 있는데 통증이나 장애가 심해서 자기가 죽음을 선택할 수 있거나, 가족이 본인을 대신하여 죽음을 선택하게 도와주는 것도 현실에서 필요하다고 본다. 죽는다는 사실의 고통보다도, 죽어 가는 단말마의 고통이 심하고 오래 지속될 수 있다. 당사자나 보호자인 가족이 대신 죽음을 선택할 수 있는 존엄사에 대한 사회적 합의는 절실하고 시급히 요구되고 있다. 인간은 자연에서 태어나 자연으로 돌아간다. 삶과 죽음은 결국 순환의 일부이며, 영원한 정지 상태가 아니다. 우리는 유한한 생을 살면서도, 스스로 의미를 창조하고 그 의미를 긍정하는 존재이다. 죽음이 끝이 아니라 또 다른 흐름의 시작이라는 점을 깨닫는 순간, 삶은 이전보다 훨씬 자유로워질 것이다.

자연으로의 귀환과
지혜로운 삶

지금 여기 이대로 좋다

- 일체종지(一切種智): "모든 것이 둥글게 평등하다."

일체종지(一切種智)는 불교에서 매우 중요한 개념으로, 문자 그대로 풀이하면 '일체의 본질을 꿰뚫어 아는 지혜'를 의미한다. 모든 것이 평등하다는 뜻은, 모든 존재가 공(空, 비어 있음)의 본질을 가지고 있어 겉모습이나 차별적 특성(상, 相)에 집착하지 않을 때 그 평등한 본질을 이해할 수 있다는 것을 말한다. 부처와 중생 또한 본질적으로 동일한 깨달음의 가능성을 지닌 존재이다. 둥글게 평등하다는 것은 결국 현재에 만족하며 사는 것을 의미한다. 이는 편견이나 치우침 없이 모든 것을 있는 그대로 받아들이고, 자비와 지혜로 조화롭게 이해하는 깨달음을 의미한다. 일체종지는 모든 존재가 본질적으로 평등하며, 현재를 살아가는 태도를 통해 이러한 깨달음을 실현할 수 있음을 가르친다.

어차피 죽을 것! 살려고 하지 마라. 죽는 것이 고통이 된다. 죽으려고 하지 마라. 사는 것이 슬픔이 될 것이다. 잘하려고 하지 마라. 못하는 것이 괴로울 것이다. 가지려고 하지 마라. 못 가진 것이 괴로울 것이다. 미래에는 행복해지려고 하지 마라. 지금 불행하게 사는 것이 괴로울 것이다. 지금 여기 이대로, 내가 존재하는 것 자체로 충분하다. 자기의 과거 상처나, 올지 안 올지도 모르는 미래에 대한 걱정에 의해 현재 이 순간을 불행하게 만들지 마라. 미래를 위해 항상 준비해라. 지금 고통스러우면 미래에는 덜 고통스러울 것이다. 미래에 더 고통스러울 수 있다면, 지금이라는 순간은 덜 고통스러운 것이다. 매 순간 현재에 기뻐하고 감사하며 살아라. 노인들은 매년, 아니 자주, 순간마다 나이가 들고 쇠약해지는 것을 한탄하게 된다. 그럴 때마다 노인들은 그래도 지금이 가장 젊을 때라고 스스로 위로한다.

- 행복의 제1원칙: "지금 여기 이대로 좋다."

  죽음은 최악의 상태이다. 죽음의 상태는 본래의 상태이고, 탄생 전의 상태로 돌아가는 것이다. 최고가 아니고 최악이더라도, 지금 여기 이대로는 최상의 상태이다. 왜냐하면 마지막 상태인 죽음보다 더 나쁘지는 않을 테니까.

항상 최악의 상태를 생각하라. 결국 죽음이 최악의 상태일 것이다. 죽음이 두렵지 않으면, 더 이상 두려워할 것은 없다. 그러면 최상의 상태를 상상하라. 지금 당신이 고통 속에 있으면, 고통이 심해질 수도 있다. 그러나 심한 고통도 언젠가는 끝이 있다. 사람의 목숨에 한계가 있듯이 사람이 느끼는 고통도 끝이 있다. 지금 심한 고통을 느끼면 이제 지금보다 더 고통스러운 일은 없고, 점차 덜 고통스러우리라. 가장 고통스러울 때는 희망이 가장 커지는 순간이다. 큰 고통은 여인의 분만 고통과 닮았다. 분만의 고통은 죽을 만큼 힘들지만, 아이 탄생의 기쁨은 죽음의 고통도 이겨내는 힘을 준다. 실패의 순간이 가장 큰 배움과 성장을 가져오듯, 고통은 새로운 기회의 시작이 될 수 있다. 가장 고통스러운 순간은 가장 기쁜 순간을 향해서 간다. 겨울이 깊어지면 봄이 가까이 왔다고 하지 않던가.

영(零)으로 결핍이 없는 상태

- **불수자성 수연성**(不守自性 隨緣成)

불수자성 수연성은 모든 존재가 정해진 본성이라는 것이 있는 것이 아니며, 인연에 따라 성질이 달라진다는 의미이다. 의상대사가 지은 《법성게》에 나오는 글이다. "자기 본성을 고집하지 않고 주어진 인연에 따라 자연스럽게 행동하라."는 의미를 담고 있다. 이 구절은 자신의 고정된 본성이나 습관, 생각에 얽매이지 않고, 각 상황에서 필요하고 적합한 방식으로 유연하게 대응하라는 가르침이다.

가진 자는 잃을 것이고, 높은 자는 낮아질 것이며, 강한 자는 약해질 것이다. 밝은 것은 어두워질 것이고, 소리는 고요로 바뀔 것이다. 포만감과 만족감은 사라지고 결핍으로 나타난다. 기억하는 것은 망각하게 될 것이고, 존재하는 것은 사라진다.

원하는 것이 있으면 그것이 결핍된 상태이다. 원하는 것은 부족하다는 것이다. 부유하다는 것은 가진 것이 많은 것이 아니라, 더 필요로

하는 것이 적은 것이다. 필요로 하는 것이 많거나 절실할수록 사람은 고통을 겪는다. 부족한 것을 없게 만들기 위해서 사람들은 준비하고 채워두려고 한다. 모든 것을 다 준비해 둘 수는 없다는 것을 우리는 알 수 있다. 그러면 우리가 무엇을 준비하고 채우고 저장하여야 할까?

- **산과 인간: 결핍과 자유의 비유**

 내가 사는 집 앞에 산이 있다고 하자. 내가 산이 좋아서 산에게 내 앞으로 오라고 하면, 산은 오지 않는다. 산이 싫어서 저 멀리 물러나라고 하여도 산은 그 자리에 가만히 있다. 그래서 중이 절이 싫으면 중이 떠나야지, 절이 떠날 수는 없다고 한다. 산이 좋으면 내가 산에 다가가면 된다. 산이 싫으면 내가 산으로부터 멀어지면 된다. 결핍은 산처럼 변하지 않는 외부 환경이 아니라, 우리가 스스로 만들어 낸 마음의 결과이다.

 그런데 산으로 다가가지도 않고, 산으로부터 멀어지려고도 하지 않는다면 그 사람은 결핍된 것이 없다. 산이 필요해 산을 가까이하려고 하거나, 산이 싫어서 산을 멀리하려고 하는 사람만이 결핍감을 느껴서 힘들다. 산에 가까이 갈 필요도 없고, 산에서 멀어지려고 할 필요가 없는 사람이 있다. 산에게 가까이 오라고 하면 산이 자기에게 가까이 오고, 산에게 멀리 가라고 하면 산이 자기로부터 멀어지게 할 수 있는 사람과 다름이 없다.

 이는 우리가 외부의 상황이나 대상을 바꾸려고 하거나 자신의 욕망을 좇는 대신, 상황에 맞춰 유연하게 대처하는 태도를 중요시해야 한다는 것이다. 그러나 이 과정에서 변화가 항상 쉽게 이루어지지 않는다는 현실적 한계도 고려해야 한다. 산이 나에게 가까워지도록 하기 위해서는 내가 먼저 변화하고, 욕망을 자제하는 노력이 필요하다. 삶의 모든 결핍과 욕망을 없앨 수는 없다. 하지만 결핍을 줄이고, 변화와 순환의 본질을 수용하는 태도가 우리를 결핍 없는 상태로 이끌 것이다. 그런 의미에서 상황에 대한 반응만이 아닌, 내면의 성찰과 변화를 요구한다고 볼 수 있다.

산처럼 변하지 않는 환경을 움직일 수 없다면, 물처럼 유연하게 그 상황에 맞춰 자신을 조율하는 태도가 필요하다. 삶에서 지나치게 높은 목표에 집착하기보다는, 지금 할 수 있는 작은 변화부터 시작하라. 변화는 단번에 이루어지지 않을 수 있지만, 작은 실천이 쌓여 큰 전환점이 될 수 있다.

- **물과 영점(零點): 고요 속의 흐름**

물이 영점(0℃)에 이르면 얼음이 되어 고체가 된다. 얼음은 안정적이고 고요한 상태를 유지하지만, 온도가 다시 올라가면 녹아 흐르는 물로 변한다. 물이 끓으면 수증기가 되어 가벼워지고, 하늘로 상승하지만 결국 다시 응결되어 물이 되어 지상으로 돌아온다. 이처럼 물은 끊임없이 형태를 바꾸며 순환하지만, 본질은 변하지 않는다.

영점(零點)은 단순한 물리적 온도를 넘어선다. 그것은 모든 동요가 멈추고, 집착과 욕망에서 자유로워지는 내적 평온의 상태를 상징한다. 물이 영점에서 얼어 고요해지듯, 우리도 삶에서 어떤 지점에서는 멈추어야 할 때가 있다. 그러나 이 정지는 완전한 고착이 아니라, 다시 흐를 수 있는 가능성을 품은 순간이다. 얼음이 영점에서 형성되지만, 환경이 변하면 다시 흐르는 물이 되듯, 우리도 삶의 변화 속에서 끊임없이 형태를 바꿔 나간다.

삶도 마찬가지다. 때로는 가장 안정적인 얼음처럼 고정된 상태에 있을 수 있지만, 결국 흐르는 물처럼 변화할 수밖에 없다. 최상의 순간이 영원하기를 바라지만, 최악의 순간처럼 역시 영원하지 않다. 모든 것은 고정되지 않고 순환한다는 사실을 받아들일 때, 변화에 대한 두려움에서 벗어날 수 있다.

변화를 바라보는 시각에는 두 가지 측면이 필요하다. 하나는 변화의 가능성에 대한 믿음, 다른 하나는 변화를 수용하는 지혜다. 영점은 모든 흐름이 멈춘 것처럼 보이지만, 그 속에는 새로운 변화의 씨앗이 깃들어 있다. 물이 얼음으로 정지하는 순간조차, 그 안에는 다시 흐를 가능성이 내재해 있듯이, 우리의 삶도 영점에서 시작되어 다시 흘러간다.

삶의 모든 결핍과 욕망을 완전히 없앨 수는 없지만, 변화와 순환을 이해하고 받아들이는 태도가 우리를 더욱 자유롭게 만든다. 결국, 영점은 단순한 멈춤이 아니라, 새로운 흐름을 준비하는 조용한 출발점이자 돌아가는 지점이다.

자연에서 왔으니 자연으로 돌아간다

삶과 죽음은 자연 속에서 순환하며, 죽음은 단절이 아닌 자연으로 돌아가는 과정이다. 태어났으니 죽어야 한다. 한순간 자연으로 인해 '자기'가 되어 머물렀고, 다른 순간 '자기'는 자연으로 돌아가게 된다. 자연(自然)은 본래 스스로 그러하니, 자기의 몸과 정신이 흩어져 자연이 되면서 더 큰 자기로 돌아간다. 자기는 자기에만 머물지만, 자기가 자연으로 돌아가는 순간 자연 전체가 자기가 된다. 자연이 자기가 되는 순간 살고 죽는 것도 없이 모든 것이 자연이 되어 스스로 그러할 뿐이다. 자연이 순환하듯, 우리의 삶과 죽음도 하나의 큰 순환 속에서 완성된다.

눈을 감으면 죽게 될 것이다. 한번 잠들면 영원히 깨어나지 않는 잠을 잔다. 그리 많이 무수한 날을 살아서 잠이 들어도, 다음 날 잠에서 깨지 못할까 걱정한 날은 별로 없다. 꿈도 꾸지 않는 잠이다. 아직 내가 배고프고 목마르다면 꿈을 꿀 것이다. 나는 부족한 것, 결핍된 것에 시달리고 싶지 않다. 배고프지도 목이 마르지도 않은 잠을 자고 싶다. 춥지도 덥지도 않은 잠이다. 춥거나 덥다면 아직 내가 체온을 가지고 있기 때문이다. 춥지도 않고 덥지도 않은 잠을 잘 수 있다. 왜냐하면 죽음 덕분에 세상과 나는 같은 온도가 되기 때문이다. 얼마나 많은 날을 잠들기 전에 다음 날을 걱정했던가! 얼마나 많은 날 아침에 일어나 하루 살 일을 걱정하였던가! 이제 다음 날을 걱정하지 않고 잠이 든다. 아침에 일어나 하루를 걱정하지도 않는다.

만약 내가 죽고 난 다음에 다음 날을 맞이한다면 얼마나 슬픈 날인가? 얼마나 고통스러운 날인가? "오호! 제발 나의 어리석은 상상이여 멈추어 달라. 죽어서 다시 의식이 돌아온다는 것은 저주의 일종이다. 악마의 장난이다. 악마가 만든 지옥의 환상을 경험하게 될 것이다. 죽는 나를 제발 내버려둬라. 나의 상상아! 나의 영혼아! 나의 세상아! 나의 자연아! 그리고 나의 신이시여!" 죽음을 해방으로 보는 메시지에 더해, 죽음 이후 남겨진 자연의 아름다움과 생명의 연속성은 우리가 떠난 뒤에도 세상이 여전히 살아 있음을 상기시킨다. 자연은 꽃이 피고 열매를 맺으며, 새로운 생명이 탄생하고 순환하는 과정을 통해 삶의 아름다움을 이어간다.

물처럼 흐르는 삶의 지혜

• 유연함과 균형의 지혜

물은 주변 환경에 따라 모양이 달라진다. 그릇이 둥글면 둥글게, 네모면 네모 형태로 변화한다. 돌부리에 부딪히면 돌아서 흐른다. 물처럼 유연하고 낮은 자세로 사는 삶을 실천하려면, 먼저 외부 환경에 대한 과도한 통제 욕구를 내려놓고, 필요한 것만을 선택적으로 받아들이는 태도를 가져야 한다. 작은 것에서부터 실천할 수 있다. 예를 들어, 지나치게 많은 물건을 사기보다 필요한 만큼만 사서 소비하고, 삶에서 더 중요한 가치에 집중하는 것이 중요하다. 또한, 갈등 상황에서는 물처럼 부드럽게 상대방을 이해하려는 태도를 유지하며, 자신의 관점을 강요하기보다 조화를 이루는 방법을 찾아야 한다.

물은 바다, 강, 호수 등으로 모여들어 아름다운 풍경을 만든다. 사람의 몸 약 90%가 물로 이루어져 있어 생존에 필수적인 요소다. 지나치게 자극적인 음료(술·커피 등)로 변형되지 않은, '순수한 물'에 만족할 수 있을 때가 오히려 가장 맑고 건강한 상태이기도 하다. 마찬가지로 우리는 삶을 지나치게 '자극'으로만 채우려다 보면 중독이나 부작용에 시달릴 수 있다. 덜 자극적인 삶, 검소하고 겸손한 태도를 익히면, 물처럼 부드럽고 유연하게 세상을 흘러갈 수 있다.

인생은 결국 영점으로 돌아가는 과정이다. 죽음이라는 영점은 우리를 최종적으로 숫자 '영(零)' 상태로 되돌려 놓는다. 살아 있는 동안은 최대한 기회와 재능을 펼치고, 자기만의 방식으로 최고를 향해 노력해 보되, 결국은 영점으로 회귀하게 된다는 사실을 긍정적으로 받아들이는 게 물처럼 사는 지혜다.

- 물에 대한 명상

물처럼 흐르는 삶과 영점으로의 회귀 물은 주변 환경에 따라 자유롭게 모양을 바꾼다. 둥근 그릇에 담기면 둥글어지고, 네모난 그릇에 담기면 네모난 형태를 띤다. 장애물을 만나면 돌아가고, 서서히 바위를 마모시키며 길을 만들어 나간다. 흐르는 물은 자신의 형태를 고집하지 않지만, 결국 바다로 향하는 본래의 방향을 잃지 않는다.

삶도 마찬가지다. 우리는 환경과 상황에 따라 변화하고 적응해야 하지만, 그 과정에서도 본질을 잃지 않아야 한다. 물이 낮은 곳을 향해 흐르듯, 인간의 삶 또한 결국 죽음이라는 필연적인 흐름으로 돌아간다. 이 과정에서 우리는 무엇을 위해 살아야 하며, 어떤 가치를 따라야 하는가?

많은 사람은 자신이 가질 수 있는 것, 될 수 있는 것, 이룰 수 있는 것을 극대화하는 것이 삶의 목표라고 믿는다. 높은 자와 낮은 자, 승자와 패자, 강한 자와 약한 자, 가진 자와 가지지 못한 자. 우리는 끊임없이 비교 속에서 자신을 평가하며 더 나은 위치로 나아가려 한다.

그러나 삶의 궁극적인 가치는 경쟁에서 승리하는 것일까? 경쟁에서 승리하면 우리는 영점에서 멀어질 가능성이 크다. 왜냐하면, 경쟁은 비교 속에서 존재하기 때문이다. 우리는 남보다 더 높은 위치에 오를 때 만족을 느끼지만, 그 만족은 오래가지 않는다. 더 높은 경쟁자가 나타나거나, 목표를 이루고도 더 큰 것을 원하게 된다. 이러한 끝없는 비교는 영점에서 우리를 멀어지게 만든다.

그러나 죽음 앞에서 우리는 모두 평등하다. 누가 더 많은 재산을 가졌든, 더 높은 자리에 올랐든, 결국 모든 사람은 같은 결말을 맞이한다. 죽음을 어떻게 맞이하느냐는 경쟁에서 승리했다고 가능한 것이 아니다. 마찬가지로 삶의 가치는 경쟁에서 패배했다고 상실되는 것이 아니다.

성경은 이렇게 말한다. "낙타가 바늘귀를 빠져나가는 것이 부자가 하느님 나라에 들어가는 것보다 쉽다."(마르코 10, 25) 여기서 '부자'는 단순히 경제적 의미가 아니다. 세속적 성공, 명예, 권력을 쥔 사람은 그만큼 집착과 비교 속에서 살아가기 쉽다. 자신이 쌓아온 것들을 쉽게 내려놓지 못하고, 경쟁의 굴레에서 벗어나지 못한다. 그러나 영점에 가까운 사람은 세속적 비교와 집착에서 자유롭다. 그는 경쟁에서 승리하기 위해 집착하지 않으며, 패배했다고 자기를 부정하지 않는다. 삶이 허락하는 기회와 순간을 최선을 다해 살지만, 결국 자신이 흘러가야 할 방향을 알고 있다.

 죽음을 지혜롭게 맞이하는 것은 경쟁에서 승리한다고 가능한 것이 아니다. 삶에서 무엇을 얼마나 가졌느냐가 아니라, 삶을 어떻게 받아들이느냐가 중요하다. 삶이 경쟁이라면, 우리는 죽음 앞에서도 끝없이 승부를 가리려고 할 것이다. 그러나 죽음 앞에서 비교는 무의미하다. 모든 인간은 결국 같은 길을 가고, 죽음은 인간을 가장 평등한 상태로 만든다.

 그렇다면, 우리는 어떤 삶을 살아야 할까? 그 답은 물처럼 흐르는 삶에 있다. 물은 자신을 바꾸면서도, 본래의 흐름을 잃지 않는다. 삶도 마찬가지다. 우리는 변화하고 성장하지만, 그 변화 속에서도 본질을 잃지 않아야 한다. 경쟁에서 승리하는 것이 삶의 절대적 가치는 아니다. 그보다 더 중요한 것은 삶을 어떻게 받아들이고, 어떻게 의미를 찾느냐이다

 물은 맑다. 우리 몸의 대부분을 물이 차지하고 있으며, 물은 사람의 생존을 위해서 필수 요소이다. 갈증이 날 때 물을 갈증이 사라질 정도로 적당히 마시면, 마신 물의 양이 많건 적건 적절히 우리 몸에서 사용

하고 배설한다. 물은 무색, 무미, 무취하다. 이는 물이 중독성이 없는 이유이다. 그래서 우리가 필요한 만큼 물을 마시면 되지만, 필요 이상으로 물을 마시지는 않는다. 누군가 물을 너무 과도하게 많이 마신다면 질병이 있는 것이다. 사람은 물을 매일 마시지만, 물에 중독되어서 물을 더 찾지는 않는다. 단지 갈증을 느낄 때만 물을 마시게 된다.

물에 무언가를 섞어 마시기 시작하면서, 사람은 물에 중독된다. 정확히 말하면 물에 섞은 물질에 중독이 된다. 가장 흔한 예는 물에 알코올을 섞는 것이다. 알코올은 맥주처럼 도수가 낮은 음료부터 소주나 양주처럼 도수가 높은 술까지 다양하다. 도수가 높을수록 중독의 가능성도 높아진다.

우리는 물의 본질을 잊고, 과도한 자극에 중독될 때 진정한 만족을 놓친다. 물처럼 단순하고 본질적인 상태로 돌아가는 것이 필요하다. 물은 갈증을 해소하기 위해 마시고, 음식은 허기를 채우기 위해 먹으면 더욱 만족스럽다. 지나치게 자극적인 음식을 추구하다 보면 본래의 맛과 즐거움을 잃고, 더 강한 자극만을 찾는 악순환에 빠진다. 물처럼 단순하고 자극 없는 상태를 유지하는 것이야말로 진정한 건강과 행복의 비결이다.

술과 커피는 특별한 기쁨이 없어도 기분을 바꿔주는 물질(mood changer)이다. 술은 적당히 마실 경우 일상의 긴장을 풀어주고, 커피는 활력을 더해준다. 따분하거나 우울할 때, 술과 커피는 가볍게 기분 변화를 경험하게 하는 조절제로 작용한다. 다만, 이들 역시 과도하게 의존할 경우 본래의 삶에서 즐거움을 찾기 어렵게 만들 수 있다. 술은 중독성이 강하고, 커피도 과다 섭취 시 건강에 부담을 줄 수 있다. 따라서 이들을 적당히 활용하되, 삶의 본질적인 기쁨을 잃지 않는 태도가 중요하다.

자연과 물은 침묵하고 있다. 자연 속에 존재하는 물은 인간에게 혜택을 줄 수도 있으며, 해를 끼칠 수도 있다. 대개는 인간의 마음과 관계없이 무심한 상태로 존재한다. 우리가 사는데 물은 꼭 필요하며 물을 잘 이용해야 한다. 물의 특성을 관찰하다 보면 사는 것과 비유가 되는 점들이 있다.

물에 빠진 사람은 물 한 잔을 더 들이켜면 죽게 되는데, 사막에서 탈수에 허덕이는 사람에게 물 한 잔은 그 사람을 살릴 수도 있게 한다. 사람은 생존을 위해 물을 절실히 필요로 한다. 그러나 물이 너무 많아 홍수가 되어 넘치는 물이 악마가 되어 인간을 죽음에 이르게 할 수도 있다. 그런가 하면, 물이 너무 부족하여 가뭄으로 또 다른 재해를 입을 수도 있다. 물이 인간에게 이롭거나 해로운 것은, 인간이 물을 얼마나 잘 이용하고 물의 많고 적음에 얼마나 잘 적응하는가에 달려 있다. 물이 인간에게 이득과 해를 끼칠 수 있듯, 자연도 인간에게 물과 같은 역할을 한다. 어떻게 적응하고 이용하는가에 따라 자연은 인간에게 혜택을 줄 수도 있고 해를 가할 수도 있다. 자연은 인간의 편이 되기도 하고, 인간의 사악한 적이 되기도 한다. 많은 경우 자연은 침묵으로 중립을 지키며 인간에게 무심하거나 무관심한 모습을 보인다.

오랜 기간 인간이 이 지구상에 존재하여 왔다는 것은 자연이 인간에게 무심하고 중립적인 입장을 취하는 것 같지만, 인간이 지배자가 되어 살아온 지구는 인간이 생존하고 번성하기에 최고로 좋은 환경이라고 볼 수 있다. 집단을 형성하고 오랜 기간 문명을 이루어 온 인간은, 앞서 살았던 선조들보다도 지금 사는 이들이 더 큰 혜택을 받고 있다. 인간에 의한 대기와 수질의 오염, 쓰레기, 핵전쟁, 산림의 황폐화, 해양 자원의 고갈 등 인간 스스로에 의해 지구가 자정작용을 잃지만 않는다면, 지구는 인간이 살기에 영원히 가장 좋은 별로 남을 것이다. 현재의 대량 생산, 대량 소비, 대량 폐기의 산업구조는 지구가 자정작용을 잃고 인간이 존재하는 데 위협이 되고 있다. 여기에 적절한 우화가 있다. 옛날 중국에 신통방통한 마술사가 있었다. 그가 신기를 발휘하여 진짜 호랑이를 만들었다. 그런데 마술사가 만들어 낸 호랑이가 바로 마술사를 잡아먹었다고 한다. 문명은 현대화되지만, 잘못하면 인간이 만든 문명이 인간을 살기 힘든 환경으로 몰아넣을 수도 있다. 지구 온난화의 부작용은 인간이 이미 겪고 있다.

물은 위에서 아래로 흐른다. 물은 중력을 거스르지 않는다. 이는 자연의 섭리를 따르는 삶을 상징한다. 마찬가지로, 영점은 우리가 자연으로 돌아가는 궁극적 상태를 의미한다. 결과적으로 자기 에너지를 사용하지 않고 흐른다. 물은 가장 낮은 곳으로 흐른다. 물의 이러한 특성은 검소하게 살라는 조언으로 들린다. 높은 데로 흐르려면 에너지가 더 필요하다. 검소하지 않고 사치하면, 사치한 만큼 더 일해야 한다. 사람이 사치스럽게 살려면 돈을 더 벌어야 한다. 버는 것보다 더 지출하면 능력 이상의 돈을 벌어야 하기에 노동의 노예가 되는 것이다. 더 일을 해야 하는 사람은 자기 자신이거나, 자기 가족일 수밖에 없다. 가족이 아니어도 다른 누군가가 꼭 필요하지 않은 일을 더 하게 된다. 검소하면 일해야 하는 시간을 줄이고, 취미생활을 즐기고 휴식을 더 취할 수 있다. 몇 년 만에 차를 바꾸는가? 혹은 아파트는? 얼마 만에 핸드폰이나 컴퓨터를 바꾸는가? 모니터나 텔레비전은? 카드나 할부로 한 달에 얼마나 물건을 구입하는가? 마이너스 통장을 사용하지는 않는가? 마이너스 통장은 낭비에 둔감하게 만든다. 절약은 자기와 가족을 일의 굴레에서 벗어나게 해준다.

물이 낮은 데로 흐르는 것에서 배우는 한 가지 교훈이 더 있다. 겸손하게 살라는 것이다. "굴기자 능처중(屈己者 能處重), 호승자 필우적(好勝者 必遇敵)"이다. "자기를 굽히는 자는 중요한 지위에 있을 수 있으며, 이기기를 좋아하는 자는 반드시 적을 만나느니라."

물은 투명하다. 사람들은 물이 맑고 투명함을 좋아한다. 물을 바라보는 사람은 자기 얼굴을 비추어 볼 수도 있고, 물 바닥을 들여다볼 수도 있다. 사람이 순수하면 맑고 투명한 물처럼 될 수 있다. 순수한 사람과 이야기를 나누는 사람은 순수한 사람의 마음 바닥을 쉽게 볼 수 있다. 탁한 물속은 애써 들여다보아도 알기가 어렵듯이, 순수하지 않은 사람의 마음 바닥은 알기 어렵다. 순수한 사람은 정직하여 진심을 알기가 쉽다. 그래서 사람들은 순수한 사람을 좋아한다.

누구든 어렸을 때 가장 순수하였다. 순수한 사람은 믿음이 강하다. 믿음은 태어날 때 스스로 생존할 수 없는 아이였으나, 부모의 사랑으로 자신이 생존할 수 있다는 확신을 가짐으로써 형성된다. 한 살이 되면 이미 사람과 세상에 대한 기본적 믿음(basic trust)이 형성된다. 부모의 사랑이 적절하면 아이는 굳은 믿음을 가진다. 굳은 믿음은 자기가 기대한 것과 다른 일이 일어나도 여전히 믿는 것을 말한다. 믿음은 사람과 사랑을 믿게 한다. 사랑받는다는 믿음이 형성되면 다른 사람을 믿게 되고, 부모가 자기를 사랑한다고 믿게 되면 다른 사람을 사랑하는 데 두려움을 가지지 않는다. 결국 믿음이 있는 순수한 사람은 사랑하게 되고, 사랑하는 동안 세상에서의 삶은 언제나 그에게 사랑으로 돌려준다. 기본적인 믿음이 생기기 전에 부모와 세상의 사랑을 받아서 믿음이 생겼다. 부모의 사랑이 먼저 주어져 믿음이 생겼다. 사랑받고 사랑하는 사람은 믿을 뿐만 아니라 서로가 서로에게 사는 의미, 즉 소망이 된다. 사랑하는 사람이 있으면 삶에는 항상 소망이 있다. 사랑은 믿음을 주고, 사랑은 소망을 준다.

뭐니 뭐니 해도 순수하다는 것은 어린아이의 마음으로 돌아가는 것이다. 어린아이의 마음은 생각이 없어지고 감정이 얽히지 않고 마음에 집착함이 없어져야 한다. 사람은 좋은 생각을 많이 하지만, 자기의 생각에 스스로 사로잡혀 큰 손해를 본다. 사람은 좋은 감정만 가지려 하지만, 자기가 품은 악한 감정에 마음의 상처를 받는다. 사랑하는 마음에도 반드시 미움이 생겨난다. 마음에는 얼마나 많은 생각, 감정, 집착이 일어나는가! 반복되는 강박적 생각, 감정의 숙취, 자극에 대한 지나친 집착은 자신을 괴롭힌다. 생각·감정·마음이 백지장처럼 비어 있고, 일어나는 생각·감정·마음이 쉽게 고요해진다면 얼마나 좋을까? 순수한 마음은 여러 생각과 감정, 자극 등으로 채워지지 않아 쉽게 고요해지고 평온하며 성장을 위한 바탕이 된다.

물은 공감한다. 물은 깨끗하고 더러운 것을 가리지 않고 사람의 몸을 씻어주고 마음을 적셔준다. 물에 몸을 적시면 우리는 다른 사람에게 공감받는 느낌을 받는다. 몸이 더러우면 물로 몸의 더러움과 때를 씻어낸다. 냉탕이나 온탕에 몸을 맡기면 물은 냉기와 온기로 우리의 몸과 마음을 한껏 감싸준다. 몸을 씻으면 우리의 잘못과 죄를 씻어주는 느낌이 든다. 마음의 죄를 고백할 때는 몸을 씻기도 한다. 이는 마음의 죄를 씻어내기 위한 의식(ritual)과 같은 행동이다. 자기의 죄를 씻어내기 위해서 몸과 마음으로 노력하고, 죄책감에 시달리는 사람의 마음을 물처럼 씻겨주어 죄로부터 위로해 준다.

목마른 사람이 물을 마시면 그 물은 입에서 위장을 통해서 흡수되어 우리 몸 어디에든 필요한 곳 구석구석을 채워준다. 마른 화분에 물을 주면 물이 잘 스며든다. 물은 자그마한 빈틈도 찾아서 메운다. 마음이 외롭고 허전하며 허무한 사람의 마음을 조금 채워줘 보자. 분노, 불안, 두려움, 창피함, 슬픔, 우울 등으로 괴로워하는 사람을 조금은 위로해 보자. 물처럼 부드럽게 그 사람의 마음을 감싸면 가능하다. 그러한 일은 상대의 마음에 진심으로 공감하면 가능하다. 어떨 때 사람의 마음은 돌처럼 차갑고 단단하게 굳어 있다. 그러나 물은 굳은 마음에서도 빈틈을 찾아서 스며든다. 정확히 상대의 아픈 마음의 상처를 공감해 준다면, 그는 위로받는다. 조그마한 물줄기가 나중에는 커지듯이, 공감은 돌처럼 단단한 마음도 점차 따뜻해지고 물처럼 부드러워지게 할 것이다.

영점(零點): 삶과 죽음의 순환

우리는 자연에서 태어나 자연 속에서 생명을 유지하며, 결국 자연으로 돌아가는 존재들이다. 영점은 삶의 시작이자 끝, 그리고 모든 경험의 귀환 지점이다. 인간은 영점에서 출발해 다양한 성취와 실패를 경험하며, 영점으로 돌아가는 과정에서 자신이 이룬 모든 것을 자연으로 되돌린다. 이는 단순히 삶과 죽음의 반복이 아니라, 인간 존재가 본질적 상태를 통해 완성되는 여정이다. 삶의 의미는 영점에서 멀어지거나 가까워지는 것 자체에 있지 않다. 중요한 것은 그 여정 속에서 우리가 무엇을 느끼고 배웠는지, 그리고 그것을 어떻게 삶의 가치로 삼았는지에 달려 있다.

인간은 본능적으로 성장과 성취를 추구한다. 이는 재능을 계발하고 능력을 발휘하려는 노력으로 나타난다. 때로는 영점에서 멀어질수록 개인적으로 더 뛰어나고 행복에 가까워질 가능성이 커 보이기도 한다. 그러나 이러한 성취와 행복의 기준은 언제나 남과의 비교 속에서 형성된다. 비교는 인간이 내면화한 오래된 가치판단 방식으로, 만족을 주기보다는 끝없는 욕망을 부추기기도 한다. 인간이 추구하는 삶의 기준은 절대적이지 않으며, 모든 삶은 개인적 해석과 만족에서 의미를 찾는다.

영점은 단순히 삶의 시작점이 아니다. 철학적 관점에서, 그것은 순환의 과정 속에서 필연적으로 돌아가야 할 본질적 자리이다. 인간의 탄생 이전과 죽음 이후를 상징하며, 삶의 여정을 통해 우리가 얼마나 높고 멀리 나아갔든 결국 다시 그 자리로 돌아온다는 사실을 보여준다. 삶의 본질은 삶의 여정 속에서 얼마나 만족하고 성장했는지, 그리고 그것을 얼마나 온전히 받아들였는지에 달려 있다. 영점은 무의미함이 아니라 가능성을 품은 상태이며, 아무것도 없다는 것은 동시에 무한한 가능성을 열어주는 상태를 의미한다.

영점에 가까워지는 것을 부처님은 생로병사의 고통에서 멀어지는 것으로 보았다. 곧 고통과 궁핍이 적게 느껴질수록 인간은 영점에 더 가까워질 수 있다. 모든 사람은 불성(佛性)을 가지고 있어 해탈이 가능하며, 영점은 그러한 해탈의 상태를 상징한다. 한편, 예수님은 인간이 하느님의 자녀가 될 수 있는 특권을 가지고 있음을 강조했다. 모든 인간은 하느님의 자녀로 존엄하고 평등하다. 이는 인간이 삶의 고통을 초월하고, 궁극적으로 본질적 평온함에 도달할 수 있다는 가능성을 보여준다.

- **자연의 중요성**

자연은 인간에게 무한한 혜택을 주지만, 자연과 지구상에 있는 인간과의 관계를 보면, 자연은 사람이 살 수 있는 환경을 주면서도 대개는 사람과 환경 사이에서 침묵하며 독자적인 중립을 취한다. 때론 자연은 악마와 천사의 모습으로 나타나기도 한다. 사람이 자연의 이치에 어떻게 맞추어 사는가에 따라 인간에게 자연은 악마와 천사가 될 수 있다. 자연이 결코 사람을 중심으로 돌아가지는 않는다.

- **인간의 위대함과 그 한계**

  인간이 약 30만 년 전부터 지구에 살기 시작하였고, 지금도 생존하고 있다는 것은 우리에게 주어진 환경과 자연보다 더 좋은 곳은 우주에 없다고 단정할 수 있다. 사람 자체가 바뀌지 않는 한, 인간이 더 쉽게 행복해지는 방법은 없을 것 같다. 바이저호가 우주에서 멀리 갈수록, 인간은 좁은 공간에서 다투며 아웅다웅하는 존재로 보였다. 그러나 1977년에 발사된 바이저호가 지구라는 환경, 인류와 같은 생명체를 찾지 못한 것을 보면, 이제는 바이저호를 멀리 보냈다는 사실에 대하여 인간은 위대함을 느끼며, 지구라는 좋은 환경에서 살고 있다는 점에서 한 인간으로서 행운이라고 생각해야 할 것 같다. 이제 더 이상 '창백하고 푸른 작은 점'에서 살고 있는 왜소한 인간으로만 해석할 수는 없다. 또 한 가지, 인간은 결국 행복을 외부 환경에서 찾는 것이 아니라, 자기의 내면인 마음에서 찾아야 한다는 사실을 깨달아야 한다.

- **인간의 문명과 자연환경의 충돌**

  인간이 만든 도시에서 우리가 숨 쉬는 공기와 마시는 물이 오염되어 있고, 해와 달, 별을 제대로 볼 수가 없다. 발바닥에 쿠션을 주는 흙이나 풀밭을 밟거나 푸른 숲을 거닐 수도 없다. 그렇다고 혼자서 시골이나 산골에 들어가 살 수도 없다. 자녀의 교육, 부모의 직장, 노인이 이용하는 병원은 모두 도시에 몰려 있기 때문이다. 도시를 떠나서 시골에 산다는 것이 점차 어려워진다. 도시에 집중된 문명의 혜택을 무시할 수 없기 때문이다. 도시를 떠나 자연의 혜택을 누리면서 산다는 것은 용이하지 않다. 도시는 불빛이 지나치게 반짝이며 우리를 다

누릴 수 없는 유혹으로 인도한다. 유익한 불빛은 한두 개뿐인데, 수많은 불빛이 마치 하늘의 별들처럼 나에게 수많은 혜택을 주는 양 밝혀져 있다. 어느 불빛이 나에게 가장 필요한 불빛일까?

- **자연 속의 일상과 순환의 아름다움**

하루 동안 한 번이라도 하늘을 보았는가? 해와 달을 보았는가? 수풀을 걸으며 맑은 공기를 느껴 보았나? 흙으로 덮인 부드러운 땅을 밟아 보았나? 도시에서는 불가능하다. 자연에서 살 때 사람은 자기와 자신이 처한 환경에 대하여 더 많이 느낀다. 매일 땅을 디디고 살고 있고, 공기와 물은 살기 위해 필수적이라는 것을 안다. 하루 동안 해와 달, 별이 뜨고 진다는 것을 안다. 하루는 밤낮으로 순환한다. 계절이 바뀌어 봄 여름 가을 겨울은 일 년이라는 주기로 순환한다. 초목은 봄에 푸르기 시작해서 여름에 무성하고 가을과 겨울이 오면 잎이 시들어지고 죽는다.

- **생명의 순환과 자연의 법칙**

지구는 자전하면서 태양 주위를 공전한다. 태양도 자전하면서 우주 공간을 공전한다. 태양의 자전 주기는 약 25일에서 35일 사이이다. 이는 태양의 위치에 따라 다르다. 적도에서는 약 25일, 극지방에서는 약 35일이 걸린다. 태양의 공전은 태양 자체가 아니라 태양계 전체가 은하 중심을 도는 것을 의미한다. 이때 태양이 우리 은하(은하수)의 중심을 한 바퀴 도는 데 걸리는 시간은 약 2억 2,500만 년이다. 이를 "은하년"이라고 부른다고 한다.

주변에 벌레, 물고기, 짐승과 동물은 얼마간 살다가 죽으며 흙으로 돌아간다. 이들은 죽어서 흙과 다른 존재가 아님을 알게 해준다. 사람도 병들고 늙으면 죽게 되며, 다른 사람이 죽은 무덤을 보면서 자기도 죽게 되어 다른 생명체와 다르지 않게 흙으로 돌아가는 것을 알게 된다. 벌레는 초목에 매달려 삶을 유지하고, 물고기는 물속에서 생명을 유지한다. 육식동물은 초식동물을 잡아먹고 산다. 먹이 사슬의 순환을 지켜보며 인간도 이 순환의 일부가 될 수 있음을 깨닫는다.

- **삶과 죽음의 순환**

인간은 최상위 포식자이다. 가축을 먹이로 삼으며, 사나운 동물은 내쫓거나 사냥한다. 사람은 자식을 낳고, 자식은 손자를 낳으며, 부모는 늙어 죽게 된다. 부모 자식의 순환은 계속된다. 태어나고 성장하고 자식을 낳고 죽는 순환은 계속된다.

하루 동안 밤낮이 순환하고, 일 년 동안 계절이 순환하고, 흙에서 온 것들이 흙으로 돌아가고, 부모와 자식이 살고 죽고를 반복하며 순환한다. 이렇게 순환하기 때문에, 태어나고 죽는 것은 순환하는 것이고 자기도 자연 속에서 순환하는 것을 알게 된다. 모든 생명체가 살았다가 죽어서 다른 생명체의 삶의 양분이 되며, 인간도 죽어서 흙으로 돌아가며 다른 생명체의 양분이 된다. 우리가 지금 살고 있는 것은 이미 오래전에 죽은 사람들이 흙으로 돌아간 시신 위에서 사는 것이다. 그들이 죽었기에 우리가 존재하며, 우리가 죽음으로써 다른 사람과 다른 생명체가 살게 될 것이다. 순환하는 것은 시작이자 끝이며 원은 진리를 상징한다. 살아서 흙을 밟고 돌아다니던 생명체는 죽어서 흙에 묻히게 된다. 생명체는 하늘을 향해 숨을 쉬고 있으며, 죽어서 땅으로 돌아간다. 하늘과 땅은 맞닿아 있으니 삶과 죽음도 맞닿아 있으며 경계는 모호할 뿐이다.

환상

환상 I: 인간과 신(神), 초월적 체험

인간은 본래 모두 신이었다. 신들은 자기들끼리 모여서 천상의 생활을 하고 있었다. 어느 날 신들은 모여서 회의하였는데, 모두가 신이어서 완벽하게 살고 있으니 지내는 것이 지루하다고 여기는 지경에 이르렀다. 그래서 신들은 모여서 합의하였다. "신들보다 못한 인간이나 동물로 다들 다시 태어나자." 그리고 인간이나 동물로 살다가 죽은 다음에 본래의 신으로 환생하여 태어나서 인간으로 살았던 체험을 이야기하기로 한다.

지금 지상에 같이 살고 있는 사람들은 과거에 신이었고, 인간으로 살다가 죽으면 모두 본래 신이 된다. 착한 사람, 나쁜 사람, 잘난 사람, 못난 사람, 이쁜 사람, 미운 사람, 힘센 사람, 약한 사람 등. 지상에서 인간은 사람으로 살아가고 있지만, 언젠가 인간은 죽어서 신으로 환생한다. 그리고 이야기를 이어갈 것이다. 신들이 인간이 되어서 살아왔던 내용을 서로 나눈다. 착한 일도 악한 일도, 기쁜 일도 슬픈 일도, 인정 많은 일도, 잔인하게 했던 일들도 이야기한다. 서로 원수로 살았던 인간들도 자기가 본래는 신이었던 것을 죽은 후에 알게 될 것이다.

인간으로 살다가 죽은 신들은 모여 깔깔거리고 웃으며, 각자 인간으로서 겪었던 삶을 공유한다. 이는 결국, 인간의 삶이 비극적일지라도 신의 시선에서는 단순한 경험일 뿐임을 상징한다. 즉, 인간이 신적인 관점을 갖게 된다면, 삶의 허무를 가볍게 받아들일 수도 있을 것이다.

인간으로 지상에서 살면서도 신이 되기 위해서 진리를 찾아 일생을 고생한 신부, 스님, 철학자들을 신들은 놀리면서 웃었다. 어차피 신으로 태어나는데 남들보다 더 고생하고 살았기 때문이다. 바보와 장애인으로 산 사람에 대하여 다른 신들은 그들에 대한 동정심에 눈물을 흘리기도 했다.

♣ 어느 신은 성실한 아버지를 둔 가정에서 태어났다. 아버지는 정직하고 모범적인 인물이었고, 아들도 규칙적인 생활을 철저히 따르며 성장했다. 초등학교부터 고등학교까지 수석을 놓친 적이 거의 없었고, 계획된 학습과 규칙적인 생활을 통해 늘 최선을 다했다.

우연히 친구가 춤 동아리에 함께 가자고 제안했을 때도 그는 거절했다. "익숙한 길을 벗어나면 위험할 수 있다."는 생각이 떠나지 않았다. 대학에서도 별다른 굴곡 없이 졸업했고, 연구와 강의에 집중하며 학생들에게 '정직하고 깐깐한 교수'로 기억되었다. 그는 학문에 몰두하는 삶을 선택했으며, 음악이나 예술에는 관심이 없었다.

결혼 후에도 그는 변함없이 규칙적인 삶을 유지했다. 가족과의 주말 나들이도 정해진 일정대로 이루어졌고, 특별한 이벤트 없이 평온한 일상을 지켜나갔다. 그는 종교에 관심을 두지 않았지만, 타인의 신앙을 존중했다. 삶이란 '자식을 낳고, 그 자식이 또 자식을 낳으며 이어지는 것'이라 믿었고, 가족이 평온하면 만족했다.

그는 병원에 입원할 일 없이 조용히 노년을 맞이했고, 평탄한 삶을 살다 자연스럽게 죽음을 맞았다. 그러나 인간으로 살았던 그의 이야기를 들은 신들은 특별한 감흥을 느끼지 못했다. "그의 삶은 마치 조경된 공원 산책로 같았어. 안전하고 깔끔했지만, 놀라움이나 예측 불가한 순간이 없었지." 신들은 더 파란만장한 삶을 경험한 이들의 이야기에 더 흥미를 느꼈다.

성실하고 착하게 살았다는 것만으로는, 신들이 바라보는 인생 이야기에서 재미나 매력을 만들어 내지는 않는 모양이었다.

♣ 불행한 여자로 태어난 신. 어떤 신은 여자로 태어나 결혼했으나 남편이 알코올중독에 빠졌다. 여자는 남편에게 구박받으며 다섯 명의 자녀를 남편의 학대로부터 보호하기 위하여 밤낮으로 걱정하고, 밤낮으로 일했다. 그러다가 남편은 일찍이 알코올성 간경화로 죽었다.

여자는 자식들을 먹여 살리는 가장 역할을 해야 했다. 그런데 큰딸이 심한 우울증에 시달렸다. 여러 병원을 전전했으나 회복되지 않았고, 어머니의 지극한 정성에도 불구하고 어느 날 호수에서 죽은 모습으로 발견되었다.

누나의 죽음에 대한 후유증으로 작은아들이 우울증과 알코올중독에 빠졌다. 밤낮으로 술을 마셨다. 취하면 자고, 잠이 깨면 술을 마시는 것을 반복했다. 결국 아들은 부인과 이혼했으며 자식이 둘 있었다. 여자는 손자들을 돌보기 위해 최선을 다했다. 손자들이 궁핍하게 사는 것이 너무 마음이 아팠다. 같이 살기가 너무 힘들어서 그녀는 아들과 손자들을 버리고 몇 번이고 도망가고 싶었다. 그러나 손자를 두고 그녀는 그럴 수가 없었다.

일을 하지 않고 알코올에 중독된 아들과 아직 어린 손자들을 위해 그녀는 남의 집 파출부로 일을 했다. 일을 할 수 없는 날도 많았지만, 그녀의 몸이 성한 날에는 파출부 일을 계속할 수 있었다. 남편, 아들과 딸, 손자들과 인연을 끊고 싶었지만, 그녀는 달아날 수가 없었다.

그녀는 부인과 부모로서 최선을 다해 살았지만, 그녀의 일생은 불행의 연속이었다. 오늘도 그녀는 파출부로 나갈 수 있나 하면서 자기 몸 상태를 체크하고 있다. 신이 있다면 너무 불공평하다. 왜 이렇게 한 사람에게 모든 불행을 겪게 했을까? 그녀는 매일 같이 알 수 없는 신을 원망했다.

그의 이야기를 들은 신들은 이 여자로 살았던 신을 위로했다. 그녀가 남편이 자식들에게 폭력을 행사하지 못하게 하고, 음주하지 못하게 하는 일은 힘들었을 것이다. 거기에 더하여 자식이 자기보다 먼저 죽는 것을 경험한 불행한 여자가 되었다. 그리고 자식의 알코올중독, 며느리가 두고 간 손자들을 돌보는 일이 그녀의 책임으로 남았다. 그녀는 기구한 인생을 어떻게 다 견디어 냈을까?

그녀에게 죄가 있다면 남자와 결혼했다는 것이다. 그게 불행의 시발점이었다. 다른 신들은 그 신의 이야기를 듣고 숙연해졌다. 인간 세상에는 끝없는 불행을 겪는 사람이 있다는 것을 깨달았다. 여자로 살았던 신은 지금은 자기가 신으로 존재한다는 사실을 너무 다행으로 여겼다. 자기가 본래 신이었다는 사실이 꿈만 같았다.

♣ 사자와 버펄로로 태어난 신들이 있었다. 그들은 다시 신의 세계로 돌아왔다. 그러나 사자로 살았었던 신은 사자의 모습을 그대로 하고 있었다. 그는 동물의 최상위 포식자로 산 것에 대한 자부심이 있었다. 그래서 사자의 탈을 벗지 않고 있었다. 그는 본래의 신이 되는 데 비교적 오랜 시간이 걸렸다. 사실은 다른 동물을 많이 죽인 죄로 신으로의 환생이 오래 걸렸다. 그런데 버펄로로 살다가 그 사자에게 비참한 죽임을 당한 신이 있었다. 버펄로가 되었던 신은 사자 신 때문에 너무 억울해서 신의 모습을 취하지 못하고, 버펄로의 모습을 유지한 채 분노로 몸이 터져버릴 것 같았다. 인간이나 동물이 너무 분노가 크면 신으로 환생이 어려운데, 버펄로는 사자에 대한 원망과 분노가 극에 달해서 본래의 신으로 바로 돌아올 수가 없었다.

버펄로 신은 매일 같이 사자 신을 죽일 듯이 쫓아다녔다. 그리고 계속 그 사자 신의 주위를 어슬렁거렸다. 동물과 인간이 되는 신들의 놀이는 끝나갔지만, 동물로 살 때의 감정이 심한 경우, 동물이 된 신들은 동물의 특성에서 바로 벗어나지 못했다. 사자 신은 탈을 벗어버렸으며, 계속 쫓아다니는 버펄로 신에게 동물계에서 있었던 일에 대하여 결국 무릎을 조아리고 사죄하였다. 그러나 버펄로 신은 분노를 억제하지 못하여 어느 날 사자 신의 엉덩이를 버펄로의 뿔로 받아버렸다. 사자 신은 자기도 어린 새끼 사자들을 먹여 살려야 했고, 자기는 초식동물이 아니어서, 풀만 먹고 살 수는 없었다고 사정하며, 버펄로 신에게 사죄하고 용서를 청했다. 버펄로 신은 혼자서 하늘을 바라보며 억울한 버펄로의 울음소리를 냈다. 몇 개월이 흐른 뒤 마침내 버펄로 신도 동물계에서 살던 시절의 감정을 해소할 수 있었다. 사자 신이 자기를 죽인 죄도 용서하기로 했다. 사자 신과 버펄로 신은 같이 본래 신의 모습으로 돌아갔다. 그리고 둘이 모두 신이었을 때는 세상이 모두가 완벽하게 존재하여 지루하였었는데, 신의 모습을 버리고 다른 모습으로 살았을 시절에 체험한 경험을 이야기하며 지루함을 덜 느끼고 신으로 살아갔다. 그 후로 신들은 완벽하여 재미있는 것이 없다고 느낄 때마다, 동물계와 인간계에서 불완전하게 살면서 온갖 바보짓과 죄악을 저질렀을 때의 일을 회상하면서 즐겁게 이야기했다.

버펄로 신은 다음에는 자기가 사자가 되어 태어날 터이니, 사자 신은 반드시 버펄로가 되어 태어나야 한다고 주장하였다. 사자 신은 그렇게 하겠다고 맹세하며 버펄로 신을 위로하였다. 하지만 "거의 매일 고기를 먹어야 해서 사냥을 하지만, 먹기 위해서 자주 사냥해야 하는 사자들도 쉽게 사는 것은 아니다."라고 변명하였다. 그러면서 상대를 이해하게 된 동물 신들은 서로를 마주 보며 웃었다.

♣ 모든 신들은 인간으로 태어났다. 그래서 인간으로 살아본 경험

을 이야기하였다. 한 명의 신은 삽살개로 태어났다. 다른 신들이 동의해 주어 동물로 태어난 신들도 있었다. 한 명의 신은 강아지로 태어나는 것을 선택하였다. 강아지가 인간과 가장 친하기 때문이다. 인간으로 태어났던 신들이 강아지로 태어난 신의 경험을 듣고 싶어 하였다. 강아지로 태어난 신은 간략하게 그의 경험을 이야기하였다.

"나는 사람을 좋아하였네. 사람을 보면 그냥 기분이 좋아졌어. 나의 주인은 착한 부부였었어. 자식이 집을 떠나고 둘만 남아 빈 둥지 증후군(empty nest syndrome)을 앓고 있는 사람이었어. 나는 사람인 부부를 모두 좋아하였어. 그런데 가끔 둘이 심하게 다투어서, 두 주인이 별거하면 주인 중 한 명과 내가 헤어져서 살게 될까 봐 노심초사했어. 부부는 때로 둘이 다투기도 하였지만, 나는 주인 부부 두 사람을 모두 좋아했거든.

부부를 보면 늘 반가워서 꼬리를 흔들었지. 밥이나 간식을 주면 나도 모르게 꼬리를 더 흔들었지. 주인이 밖에 나갔다 와도 반가웠지. 집에서는 화장실에 가도 따라갔어. 부부는 나를 매일 교대로 산책시켜 주었어. 행복하게 살았는데 주인보다 오래 살 수가 없었지. 죽기 전에 눈이 잘 안 보여서 냄새로 겨우 먹는 것만을 구분하였어. 앞을 잘 볼 수가 없어서 여기저기 벽에 부딪히는 지경에 이르렀어. 주인은 매일 밥을 주고, 매번 내 대소변을 치워주었어. 시력 저하로 고생하여도 나를 잘 돌봐주었지. 내가 늙어가니까, 부부는 내가 불쌍했나 봐. 강아지에게 육 개월은 긴 세월이잖아." 이야기를 듣던 신들은 모두 경탄하였다. 인간으로 태어나서도 고생한 신들이 많은데, 어찌 강아지로 살면서 행복하게 살 수가 있었단 말인가? 강아지인데 사람보다 더 훌륭한 대접을 받았다. 그가 한 것이라고는 단지 주인 앞에서 꼬리를 흔들어서 좋다고 표시한 것밖에 없는데, 행복한 강아지로 살았다는 것에 놀라워했다. "사람들은 단순해. 내가 항상 좋다고 꼬리만 흔들어주면 되는 거야. 다음에 내가 신이 아닌 존재로 태어난다면, 그 부부의 신발이 되어서 가는 길마다 걸음을 편하게 해주고 싶어." 다른 신이 물었다. "그럼, 자네는 몇 살까지 산 것이지? "내 나이가 열다섯 살까지 살았어. 다른 강아지보다 장수하였지." 다른 존재로 태어난 신들은 어떤 경험을 했을까? 신들은 다양한 생명체로 환생하여 각기 다른 삶을 살았고, 그들 또한 특별한 체험을 가지고 있었다.

♣ IQ가 50인 남자로 살다가 돌아온 신이 있었다. 그는 결혼하지 못했다. 그는 만족스럽게 인생을 살다 왔다. 다른 신들은 그가 그렇게 지능이 낮아 능력도 없는데, 어떻게 인생을 만족스럽게 살았는지 궁금하였다. 그는 "나도 모르겠다."고 대답하였다. 그런데 자기는 사람을 만나면 반갑다고 하였고, 누군가 도와주면 고맙다고 인사하였다. 미안하다는 말도 자주 사용하였다고 한다. 하지만 그는 항상 웃고 다녔다. "국가에서 나오는 생계 보조금이 있어서 돈이 부족한 적은 없었어. 식도암에 걸려서 큰 수술을 한 적도 있는데, 주위 사람들이 자기들끼리 연락하더니 누군가 수술비를 후원해 주었어. 그때 고생 많이 했어. 밥을 삼키지 못해서 위장에 튜브를 넣어서 죽만 먹고 4주를 견디었어." "난 천성이 밝아서 항상 웃고 다녔어." "그리고 어느 장소를 가든지 그곳에서 제일 높은 남자와 여자에게 먼저 인사하고 말을 걸고 부탁하고 항상 감사하다고 했지." 그가 제일 많이 사용한 말은,

'기쁘다' '반갑다' '고맙다' '미안하다' 네 단어라고 했다.

그러자 다른 신들이 물어보았다. "봉사활동도 했다고 하는데, 다른 신들이 웅성거리던데 사실인가?" "당연히 해야지. 2주에 한 번씩 못 걷는 사람 휠체어를 밀어주는 것을 했지. 이동봉사라는 거야!" 다른 신이 궁금해졌다. "아니 자네는 몸무게가 43kg밖에 안 되지 않았는가? 이동봉사가 가능한 거야?" "휠체어 미는 것은 그리 힘들이지 않아도 돼. 성당에 다니니까 봉사활동을 해야지." 그는 인간으로 살 때의 확신을 가지고 목소리에 힘을 주어 이야기하였다. "다른 사람보다 지능이 낮은 내가 여러 신들과 같이 높은 신으로 돌아온 것이 신기할 뿐이야."

이야기를 듣던 신들이 궁금하였다. "그래도 자네가 그 정도 산 것은 정말 이해가 안 되네. 누군가 달리 도와주었나?" 그는 계속 이야기하였다. "후원자가 있었어. 내가 병원에 가거나, 동사무소에 어려운 일이 있으면 후원자가 따라와서 도와주었어." 다른 신들은 어이없다고 했다. "그는 현명하지 않은데도 낮은 지능을 가지고 현자 못지않게 잘 살다 왔군."

신들은 들으면서 서로 이야기를 나누었다. "지능이 낮아도 행복하게 사는 것이 가능하단 말인가? 그가 생존한 것을 보면 강아지 신이 사랑받으면서 생존한 것과 닮은 점이 있군." "맞아. 그거야." 어떤 신이 갑자기 깨달은 듯 이야기하였다. 강아지와 이 친구가 행복하게 살수 있었던 공통된 이유가 있다고 했다. "이들은 네 단어만 사용하는 거야. '기쁘다' '반갑다' '고맙다' '미안하다'라는 네 가지 단어 외에는 아는 단어가 없는 거야. 이 네 가지 단어가 사람들이 강아지와 지능 낮은 사람에게 애착을 가지게 했던 거야." "사랑보다 더 중요한 것이 때로는 애착 반응이구먼." 자기가 먼저 깨달은 것이 기쁜 듯 그 신은 흥분된 목소리로 설명했다. "강아지는 '기쁘다' '반갑다'를 항상 표시하는 것이야. 지능이 낮은 이는 지능이 높은 다른 사람이 잘 못하는 단어인 '미안하다' '고맙다'를 쉽게 하는 것이야." 사람들은 '미안하다' '고맙다'는 말을 듣기 좋아하거든.

환상 II:
예수님과 부처님의 만남

부처와 예수는 죽은 후 신이 되어 만났다. 서로 반갑게 인사를 나누었고, 서로에게 존경심을 표했다. 예수는 부처가 인간으로서 깨달은 무상도(無常道)를 극찬하며 감동과 감사를 전했다. 부처의 가르침이 삶의 덧없음을 깨닫고 집착을 버리는 데 초점을 맞춘 반면, 예수의 가르침은 인간이 신과의 관계 속에서 사랑과 구원을 추구하는 데 초점을 맞춘다. 각자의 길은 다르지만, 궁극적으로는 인간에게 삶을 긍정하는 힘을 주려는 공통점이 있다.

예수는 "당신을 다시 만날 줄 알았습니다."라고 말했다. 부처는 죽은 후에 신의 세계로 먼저 돌아와 예수의 생애에 대한 이야기를 들었다. 그러나 예수가 인간으로 살면서 어떻게 자신을 다시 만날 것을 알았는지 신기하게 여겼다. 부처가 물었다. "미래에 나를 다시 만난다는 것을 어떻게 알았지요?" 예수가 대답했다. "내가 오기 전에 당신이 펼친 도(道)와 깨달음에 대해 인간 세상에서 전해 들었습니다. 당신의 다른 이름이 여래(如來) 아닌가요? 당신은 '같을 여(如)'와 '올 래(來)'를 합친 이름이니, 부활하여 돌아올 자와 같은 이로써 신의 세계에 올 줄

미리 알았습니다. 당신은 진리만을 이야기하였습니다." 부처도 마음을 열고 예수에게 존경과 감사를 전했다. "역시 당신은 부활하신 분이라 모든 사실과 진리를 훤히 알고 계셨군요. 내가 진리를 이야기하였다면, 당신은 당신의 몸 자체가 진리요. 나는 인간계에서 신계로 돌아왔지만, 당신은 인간계에서 죽은 후 부활하여 다시 인간계로 돌아갔으니, 나의 무상도(無上道)로도 이해할 수가 없는 경우입니다. 내가 죽은 후에 인간 세상을 걱정하였는데, 당신이 인간계에 등장하였다고 해서 안심하였습니다."

부처와 예수가 신의 세계로 돌아왔고, 인간으로 살았던 모든 사람과 동물도 두 사람과 똑같은 신의 세계로 돌아왔다. 하지만 인간계에서 부처를 따르던 이들은 신이 된 이후에도 여전히 부처를 추종하였다. 예수도 마찬가지였다. 다른 사람들과 평등하게 신이 되었지만, 부처를 따르던 사람들보다 더 많은 신들이 예수를 따랐다. 인간계에서 예수를 신으로 받들던 인간들이 신으로 돌아온 후에도 계속 예수를 동등한 자가 아닌 신으로 숭배하였다. 그런데 인도(India)만 한 큰 분지에 90도로 꺾인 가파른 절벽이 병풍처럼 둘러싸여 있었다. 곳곳에 커다란 동굴이 절벽에 뚫려 있었고 빛은 휘영청 밝았다. 불교 신자였던 사람들은 신이 되어 그곳에 모여 살았다. 가파른 벽에 뚫린 동굴 속에서 불교도들은 명상과 수행을 즐겼다. 그곳에 부처도 주로 머물렀다.

어느 날 예수가 부처를 만나 이야기를 나누었다. "나보다 나의 아버지가 높은 분입니다. 그래서 당신을 좇는 사람들보다 위에 나는 교회를 세워야 할 것 같습니다." 부처는 선뜻 대답하지 못했다. 깊은 명상에 잠겨서 예수의 뜻을 살피고자 했다. 그러더니 대답하였다. "아래가 있으니 위가 있고, 위가 있으니 아래가 있습니다. 어둠이 있으니 빛이 있고, 빛이 있으니 어둠이 있습니다. 삶이 있으니 죽음이 있고, 죽음이 있으니 삶이 있습니다. 내가 있으니 당신이 있고, 당신이 있으니 내가 있습니다. 본디 아래와 위, 어둠과 빛, 죽음과 삶, 나와 당신은 같은 것입니다." 예수는 부처의 지혜에 감탄하였다. 그러면서 말했다. "제가 이해하는 방식과는 다르지만, 당신의 지혜는 끝이 없군요. '색불이공(色不異空), 공불이색(空不異色), 색즉시공(色即是空), 공즉시색(空即是色)'이라는 의미로 들립니다. 그럼 당신의 나라 위에 나의 나라를 세우는 것을 허락하는 것으로 이해하겠습니다." 부처는 합장하고 고개를 숙여 허락의 인사를 했다. "만사가 사필귀정(事必歸正)이오. 인간계에서 당신을 따르는 사람의 숫자가 나보다 더 많았으니 나는 기쁜 마음으로 당신의 교회를 인정하겠습니다. 내가 양보할 수 있어서 기쁩니다."

예수는 부처에게 물었다. "당신은 깨달음을 통해 인간에게 길을 보여주었습니다. 그 깨달음은 어디에서 시작되고 어디까지 미칠 수 있나요?" "당신의 지혜의 시작과 끝은 어디까지인가요?" 부처는 대답했다. "나의 지혜는 세상 가장 작은 것에서 가장 큰 것까지, 그리고 과거와 현재와 미래를 모두 이해하는 것이오." 부처도 이 기회에 예수에게 물었다. "당신 지혜의 시작과 끝은 어디까지인가요. 어떻게 부활이 가능하였죠?" 예수는 대답하였다. "나의 지혜는 나의 아버지에게서 온 것입니다. 나는 부활하여 무덤의 돌을 치우고 세상에 왔소. 죽음은 저세상에 속하는 것인데, 과거의 내가 현재의 나로 되었으니,

이는 시간과 공간을 초월하여서 온 것이오. 세상을 창조한 나의 아버지는 시간과 공간에 속하는 세상 밖에 존재합니다."

예수는 불자들이 모여 사는 분지 위에 분지보다 넓은 바위로 덮개를 만들어 분지를 덮었다. 그리고 그 돌판 위에 어울리는 커다란 교회를 세웠다. 그리스도를 신뢰하던 다른 신들도 예수가 세운 교회 주위에 많은 교회를 세웠다. 그리스도를 신뢰하던 다른 신들도 예수가 세운 교회 주위에 많은 교회를 세웠다. 그리고 교회의 지붕에 십자가를 세웠다. 예수는 십자가 위에 피뢰침을 설치했다. 예수의 믿음으로 인해 예수가 세운 교회에는 번개가 십자가에 내려칠 일이 없었다. 그런데 물 위를 걸었던 예수를 흉내 내어 인간계에서 자기 믿음을 과대평가하고 물 위를 걷다가 익사한 사람이 많았다. 평범한 그리스도교 신들의 교회 십자가에는 번개가 칠 수가 있었다. 그래서 예수를 따르는 신들이 과학적 사실과 자연의 법칙을 무작정 거스르지 말라는 뜻을 이해하게 하였다. 일반 신들은 예수와 동등한 믿음을 가질 수 없었기 때문이다. 교회를 가장 높은 자리에 세움으로써 예수는 자기보다 높은 아버지 하느님에게 할 일을 다 한 것에 대해 만족하였다.

불자들은 지하의 절에서 지내며 밝은 빛 속에서 기쁨에 충만한 생활을 하였다. 그리고 원하는 때에는 지상으로 통하는 계단을 이용해 언제든 하늘을 볼 수 있었다. 교인들은 지상에 세워진 교회에 만족했다. 신이 된 사람들은 원할 때 언제든 계단을 통하여 지하의 절과 지상의 교회로 왕래할 수 있었다. 예수와 부처가 다투지 않듯이 그들의 제자들도 서로 다투지 않고 지냈다.

영적인 생활

초판 1쇄 발행 2025. 3. 21.

지은이 한광수
펴낸이 김병호
펴낸곳 주식회사 바른북스

편집진행 황금주
디자인 양헌경

등록 2019년 4월 3일 제2019-000040호
주소 서울시 성동구 연무장5길 9-16, 301호 (성수동2가, 블루스톤타워)
대표전화 070-7857-9719 | **경영지원** 02-3409-9719 | **팩스** 070-7610-9820

•바른북스는 여러분의 다양한 아이디어와 원고 투고를 설레는 마음으로 기다리고 있습니다.

이메일 barunbooks21@naver.com | **원고투고** barunbooks21@naver.com
홈페이지 www.barunbooks.com | **공식 블로그** blog.naver.com/barunbooks7
공식 포스트 post.naver.com/barunbooks7 | **페이스북** facebook.com/barunbooks7

ⓒ 한광수, 2025
ISBN 979-11-7263-256-4 03100

•파본이나 잘못된 책은 구입하신 곳에서 교환해드립니다.
•이 책은 저작권법에 따라 보호를 받는 저작물이므로 무단전재 및 복제를 금지하며,
이 책 내용의 전부 및 일부를 이용하려면 반드시 저작권자와 도서출판 바른북스의 서면동의를 받아야 합니다.